Mariana Stjerna

Auf Engelsflügeln

SoulLink Publisher

ISBN 978-91-984650-4-4 (paperback)
ISBN 978-91-984650-3-7 (hardback)
ISBN 978-91-984650-5-1 (ebook)
Auch auf Kindle erhältlich

Erstausgabe in Schwedisch 1998

Englischer Titel: *On Angels' Wings*

Unterstützung bei der Erstübersetzung
und Veröffentlichung: Aaron Rose, USA

Weitere Bücher von Mariana Stjerna:
   Agartha. Die Welt im Inneren der Erde (2016)
   Auf einer Mission im All (2019)
   The Bible Bluff (in Englisch, 2013)
   The Invisible People (in Englisch, 2014)
   Time Journey to the Origin and the Future (in Englisch, 2015)

SoulLink Publisher
www.SoulLink.se
info@SoulLink.se

Die Kosmische Karte

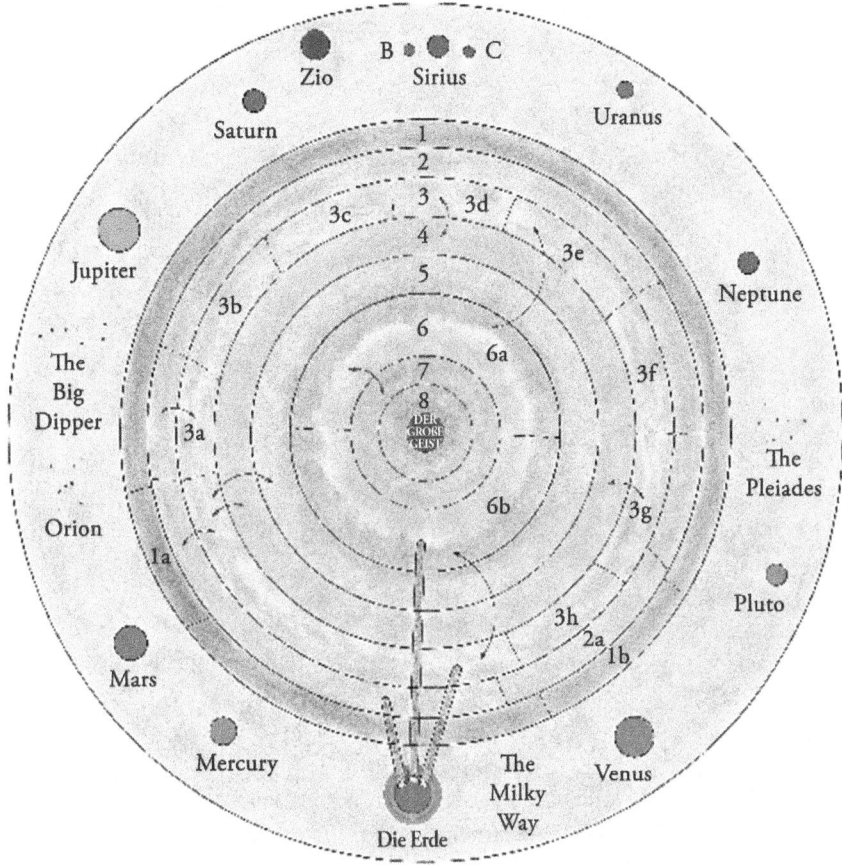

Die Karte liegt am Sternenhimmel. Hier kann man die Planeten und einige Sternbilder in unserer Galaxie sehen. Für eine detailliertere Beschreibung siehe Anhang, Die Kosmische Karte, Erkläring und Wegweiser.

1 Universelle Welten
   1a Reiche der Dunkelheit
   1b Reiche der Gottheiten
2 Das Niemandsland
   2a Seelenübergangswelten
3 Die Astralwelt
   3a Reich des Gesundheitswesens
   3b Reich der Schulen und Entwicklung
   3c Reich der Wissenschaften
   3d Reich der Tiere
   3e Reich der Kinder
   3f Die akashischen Aufzeichnungen

3g Reiche der Träume
3h Reiche der Musik und schönen Künste
4 Die Naturwelt
5 Parallele Welten und Inkarnationswelten
6 Die ätherische Welt
   6a Erzengel und Engelsreich
   6b Reich der Meister
7 Welt der Elohim
8 Welt der Seraphim
(Der Innere Kern) Der Große Geist

Jan Fridegård (1897–1968) wuchs als Landarbeiter auf und versuchte sich in verschiedenen Berufen, bevor er sein Debüt mit *One Night in July* (1933) gab. Seine autobiographische Romantrilogie über Lars Hård ist vielleicht sein schönstes Werk. Der Tod seines Vaters weckte ein latentes Interesse am Übernatürlichen, das sich in *The Tower Rooster* (1941) widerspiegelte.

Inhalt

Einführung

Als ich gebeten wurde, dieses Buch zu schreiben, zögerte ich nicht einen Moment lang. Mein Weltraumbegleiter Jan wollte seine persönlichen Erfahrungen nach seinem Tod, vom Moment des Todes bis heute, erzählen. Er ist ein Geist mit seiner eigenen Autorengeschichte während seiner letzten Inkarnation hier in Schweden. Er ist ein glücklicher und humorvoller Mensch, aber er hat auch tiefe Erfahrungen aus der kosmischen Entwicklung. Als er vorschlug, dass der Name dieses Buches Auf Engelsflügeln lauten sollte, verband ich diesen Namen sofort mit einer Erinnerung aus meiner Kindheit.

Ich liebe es, den Himmel zu beobachten. Manchmal stürmen die Wolken in dunklen Herden, dunkel indigoblau, mit violetten Nuancen. Manchmal leuchtet ein klarer blauer Himmel, bedeckt mit flauschigen, flockigen, weißen Wolken in riesigen Flecken. Als ich ein junges Mädchen war, nannte man sie "Engelsflügel". Ich habe immer versucht, einen "echten" Engel unter den Wolken zu sehen. Manchmal gab es Lücken, die mit Licht in den großen, dunklen Wolken gefüllt waren, und dann glaubte ich, dass es darin ein Meer aus Licht gab, in dem Engel herumflogen und durch die Wolkenfenster auf die dummen Menschen herabblickten. Als sie das ganze Elend auf der Erde beobachteten, schlossen sie die Lücken mit den Abwärtsschlägen ihrer Engelsflügel.

Als ich Jan fragte, ob er mir vom Paradies erzählen wolle, lachte er herzlich und antwortete: "Das Paradies, wie es von den Menschen wahrgenommen wird, ist überhaupt nicht das, was du denkst. Jeder erschafft sein eigenes Paradies — oder was auch immer es ist — mit seinen Gedanken. Ich beabsichtige, ganz von vorne anzufangen, und der Anfang bedeutet für mich das Ende meines irdischen Lebens und den Anfang des Lebens vor dem Leben."

"Bist du im Paradies?" fragte ich, etwas naiv.

"Oh nein, nicht ich!" antwortete er. "Das Paradies, wie du siehst, steht einem Witzbold wie mir überhaupt nicht." Er hielt ein flammend rotes Herbstblatt vor meine staunenden Augen.

"Dies ist nur ein kleiner Teil eines lebendigen Codes", fuhr er fort, "ein lebendiger Code, der seine Form verlieren kann, der aber wiederum ein Teil der Ewigkeit ist. Das Blatt verblasst, lebt aber immer noch in voller Pracht und Schönheit, genau wie wir Menschen. Die Nähe zur Natur, die die Menschheit heute verloren hat, ist der Schlüssel zu ihrer gesamten Existenz. Wenn sie diesen Schlüssel verliert, wird sie auch den Sinn ihres Lebens verlieren. Sie wird in ihrem Ego gefangen sein, das ihre Gedanken und Handlungen übernimmt. Sie wird ein Opfer von fehlgeleiteten und unreinen Energien werden. Bitte lass mich dir eine Geschichte erzählen, die die großartigste aller Geschichten sein wird, die du je gehört hast!"

Die meisten Menschen haben nicht nur Angst vor dem Tod, sie betrachten ihn auch als Bestrafung oder etwas Schreckliches. Meine Hoffnung ist, dass dieses Buch solche Emotionen beseitigt. Niemand kann beweisen, dass das, was ich durch Jan vermittle, die Wahrheit ist — aber kann man in diesem Zusammenhang wirklich über Beweise sprechen? Geben wir uns damit zufrieden, dass ich das Glück habe, die Sprecherin einer Seele zu sein, die mir die Informationen und Inspiration gegeben hat, um *Auf Engelsflügeln* zu schreiben. Jetzt hören wir uns Jans Geschichte an — eine Geschichte, die er selbst von Anfang bis Ende erzählen wird.

– *Mariana Stjerna*

1. Der Übergang

Es war ein langer und mühsamer Schritt vom grauen und armen Bauernhaus zum etablierten und ziemlich wohlhabenden Autor, der ich geworden war. Als alter Mann fühlte ich mich mit meinem Leben ziemlich zufrieden, besonders wenn ich mit Kollegen und anderen lockeren Leuten Worte verbreiten konnte. Ich hatte nie Angst, die Wahrheit zu sagen, auch wenn die Wahrheit manchmal Angst vor mir hatte. Die hässlichen Dinge im Leben tanzten einen Walzer mit den guten und schönen Dingen, und das hat mir gut gefallen. Ich habe meine Bücher so aufgebaut, wie man eine Steinmauer baut: die größten Steine unten und die kleineren oben, mit etwas Luft dazwischen. Ich war ein lauter Mensch und habe Menschen ausgeschimpft, bis das böse Unkraut Feuer gefangen hat. Menschen auf die richtige Weise zu reizen, war noch nie mein Stil und wird es wahrscheinlich auch nie werden, nicht einmal auf der anderen Seite des Lichtportals.

Wenn es scheint, dass ich gelegentlich übertreibe, dann bitte ich den Leser, mich zu verstehen. Ich lebe hier nicht von Rohhering und Kartoffeln, sondern von einer anderen Art der Ernährung, also versuche ich meist, gemäßigt zu sein. Aber es sind nicht "kleine Kartoffeln" (wie wir in Schweden sagen), mit denen sich dieses Buch befassen wird, es ist etwas Großartiges und völlig Unvorstellbares. Es ist unglaublich und großartig! Wir werden in Welten reisen, in denen nur ein Gesetz gilt: das Kosmische Gesetz, wo die Harmonien auf die Disharmonien treffen, um in einem Moll-Dur-Akkord von fantastischer Schönheit perfektioniert zu werden.

Ich habe mein neuestes Leben auf der Erde sowohl in autobiographischen als auch in Lehrbüchern beschrieben. Aber jetzt werde ich von meinem wahren Leben erzählen, dem Leben, in dem ich geboren wurde, als ich meinen letzten Seufzer auf Erden atmete.

Jetzt verstehe ich, dass das erbärmliche Leben in den Häusern der Landarbeiter nicht so aufwendig und mühsam war, wie es mir damals erschien. Ich wurde eins mit der Natur, denn ich kümmerte mich Tag für Tag, bei Sonnenschein und Regen, um meine Rinder und reparierte Zäune oder arbeitete auf dem harten Boden. Ich habe gelernt alle Zeichen zu verstehen, die mir die Natur in dieser Fülle gegeben hat. Die Fülle an neuen Eindrücken und Geheimnissen aus den verschiedenen Jahreszeiten prägte sich in den offenen Geist des Landarbeiters ein, auch wenn er zu diesem Zeitpunkt den Wert der Schule, in der er lebte, nicht ganz verstand.

Meiner war der Himmel — bewölkt, klar oder bleiern und schwer mit Regen. Meiner war der Boden mit seinem Reichtum, auch wenn der Schnee gnädigerweise den tiefen Winterschlaf der Pflanzen, ihren Kampf um die Geburt und die Rückkehr in den neuen Frühling, in das neue, klare Licht verbarg. Meiner war der Sumpf, der meine müden und schmutzigen Füße befeuchtete — freundlich im Sommer und hinterhältig in anderen Jahreszeiten. Die Bäume erzählten mir von ihrer Angst, von geldgierigen Parasiten in menschlicher Gestalt abgeschlachtet zu werden — und von ihrem Glück, ihre Kronen zum Himmel strecken zu können. Büsche und Gestrüpp erzählten eine weitere Geschichte einer stechenden Welt, voll von Zufluchtsorten für alle Arten von gruseligen Krabbeltieren. Es war wunderbar, zu dieser Zeit zu leben, aber ich habe es damals nicht verstanden.

Viel später freundete ich mich mit dem armen Bauernjungen in mir an und verteidigte sein Recht auf Menschlichkeit in einer Gesellschaft, in der die Vögel aus einer Feder bei weitem nicht identisch waren. Ich lernte zu akzeptieren, aber auch zu fragen — nicht den Köder, die Schnur und die Bleigewichte zu schlucken. Die Blumen sind immer im Sommer zu finden. Sie blinzeln und flirten mit ihren Blumenköpfen aus dem Straßengraben, weil sie ihren Platz kennen. Die Landstraße muss frei von Blumen sein. Dort soll der Verkehr vorbeirauschen, ohne sie zu sehen. Es gibt sie, aber sie dürfen die kalte, graue Strecke von glattem Kies oder Asphalt nicht stören. Es ist das Gleiche im Leben: Die Blumen befinden sich am Straßenrand. Die Frage ist, ob man sich die Zeit nehmen sollte, anzuhalten und einige von ihnen auszuwählen, ohne die Ganzheit der Landschaft zu ruinieren. Ich denke, es ist notwendig, dass man das tut, sonst wird das Leben in eine ewige Autobahn verwandelt, ohne Träume und ohne Schönheit.

Aber jetzt werden wir über meine Geburt in ein völlig anderes Leben sprechen. Ich schloss meine Augen in meinem irdischen Leben und trat direkt in das nächste ein! Das ist es, wovon ich erzählen werde, vom ersten Moment meines "letzten" Atems an.

Wie seltsam! Ich atmete und fühlte mich hell und luftig! Doch ich lag wie eine Art Gravur in meinem Bett. Ich sah mich selbst an. und war nicht glücklich über das, was ich sah. "Der alte Mann ist wirklich gealtert", dachte ich, "und ist so hässlich wie die Nacht! Einmal war ich ein gutaussehender Mann... Nein, war ich nicht, bin ich!

Woher kam jetzt diese Gewissheit, dass ich bin, was ich bin? Ich drehte meine Augen von dem alten Mann Jan im Bett und entdeckte einen dünnen, glänzenden, silbernen Faden, der zwischen ihm und mir verlief. "Genau wie eine Hundeleine", dachte ich, und ich lachte laut. Aber der Mann am anderen Ende der Leine lachte nicht. Er lag da, als wäre er tot. Und plötzlich wurde mir klar, dass er genau das war: tot! Wer war ich dann? Sicherlich war ich früher er, aber jetzt bin ich auch er!

Nun, gelegentlich hast man über solche Dinge gelesen. Jans Geist, das war ich! Ich fühlte mich nicht anders — aber ich war sehr neugierig! Jan war tot — es lebe Jan!

Die "Hundeleine" war fixiert. Sie wird normalerweise als Silberkordel bezeichnet. Ich wusste sehr wohl, dass ich sie etwa drei Tage lang ertragen musste. Danach würde sie sich von selbst lösen, wie die Nabelschnur eines Neugeborenen. Tatsächlich hatte ich viel darüber gelesen, was nach dem Tod passiert. Aber jetzt, als ich selbst dort war, mitten im Unbekannten, fühlte ich mich etwas unsicher. Was weiß ein Erdenmensch wirklich über das Leben danach, über das Leben zwischen den Leben? Es gibt viele Theorien — solche habe ich im Überfluss zusammengetragen. Aber wohin soll ich jetzt gehen? Wo war die Grenze zwischen Theorie und Wissen?

Die Leute kamen in den Raum, wo der tote Jan lag — der "tote" Jan, der noch am Leben war! Ich sprang zurück und stellte fest, dass die Silberkordel gestreckt werden konnte. Ich ging durch die Wand hinaus und dachte ein wenig sarkastisch über mein Buch namens *Der Turmhahn* nach. Würde ich das Gleiche tun wie der alte Mann im Buch — meistens an der Außenseite des Turms abhängen — oder würde ich eine längere Reise machen dürfen? In diesem Fall, wie sollte das geschehen?

Ein Paar Hände umklammerte meine. Ich wurde durch Wände und Dächer gehoben, und ich entdeckte ein großes, weiß gekleidetes Wesen, das mich sanft, aber entschlossen mit sich zog. Die "Hundeleine" war noch da, aber es war mir egal, denn sie konnte offensichtlich ziemlich weit gestreckt werden. Wir flogen durch die Luft wie in einem Science-Fiction-Roman. "Vielleicht es gab etwas Wahrheit in solchen Romanen", dachte ich, der früher selbst sehr bodenständige Prosa geschrieben hat. Ich sah keine Kirchtürme und auch keine Landschaft, so wie man sie aus einem Flugzeug sieht. Vielleicht umgaben uns die Wolken, vielleicht war es ein anderer Nebel, weil mein Blick nicht klar war. Es wurde dunkel, und es fühlte sich an, als würden wir durch einen Tunnel gehen. Ich schloss meine Augen. Die Hände des unbekannten Wesens umschlossen meine noch immer in einem festen Griff, und seltsamerweise fühlte es sich sicher und angenehm an.

Ich konnte nicht anders, als darüber nachzudenken, was jetzt mit dem anderen Jan passiert, dem einen auf der Erde. Sollte er in der kalten Erde begraben werden oder von den Flammen des Feuers verzehrt werden? Vielleicht war es angenehmer, es nicht zu wissen. Ich beschloss, mich ganz in die Hände dieses Wesens zu begeben, von dem ich verstand, dass es ein Engel sein muss. Es sei denn, ich wäre nicht auf Abwege geraten oder auf die falsche Fährte geraten, natürlich!

Ich konnte nicht anders, als über diesen schwarzkantigen Gedanken zu lächeln, und in genau diesem Moment landeten wir. Ich öffnete die Augen und hatte leichte Angst, von einer brennenden Gehenna umgeben zu sein. Stattdessen gab es eine riesige Ebene, in der Formen vorüberflogen — dünn und transparent, wie vage Figuren.

"Oh, ich verstehe", dachte ich ein wenig düster, "zuerst kommt man zu einer Art Vorstufe des Fegefeuers. Danach geht es natürlich nur noch bergab. Aber es geschieht mir wahrscheinlich recht!

"Sehe ich so aus?" fragte ich und zeigte auf einige geisterhafte Formen, die vorbeigleiten.

"Überhaupt nicht", antwortete mein geflügelter Begleiter mit einem Lächeln. "Du siehst mehr aus wie ich!"

Ich sah sie genauer an. Sie war in ein langes, blasses Gewand gekleidet. Sie hatte blondes Haar, das ihre Taille erreichte. Ihre großen Augen waren dunkelblau, wie der Himmel einer Sommernacht. Sie wirkte nicht mehr so groß, wie ich es mir zuerst vorgestellt hatte. Oder war sie vielleicht nach unserer schnellen Reise geschrumpft? Sie war nicht durchsichtig, aber sie gab einen Eindruck von Leichtigkeit und Geschmeidigkeit. Ich sah meine Hände an. Es waren immer noch meine Hände, wenn auch weicher und glatter.

"Mein Name ist Jolith, und ich bin dein Schutzengel", fuhr sie fort. "Jan, dein physischer Körper ist tot, aber du bist am Leben! Solange die silberne Schnur noch zwischen dir und deinem irdischen Körper bleibt, werden deine Augen verschleiert. Wenn sie kaputt ist, werden wir sehen, wohin dein freier Wille dich führt. Ich werde noch einige Zeit bei dir bleiben, aber der Tag wird kommen, an dem du mich nicht mehr brauchst."

"Wohin gehst du dann?" fragte ich mich neugierig.

"Ich werde neue Aufgaben erhalten", antwortete der Engel ausweichend. Sie hielt sich immer noch an meiner Hand fest. Es fühlte sich an wie ein "fester Griff", wie mein Vater immer sagte. Er beurteilte die Menschen nach ihrem Händedruck, und er konnte sich nicht mit dem, was er einen "weiblichen Händedruck" nannte, abgeben. "Sie fühlen sich wie tote Heringe an", war sein ziemlich hartes Urteil. Ich erlebte eine intensive Sehnsucht nach ihm. Warum hat er mich nicht hier getroffen, mit seinem groben Humor und seinem ausgelassenen Gelächter, um mich im Himmel herumzuführen? Für den Fall, dass das der Himmel ist, natürlich. Es war meiner Meinung nach etwas zu primitiv. Und ein wenig zu neblig. Ich war mir noch nicht ganz sicher, ob ich im Fegefeuer gelandet war, von dem die Priester so einen guten Überblick haben. Vielleicht hat der Priester zu Hause in Uppsala gerade auf meiner Beerdigung über das Fegefeuer gepredigt? Es würde mich nicht überraschen, wenn ich bedenke, wie viele schlechte Worte ich über Priester gesagt habe.

"Das ist nur der Anfang, Jan, und nicht der Anfang, den du denkst", sagte das Engelmädchen und lächelte sanft. "Es wird sich anders anfühlen, wenn sich die Schnur gelöst hat. Ein Teil von dir ist immer noch auf der Erde. Das ist nicht das, was du Himmel nennen würdest."

"Gibt es wirklich einen Himmel?" fragte ich, ein wenig spöttisch.

"Es gibt viele!" antwortete Jolith, und es blitzte in den Tiefen ihrer blauen Seeaugen. "Warte einfach, und du wirst sehen!"

Angesichts dieses Köders musste ich mich ergeben. In meinem ganzen irdischen Leben war ich neugierig gewesen, was nach dem Tod passiert, und jetzt stand ich hier völlig tot auf einer nebligen Ebene und hielt Händchen mit einem schönen Mädchen, während gesichtslose Schatten wie ein Aalschwarm vorbeiflogen, scheinbar ohne Ziel in dieser farblosen Existenz.

"Werde ich hier mit den Schatten leben? Wer sind sie?" Ich konnte nicht anders, als zu fragen. Mein Engelsmädchen war süß wie Zucker — ihr blondes Haar und ihre rosigen Wangen hätten von Botticelli gemalt sein können. Träumte ich? War ich wirklich tot? War das etwas, was man früher das Fegefeuer auf der Erde genannt hat?

"Nein, mein Freund", antwortete sie auf meine unausgesprochene Frage. "Die Schatten, die du siehst, haben sich nicht von ihren irdischen Fesseln befreit, obwohl ihre silbernen Schnüre längst gelockert wurden. Es sind erdgebundene Seelen, die um ihre frühere Existenz trauern. Einige von ihnen sind verloren, andere unzufrieden und enttäuscht, und wieder andere sind an ihre eigenen Sünden und Unglücke gekettet. Sie weigern sich, weiterzumachen."

"Aber ich will weitermachen, meine schöne Beatrice!" scherzte ich, und mein heller Begleiter lächelte offen und herzlich. Wir sahen uns in gegenseitigem Verständnis an, aber plötzlich spitzte Jolith ihre Ohren. Sie packte meinen Arm und zog mich etwas weiter weg. Der Nebel wurde dichter und rollte sich wie eine dicke, grau-weiße Spirale um uns herum.

"Jetzt bist du frei von der Silberkordel", rief der Engel aus. "Wir können jetzt weitermachen!"

"Das ging wirklich schnell", betonte ich, "Noch nie waren drei Tage und Nächte so schnell vergangen!"

"Zeit existiert hier nicht", widersprach Jolith. "Drei Tage und drei Nächte sind auf der Erde vergangen. Kannst du das verstehen? Mir wurde das Signal gegeben, dass wir jetzt fortfahren sollen. Die armen Schatten, die du hier siehst, wollen nicht auf ihre Schutzengel hören. Sie ziehen es vor, herumzulaufen, obdachlos, als vage Formen, bis sie verstehen, dass sie die freie Wahl haben, sich in einer neuen Welt zu entwickeln. Manchmal werden sie von ihrer eigenen Sehnsucht nach der Erde angezogen. Sie können dort nicht bleiben, aber sie wandern freiwillig und ewig in der Umgebung ihres alten Lebens herum."

"Ist es das, was wir Geister oder verlorene Seelen nennen?" fragte ich mich.

"Ja, sie sind die sichtbaren, unsichtbaren", war die Antwort. "Sie können den Menschen in der Umgebung, in der er sich aufhält, mental beeinflussen, ob sie in Träumen erscheinen oder sich auf andere Weise zeigen. Manchmal gibt ihnen die Sehnsucht und die Liebe zu ihrer alten Umgebung einen Einfluss positiver Kraft, aber meistens ist dieser Einfluss negativ, aufgrund ihrer eigenen Begrenzung und der Angstreaktion aus ihrer alten Umgebung. Aber jetzt musst du weitermachen, wenn du nicht hier im Schatten bleiben willst!"

Natürlich wollte ich das nicht. Dennoch hätte es Spaß gemacht, einige Leute heimzusuchen, die ich kannte: meinen Verleger und einige meiner alten Freunde. Sicherlich standen sie da an meinem Grab, Hüte in der Hand, und sicherlich tranken sie mindestens ein paar Trauerdrinks zu meiner "Ehre". Aber natürlich war ich neugieriger, herauszufinden, was mich "etwas höher oben" oder "weiter weg" erwartete — je nachdem, was es war.

In der bewölkten Spirale begann Jolith zu wachsen. Sie nahm mich in ihre Arme, wo ich wie auf einer Daunendecke lag. Gleichzeitig fühlte es sich an, als würde ich mit Wehen im Mutterleib liegen. Ich war unendlich klein und neugierig auf die Welt draußen. Dann wurde alles für einen Moment dunkel — oder für eine Ewigkeit. Gibt es einen Unterschied in diesem Zustand?

2. Mein freudiges Tal

Als ich erwachte, lächelte mich das Leben an. Denn was sonst als das Leben könnte mich an einen so idyllischen Ort bringen? Ich wollte laut lachen und mit meinem schönen Engel tanzen, der wieder klein und zierlich war. Sie lächelte und sagte: "Tu es! Tanz mit mir!"

So drehten wir uns auf einer sonnenverwöhnten Blumenwiese um, wo Duft und Musik eins zu sein schienen, wo die Luft von Tönen vibrierte, die uns in einer atemlos schönen Umarmung umschlossen. Wir waren so leicht wie die Luft, aber dennoch spürte ich, wie meine Füße das glitzernde Gras berührten und wie mein rechter Arm fest um Joliths schlanke Taille lag, während meine linke Hand ihre kleine Hand in einem warmen und fast physischen Griff hielt. Es war lange her, dass ich tanzen konnte, und ich genoss die klaren Töne der unsichtbaren Musiker und die Freude am munteren, windgetragenen Tanz.

"Nun, das war's", befahl Jolith in einem entschlossenen Ton. "Jetzt müssen wir fortfahren. Wir sind gerade in das Tal getanzt, in dem dein letztes Leben begann. Schau dich um!"

Berauscht von Tanz, Musik und Düften hatte ich völlig vergessen, darauf zu achten, wo ich war. Ich sah hohe Berge, die uns in einem geschlossenen Kreis umgaben. Sie waren mit Moos und blühenden Bäumen in herrlichen Farben bedeckt, aber ihre Gipfel waren kahl und strahlten auf wundersame Weise. Es war, als hätten die Berge Heiligenscheine! "Allerheiligen Berge", dachte ich, mit einem Lächeln. Ein Fluss plätscherte in launischen Ecken vorwärts, bis er in wilder Freude über einen Abgrund stürzte und zu einem prächtigen Wasserfall wurde. Überall war eine saftige, farbenfrohe Vegetation zu sehen. Eine irdische Landschaft in erhabener Form!

"Von hier aus hast du beschlossen, zur Erde zurückzukehren und dort dein letztes Leben zu leben", erklärte der Engel. "Hier hast du oft zwischen den Leben gewohnt, weil du ein Teil dieses Tals bist. Du bist das Gras und die Blumen und die Bäume. Du bist der stille, beobachtende Berg und das Wasser, das in sanften Bächen fließt, bis es sich in die Schöpfung deines nächsten Lebens stürzt. Du hast diesen Ort schon immer geliebt und erkennst ihn trotzdem nicht?"

"Oh ja", antwortete ich erstaunt. "Jetzt kommt die Erinnerung zu mir zurück! Hier ist mein Ursprung in meinem freudigen Tal. Aber wie könnte ich dieses Paradies jemals verlassen, um auf der Erde in die Hölle zu kommen?"

"Das musstest du", seufzte mein Schutzengel. "Du hast es gewählt, weil die Erfahrungen, die dein irdisches Leben dir gegeben hat, eine Bedingung für den Weg waren, den du jetzt gehen wirst."

"Gehen werde? Kann ich nicht mehr selbst entscheiden? Ich will hier bleiben. Wer trifft meine Entscheidungen?"

"Du hast dich schon vor langer Zeit entschieden, zu deinem Ursprung zurückzukehren, um deine Erfahrungen aus vielen Leben und vielen Welten einzubringen. Dein eigenes inneres Selbst trifft deine Entscheidungen, aber der Große Geist zeigt den Weg. Unser Tanz war die freudige Bestätigung des Beginns deines neuen Lebensstils. Fühle, wie das Leben in dir fließt!"

"Mit anderen Worten, der Tanz der Zirkulation." Ich lachte und drehte das Mädchen noch einmal um. "Bleiben wir hier, oder machen wir weiter?"

"Wir sind hier für einen Moment der Ewigkeit geblieben", betonte Jolith. "Jetzt wirst du einen der Berater treffen, der dich für eine sehr lange Zeit begleiten wird."

Sie schwebte auf einen der hohen Berge zu. Ich schwebte ihr so gut ich konnte nach — vielleicht ein wenig widerstrebend. Je mehr ich sah, desto mehr wollte ich von diesem Ort sehen. Warum so eilig? Welche Art von Person war ich, als ich das letzte Mal hier war? Wie sah ich aus? Was habe ich gedacht? Habe ich mich wirklich dafür entschieden, unter dem Deckmantel eines armen Bauernjungen zur Erde zu gehen? Okay, vielleicht war es gut für mich gewesen, nicht als Snob geboren zu werden. Ich frage mich, wie ich damit umgegangen wäre? Ich lachte über den Gedanken und drehte mich um, um den herrlichen Panoramablick zu genießen.

Dann hörte ich die Stimme eines tiefen Mannes sagen: "Nun, Janne, du bist sowieso ein kultureller Snob geworden!" Ich drehte mich überrascht um. Vor mir stand eine große männliche Figur in einem hellgelben Umhang. Sein Haar war weiß wie Schnee, aber sein Gesicht war jung und glatt. Sein Profil war klar definiert. Seine Gesichtszüge waren wie von einem griechischen Künstler gemeißelt und seine dunkelblauen Augen waren tief und voller Leben. Er sah mich suchend an, aber mit einem freundlichen Lächeln. Ich fühlte instinktiv, dass er einen tiefen Fundus an Humor hatte.

"Es ist an der Zeit, dass du mit dir selbst konfrontiert wirst", fuhr er fort. "Was du warst und was du bist, wird zusammen das bilden, was du wirst."

"Aha, die akashischen Aufzeichnungen!" rief ich aus. "Hier werden alle dummen Dinge des Einzelnen offenbart, nicht wahr? Darf ich fragen, wer du bist?"

"Mein Name ist Zar", antwortete er, und seine Augen blinkten. "Dumme Dinge sind nicht das Einzige, was du getan hast, mein Freund. Ich werde dein Führer und Lehrer sein, solange du mich brauchst. Die Akashischen Aufzeichnungen sind eine Art Zwischenstufe zwischen zwei Welten. Jeder muss es erleben. Danach wird entschieden, zu welcher Welt du gehörst — also bringen wir es besser hinter uns."

Die Wände des von uns erreichten Berges ragten fast senkrecht in den Himmel. Ich erinnere mich noch an die schönen Sonnenuntergänge über den bewaldeten Gipfeln meiner Jugend. Hier war es noch schöner. Der Himmel über dem Berg leuchtete und nahm eine exquisite Farbe aus Rosenrot und Lachsrosa mit einem Hauch von glitzerndem Gold an. Der Mann an meiner Seite berührte den Berg mit einem Stab. Die Bergwand begann zu zittern und erhob sich wie ein Theatervorhang. Es gab einen kleinen Raum dahinter. Es war mit bequemen Stühlen vor einer riesigen Kinoleinwand ausgestattet, die von Wand zu Wand ging. Der Raum wurde von einem weichen, angenehmen Licht erhellt. Jolith brachte mich auf einen Sessel und dann setzte sie sich auf meine rechte

Seite, während Zar sich auf meine linke Seite setzte. Zwischen uns und der Leinwand befand sich ein kleines Podium mit einem beleuchteten Boden. Von irgendwo her strömte sanfte Musik in den Raum.

Die Akashischen Aufzeichnungen

"Bist du bereit?" fragte Zar. "Du musst dich auf sowohl angenehme als auch weniger angenehme Begegnungen vorbereiten. Die Hauptfigur hier ist die Wahrheit — die Wahrheit, die dir durch Tausende von Jahren gefolgt ist."

"Die Wahrheit über den Bauerntölpel Jan", kicherte ich. "Nur zu! Ich weiß genau, was für ein Schurke und Gauner ich war."

Zar sah mich seltsam an. "Nun, wir wissen, dass du diesen Schurken und Gauner magst", sagte er. "Sich selbst zu mögen ist eine wichtige Eigenschaft für denjenigen, der kreiert. Wie sonst glaubst du, wärst du ein so geschätzter Autor geworden? Bald werden wir sehen, ob Jan der Mensch ein Spiegelbild des Autors Jan ist — oder umgekehrt. Wir werden sehen, was du bereust und was du in dir selbst vergeben wirst."

Ich war gerade dabei, ihm eine scharfe Antwort auf das zu geben, was ich am meisten bedauerte — etwas über schöne Frauen und die Nutzung der Gelegenheit -, als plötzlich die Kinoleinwand dunkel wurde. Es gab Blitze und Donner, der Regen strömte über uns da drin im Bergzimmer, aber wir wurden nicht nass. Wir saßen trocken und unbeschwert in einem beispiellosen Sturm. Die feuchten Bergmauern wurden von den Blitzen erhellt, und die körnige Oberfläche der Wände funkelte, als ob sie mit Diamanten besprenkelt wäre.

"Erhöhe dein Bewusstsein!" befahl Zar und legte seine Hand über meine.

Plötzlich spürte ich, wie meine irdischen Gedanken verschwanden und mein ganzes inneres Selbst erlebte ein euphorisches Gefühl von Licht und leuchtenden Farben: ein so großes Glück, dass Freudentränen über meine Wangen rollten. Der Sturm war vorbei und ich sah die Wiesen und Wälder meiner Kindheit auf der Kinoleinwand. Ich sah, wie meine Mutter mich und meinen Vater zur Welt brachte, der neben ihr stand und seinen Schnurrbart kaute, stolz und verängstigt. Stolz, noch einen Sohn zu haben, aber ich hatte Angst, dass die Stärken meiner Mutter abnehmen würden. Aber alles lief gut. Ich sah mich selbst erwachsen werden, mein Leben als Mann mit seiner eigenen Familie — Frau, Sohn und Tochter. Ich weinte, schämte mich, freute mich, prahlte mit den guten Dingen im Leben, war entsetzt über die dunklen Seiten, glücklich, durch sie hindurchgekommen zu sein und sie nicht zu ernst genommen zu haben!

"Was für ein Leben!" stöhnte ich in den Pausen des Lachens und der Tränen. "Kann man so eine Torheit vergeben? Kannst man solche Verletzungen vergessen? Schaffst man es, mit dieser Last auf dem schwachen Rücken fortzufahren?"

"Dein Rücken ist stark, Jan!" antwortete Zar. "Nutze jetzt deine Gelegenheit, um Hallo zu sagen, denn die Treffen werden sehr kurz sein."

Meine Mutter, mein Vater und meine geliebte kleine Schwester standen auf dem Podium. Sie waren so ätherisch wie ich, aber als ich hinüber eilte, um sie zu umarmen, fühlten sich ihre Körper warm und kräftig an.

Die ganze Zeit hatte ich gedacht, dass ich und alle anderen auf die übliche Weise miteinander reden würden. Erst jetzt dämmerte es mir in meinem armen Kopf: Niemand bewegte seinen Mund — weder Zar, der Engel, noch Vater, Mutter oder meine Schwester. Was ist mit mir? Ich sprach fieberhaft mit meinen Geliebten, aber als ich meinen Finger gegen meinen Mund legte, bewegten sich meine Lippen nicht. Das war ein Schock! Aber als ich die Gesichter meiner Geliebten sah, wurde mir klar, dass auch sie die gleiche bemerkenswerte Entdeckung gemacht hatten. Zuerst fühlte ich mich wie ein Bauchredner, aber als mein Vater sein ausgelassenes Lachen lachte, ohne Lärm zu machen, verstand ich, dass dieser neue Körper nicht so funktionierte wie der alte, abgenutzte.

Leider verschwanden die sicheren, bekannten Menschen, bevor ich überhaupt Zeit zum Nachdenken hatte. Aber es kamen neue an.

Mensch um Mensch mit mehr oder weniger bekannten Gesichtern aus meinem Leben auf der Erde traten auf dem Podium auf. Einige von ihnen beschimpften mich, und dann genoss ich unkontrolliert die Tatsache, dass sich ihre Münder nicht bewegten. Fehler, Kämpfe und Ungehorsam sind Vergangenheit. Liebe verstorbene enge Freunde kamen nach vorne, um meine Hand zu umfassen. Aber all diese Phänomene endeten, als sich die Kinoleinwand wieder verdunkelte und das Podium aufhörte zu leuchten.

"Jetzt werden wir zu deinem früheren Leben zurückkehren", sagte Zars Stimme. "Wir werden sehen, ob du dich im Laufe der Jahrtausende entwickelt hast."

Ich war im vierzehnten Jahrhundert ein Mönch und im achtzehnten Jahrhundert ein Gentleman mit einer gepuderten Perücke in einem schwedischen Schloss gewesen. Ich war Fischer auf den griechischen Inseln gewesen, wo ich in einer wütenden Welle dem Tod entgegensegelte. Ich war zur Zeit Jesu ein römischer Adliger und ein Soldat in einem armen Finnland gewesen. Für jedes Leben, das mir gezeigt wurde, kam die Erinnerung daran sofort zurück. Ich fühlte mich von diesen Leben geprägt, aber darunter lag die Gewissheit, dass ich ich selbst war. Die Veränderungen waren von äußerer Natur, aber der innerste Johan Fridolf Johansson From, alias Jan Fridegård, war die ganze Zeit unter der Oberfläche anwesend, tastend, suchend, sehnsüchtig und erfüllt von seiner eigenen besonderen Leidenschaft für Gerechtigkeit. Wenn ich ein Jäger war, jagte ich Ungerechtigkeiten und Doppelzüngigkeit. Wenn ich ein Gentleman war, habe ich Damen gejagt. Jan war die ganze Zeit da, obwohl ich tausend Gesichter hatte.

Es war eine Reise auf dem Meer des Lebens, die sich der Autor Jan selbst in seinen wildesten Träumen nicht hätte vorstellen können. Vielleicht aber blies mein Unterbewusstsein gelegentlich Bilder von Schweiß und Tränen, von Kraft und Mut, auch in meinem letzten Leben auf der Erde. Ich hatte mich bereits fest entschlossen, dort zu bleiben, wo ich war. Ich fühlte, dass ich meinen Teil auf der Erde getan hatte. Ich hatte alles gesehen, alles erlebt. Zur Erde zurückzukehren, wäre nur eine Wiederholung des Alten — eine übergewichtige Ente auf einem glatten und melancholischen See. Oh nein, hier oben war es viel aufregender!

"Oh, also willst du hier bleiben, Jan? Und nicht in deine dunkelgrünen Wälder und dein Leben als Autor im Licht der Stadt zurückkehren?" Zar sah mich amüsiert an und fügte hinzu: "Schau her! Dies ist ein Bild des heutigen Stockholm. Stell dir vor, wie es wäre, dort zu leben!"

Ich wartete gespannt darauf, dass die Restaurants Hasselbacken und Bellmansro in ihrer ganzen Pracht zusammen mit Operakällaren und Berzeliterrassen erstrahlen würden. Vielleicht würde ich mit den Augen auf dem Boulevard Strandvägen oder Hamngatan bis zum Kaufhaus NK spazieren gehen? Vielleicht darf ich einen Ausflug nach Haga machen und eine Weile zwischen den alten Häusern in Hagalund spazieren gehen? Aber was sah ich da? Der Schrecken über die gezeigten Ansichten ließ mir buchstäblich die Haare zu Berge stehen. War das unser gutes altes Stockholm, die Stadt Bellman und Evert Taube, mit den Gassen der Altstadt und den glitzernden Höhen des Südens der Stadt in ruhiger Abendsonne?

Es herrschte Chaos. Es gab Gewalt, Hektik, Eile und grobe Artgenossen, die den alten Damen Handtaschen entrissen und sie dann traten. Ich sah Kinder, die Kinder schlugen, Kinder, die es nicht mehr schafften, Kinder zu sein. Ich sah seltsame Bilder von Drogen und Alkohol. Fremde, Entfremdung, eine umgekehrte Innenstadt, ganz ohne die alte, freundliche, warme Atmosphäre. Überall heulend und kämpfend. Ich wollte es nicht mehr sehen; ich versteckte mein Gesicht in meinen Händen. Kauflust, Begehren, Kampf um Macht und Entfremdung; es war eine Zukunft, die ich nie wieder sehen wollte.

"Nicht kritisieren!" ermahnte Zar. "Die Städte sind das, was die Zeit aus ihnen gemacht hat. Niemand zwingt dich in diese Zukunft zurück. Du hast immer noch deinen freien Willen."

Ich weiß nicht, ob ich ein paar Stunden oder mehrere Tage im Bergzimmer mit der Kinoleinwand und den Hologrammen saß. Alles, was geschah, bewegte sich in einer dreidimensionalen Realität, die mit Unwirklichkeit vermischt war. Sicherlich existiert hier keine Zeit, sodass wir, als wir fertig waren, so leicht aufstanden, als hätte die Vorstellung nur eine Stunde gedauert. Zar fragte mich, ob ich etwas aus meinem Leben bereue.

"Wie könnte ich nur?" antwortete ich. "Alles war eine Frage der Entwicklung. Ich habe die ganze Zeit etwas gelernt. Aber ich habe von allem viel gelernt. Jetzt will ich mehr wissen!"

"Ich akzeptiere deine Antwort", sagte mein freundlicher Lehrer. "Du bist bereit, fortzufahren, wenn du willst."

"Darf jeder, der stirbt, seine akashischen Aufzeichnungen einsehen?" fragte ich.

"Sicher", antwortete Zar. "Wir haben solche Kinos an verschiedenen Orten. Einige Menschen sind von ihren akashischen Aufzeichnungen zutiefst schockiert, weil ihre Erinnerungen mit jedem Leben, das sie betrachten, zurückkehren, oft unverarbeitete Erfahrungen, und es kann schwierig für sie sein, sie wiederzuerleben. Du hast dich gut geschlagen wegen deiner klaren Wahrnehmung deines eigenen Selbst, die du in Buch um Buch analysiert hast. Aber es gibt viele Wege, aus denen man nach den Aufzeichnungen wählen kann, und wenn du weitermachen willst, dann folge mir."

3. Der Schöpfungsprozess

Mit leichten Füßen verließen wir den Bergraum und gingen in einer langen, vom Tageslicht beleuchteten Passage. Ich weiß nicht, wie lange wir Seite an Seite liefen und uns angenehm unterhielten, aber plötzlich war die Passage zu Ende. Wir kamen in einem blendenden Licht heraus, das mich zuerst daran hinderte, die Umgebung zu sehen. Ich schattierte meine Augen mit meinem Arm und dann entdeckte ich ein Wesen vor uns. Ich konnte nicht sehen, ob es ein Mann oder eine Frau war, aber es war ein strahlendes Wesen. Ich war von Ehrfurcht erfüllt und fiel auf die Knie. Vielleicht war es ein Erzengel?

Das Wesen hob mich mit einem freundlichen Lächeln hoch und ich hatte das Gefühl, dass es eine Frau war. Sie hatte lange und rote Haare, ihre Augen waren tief und dunkel, und sie strahlte Wärme und Freude aus.

"Willkommen, Jan!" sagte sie mit einem Lächeln. "Ich bin kein Erzengel, sondern ein Engel und dein Lehrer! Mein Name ist Shala, und zusammen mit Zar werde ich dir die alte Weisheit lehren und dir zeigen, wer du bist und woher du kommst. Der Wissensdurst, den du bereits auf der Erde erlebt hast, hat dich zu uns und zur Engelsschule gebracht."

Dementsprechend war dieses schöne Wesen eine Frau, und dazu noch mein zukünftiger Lehrer! Das waren Lektionen, nach denen man sich sehnen musste. Aber wo war die Schule?

"Hier!" antwortete Zar und streckte seine Arme aus. "Du bist gerade durch einen Tunnel zum Reich der Engel gegangen. Von hier aus geht es weiter zu deinen Ursprungsort."

Das blendende Licht war verblasst, und ich sah mich um. Wieder befand ich mich in einer Art Kino mit drei Wänden. Die vierte Wand war offen, und ich konnte einen Blick auf einen schönen Garten draußen werfen. Es begannen Bilder auf den leeren Wänden zu erscheinen. Menschliche Gestalten schwebten aus einer Wand in eine andere. Diese Figuren waren in sehr altmodische Kleidung gekleidet, und sie erinnerten vor allem an Indianer. Zuerst schien die ganze Szene ein verwirrtes Flattern von Wesen mit oder ohne Gesichter. Doch es gab einen gewissen Rhythmus. Plötzlich wurde alles verdunkelt.

"Du hast die ersten Menschen auf dem Weg zur Erde gesehen", erklärte Shala. "Die ursprünglichen Bewohner kamen von einem anderen Planeten. Das Wissen, das sie damals vermittelten, wird noch immer im Inneren der Erde aufbewahrt, aber bisher war es nicht der richtige Zeitpunkt, es der Menschheit vorzustellen. Am Ende des zwanzigsten Jahrhunderts wird die Wahrheit für den Menschen so notwendig sein, dass etwas oder jemand sie ihm vermitteln muss, bevor der ganze Globus durch ihren Mangel an Weisheit in die Luft gejagt wird."

"Das kann ich mir vorstellen." mischte ich mich düster ein. "Die Verschmutzung der Erde hatte bereits begonnen, als ich Ende der 1960er Jahre starb. Sowohl die innere als auch die äußere Verschmutzung! Was kannst du dagegen tun? Willst du, dass die Erde untergeht?"

"Natürlich nicht", antwortete die selbstbewusste Stimme von Zar. "Wir arbeiten unter Hochdruck, um die Bewohner der Erde zu informieren, und etliche haben begonnen, zuzuhören. Du gehörst zu denen, die ausgebildet werden, um Kontakt mit einem Erdbewohner zu haben, der diese Botschaft weitergeben kann. Aber für diese Aufgabe musst du eine Menge Training, Tests und Einführungen absolvieren."

"Ich weiß nicht, ob ich dafür gut genug bin", murmelte ich. "Soll ich mit jemandem auf der Erde Kontakt aufnehmen? Das würde mir lieber erspart bleiben!"

"Du wirst eine Frau auf der Erde inspirieren, die durch deine Autorschaft, kombiniert mit ihrer eigenen und ihrer Mediumschaft, den Menschen die Wahrheit vermitteln wird", erklärte Shala.

"Habe ich auch einen guten Verleger im Gepäck?" scherzte ich.

"Wir werden versuchen, das zu arrangieren." Lächelte Zar. "Mit anderen Worten, du wirst also auch hier ein Autor bleiben. Reizt es dich?"

"Es ist nicht so schlimm", antwortete ich spöttisch. "Wenn die fragliche Dame schnell von Begriff ist und sich außerdem anständig verhält und meinen Rat schätzt, könnte es funktionieren. "Werde ich mehr der ersten Bewohner der Erde sehen?" fuhr ich fort.

"Irgendwann", antwortete Zar. "Aber zuerst wirst du etwas ganz anderes erleben. Du selbst wirst an der Geburt der Erde teilnehmen. Du bist so alt wie wir — Milliarden von Jahren! Möge unser Bewusstsein gemeinsam auf einer Reise auf Engelsflügeln geboren werden! Lasst unsere Seelen im unendlichen Meer der Einheit des Großen Geistes aufwachen. Du wirst erleben, was nur wenige menschliche Seelen gesehen haben. Jolith wird uns mit ihren großen Flügeln zum Ziel bringen. Sie hat die Gabe, bei Bedarf Gestalt anzunehmen, und wir rufen sie an — jetzt!"

Ich dachte, ein wenig albern, dass dies eine bessere ist als die spirituellen Séancen, die ich in meinem physischen Körper besucht hatte. Aber bevor ich Zeit hatte, meinen Gedanken zu beenden, erschien mein Schutzengel, jetzt als riesige Frau, und rollte mich in einen ihrer Flügel. Meine beiden Lehrer saßen bereits auf dem anderen Flügel. Bevor der makabre Gedanke kam, dass der Tote sich auf ein Abenteuer einlassen würde, fegten wir direkt durch die Wand und direkt in eine Art pulsierenden Korridor. Wo würden wir jetzt landen?

Die Antwort kam schneller als erwartet. Eine Tür wurde im Flur geöffnet und Jolith flog durch sie hindurch, direkt hinaus ins All. Alles war blaue Luft, nachtblau, klare Luft. Es gab kein Licht, nicht den geringsten Lichtstrahl! Doch ich sah und verstand. Der Flügel, in dem ich saß, entfaltete sich, und bevor ich Zeit zum Nachdenken hatte, hielt Shala einen Spiegel vor meinen Augen hoch. Ich sah nichts im Spiegel, absolut nichts. Zuerst bekam ich Angst. "Habe ich kein Gesicht mehr?" wollte ich fragen, wie ich mich mit Bedauern an den gutaussehenden Soldaten Jan erinnerte, der mit den Mädchen auf der Tanzfläche im Freien flirtete. Aber wieder war ich auf dem Holzweg, denn es war erloschen, und ich hörte eine Stimme in mein Ohr flüstern:

"Jan, du bist ein Staubkorn in unserem Universum! Ein Staubkorn hat keine Gedanken, aber du hast das Privileg, aufzunehmen und zu verstehen, was deine Lehrer dir vermitteln. Jetzt schau dich in deinem neu erwachten Bewusstsein um!"

Ein kleiner Stoß, und ich rutschte den Flügel hinunter, wie auf einer Rutsche. Die wirbelnde Realität, in der ich herumflog, war ein Kosmos, der dem Nachthimmel ähnelte, der von unserer Veranda zu Hause in einer Nacht ohne Mond und Sterne gesehen wurde. Natürlich dachte ich nicht in diese Richtung; ich war nur ein neugeborenes Bewusstsein in einem Staubkorn in einer dunkelblauen Nacht, wo nicht einmal Himmelskörper zu sehen waren. Aber es war eine Kraft der Liebe im Entstehen, und es gab andere, bereits fertige Universen. Das Staubkorn Jan wusste nichts davon, aber der tanzende Wind brachte Stimmen, die das Lied der Schöpfung sangen, auch wenn ich es weder hörte noch verstand.

Dann kam das Licht, und darin war die Kraft der Liebe. Der Unendliche Geist, der über unserem Universum herrscht, hatte seine Macht aufgeteilt, sodass er durch die indigofarbene Dunkelheit floss. Der Staubkorn Janne wurde ins Licht gezogen und wuchs in diesem lebendigen, kreativen, eingehüllten Licht zu einer Energie, einem Strahl mit einem Blick auf ein größeres Bewusstsein. Aber er war nur eine sehr junge Energie.

Die strahlende Kraft der Liebe war in unser Universum gekommen, um zu bleiben. Ein kleiner Atemzug aus seinem leuchtenden Zentrum wurde in einen Ton verwandelt — und der Klang war geboren. Die Kraft der Liebe teilte sich auf und wurde dual, männlich und weiblich, Yin und Yang. Partikel wurden aus dem Licht geworfen und gingen mit einer erstaunlichen Geschwindigkeit und Kraft in den Raum. Im Laufe von Äonen verschiedener evolutionärer Phasen bildeten sie schließlich Sterne und Planeten in unserer Galaxie.

Zuerst kamen die unsichtbaren Welten

Ein Atemzug der Liebe aus diesem gewaltigen Wesen begann die Schöpfung. Zuerst wurden die unsichtbaren Welten erschaffen. Alle sichtbaren, physischen Himmelskörper sind in Wirklichkeit jung. Noch jünger war ich, als ich mich in meinem eigenen Energiestrom ausruhte, während Das Höchste Bewusstsein auf dem Weg war, mit dem Schöpfungsprozess zu beginnen. Ich war dort im Licht, und eine bemerkenswerte Szene wurde zu meinem noch immer träumenden Bewusstsein hochgerollt.

Die unsichtbaren Welten wurden zuerst besiedelt. Ich lag als Energieform da und beobachtete diesen einzigartigen Akt der Schöpfung. Die beiden Charaktere des Unendlichen Geistes erschienen nur als vage Konturen im Licht. Da ich auch nur Lichtenergie war, konnte ich mich ihnen nähern, und dann nahm ich einen Gedanken wahr, der ihre Ausstrahlung durchdrang. Es war ein schöner Gedanke, der die Sehnsucht ausdrückte, die innerste Lichtwelt mit der gleichen wunderbaren Schönheit zu bevölkern, die der Höchste Geist selbst in sein Universum gebracht hatte. Diese göttliche Schönheit sollte sich in allem widerspiegeln, was erschaffen wurde!

Zuerst wurden die Seraphim in der innersten Nähe der Gottheit erschaffen. Der Ton, der im Kosmos klang, bildete mit seinen Ringen die reizvollsten Wesen. Diese Wesen wurden zu Dienern der Musik, zu denen, die die Welt der Töne leiten. Es war eine Art gegenseitige Erschaffung, ein Ursprung des Klangs, der schließlich die Musik der Sphären hervorbrachte. Die Seraphim waren schlank und transparent. Ihre hellen Haare schwebten herum wie ein glitzerndes Licht in einer Luft, die noch keine Sonne, Wind oder Regen hatte. Sie waren die Seelen der heiligen Musik, und in ihrer ganzen Existenz ging es darum, die unzähligen Gesichter der Liebe in Tönen auszudrücken.

Danach sah ich, wie das ganze Engelsreich vor meinen erstaunten "Augen" auftauchte, die noch keine Augen, sondern nur Wahrnehmungen waren. Ich zappelte, schüttelte mich und versuchte, dem Universum zu sagen, dass ich bald geboren werden wollte. Ich war nicht damit zufrieden, dass ich auf Energiewellen ohne Körper herumflatterte, ohne in der Lage zu sein zu kommunizieren. Auch ich sehnte mich danach, erschaffen zu werden. Aber es war noch nicht Zeit für die Energiewellen.

Die Engel erhielten ihre besondere Aufteilung in verschiedene Bereiche. Es gab sieben Elohim und sieben Erzengel. Zunächst wurden die Elohim beauftragt, Planeten und Sterne in der gesamten Galaxie zu regieren. Die Erzengel wurden zur kreativen Ordnung im Engelsreich. Es gibt Tausende von verschiedenen Gruppen von Engeln, sodass dort eine strenge Organisation erforderlich ist. Die Cherubim waren die Leichtgewichte der Freude. Sie waren — und sind — Boten zwischen den Sternen. Ich sah, wie sie auftauchten und sich zu immer glücklicheren und rosigen kleinen Wesen entwickelten, die immer bereit waren, ihre positiven Gaben mit anderen zu teilen. Lange Zeit ruhte ich mich im Licht der paradiesischen Umgebung der Engel aus, ohne zu verstehen, was ich wollte, denn ich hatte noch keine einzigartige Seele, sondern bildete nur einen Teil der Einheit im Licht.

Der Fall Luzifers

Aber in all dieser Lichtenergie kam eine Störung hinzu. Ich fühlte es nur als einen kalten Zug in der Liebesenergie, wo ich ruhte. Aber meine Lehrer sagten es mir mit Stimmen, die Gedanken waren, die Wahrnehmungen waren, die Empfindungen im Meer des Lichts waren. Wir waren Charaktere in einer ewigen Existenz, bis die Winde des Wandels aufkamen, als die Jahrhunderte zu Jahrhunderten wurden und es Zeit für die Geburt der physischen Schöpfung war. Das Folgende geschah unter den Engeln:

Einer der Erzengel, derjenige, der als Lichtträger oder Luzifer bezeichnet wurde, wurde zornig, weil er dachte, seine Macht sei zu begrenzt. Er stellte Forderungen, die abgelehnt wurden, weil die herrschende Ordnung gestört werden konnte. Wütend verließ er seine Position als Erzengel und schuf sein eigenes Königreich. Viele Engel folgten ihm, weil er sehr geliebt wurde. Sie glaubten, er sei aus den himmlischen Häusern vertrieben worden. Aber seine Brüder und sein Vater konnten nicht verstehen, was plötzlich mit ihm los war. Niemand hat ohne die Zustimmung des Vaters etwas entschieden. Warum war er nicht zufrieden mit seinem Vermögen, das Licht weiterzugeben, es zu pflegen und zu entwickeln?

Am Anfang war Luzifer nicht böse, sondern nur hochmütig. Er hatte nie vor, das Haus seines Vaters für immer zu verlassen. Seine Brüder waren bereit, ihn liebevoll zu umarmen, als er zurückkam. Aber weder er noch einer der Engel, die ihm folgten, kehrten zurück. In Luzifers neuem Königreich gab es eine Art Lichtfinsternis, und aus ihr entstand das Böse. Langsam, aber stetig wurden Kriecher und Schurken geschaffen, die niemals hätten existieren dürfen, und an ihrer Spitze schuf Luzifer einen Führer. Von Anfang an war es ein trotziges Spiel, aber der Anführer wurde böse, weil Luzifer durch seine Flucht aus der himmlischen Umgebung seine Gabe verloren hatte, in Liebe zu schaffen. Die Liebe reichte nicht bis in sein Reich.

Der Anführer hatte Hörner wie eine Ziege, und er wurde der Böse oder der Teufel genannt. Er wuchs an Macht und Stärke, und bald übernahm er die Macht in Luzifers Königreich. Er verhaftete den ehemaligen Engel und brachte ihn in eine Burg am Rande des Königreichs, wo er bis heute sitzen würde, wenn sein Bedauern über Tausende von Jahren ihn schließlich nicht zu den Engeln des Lichts zurückgeführt hätte. Jetzt ist ihm vergeben, und er arbeitet daran, die Erde zu retten. Niemand kennt die Wege des Bösen besser als er, und deshalb ist er besonders geeignet, sich ihm entgegenzustellen.

Yin und Yang — Dualität und Polarität

Da ich, Jan, jenseits der schwebenden Lichtenergie eine Seele hatte, die all dies als Wiederholung des Lebens erlebte, stellte ich Fragen an meine beiden Lehrer. Ich konnte sie hören und ihre Nähe wahrnehmen, aber noch nicht sehen. Ich fragte mich, wie die Engel von Anfang an erschaffen wurden, ob sie unterschiedliche Geschlechter hatten oder wie sie sich sonst vermehrten.

Mit einem leisen Lachen antwortete mir Shalas Stimme: "Du hast den ersten Ton und die Grundtonart erlebt. Zu dieser Zeit existierte bereits Bewegung im Universum, und in dieser Bewegung fanden wir uns als immer mehr bewusste Energien wieder. Aus einigen dieser Energiestrahlen oder Energiepunkte schuf der Große Geist die Engel. Wie es genau passiert ist, ist unmöglich zu wissen. Er brachte einfach die Fähigkeit mit, aus seinem eigenen Ursprung zu erschaffen. Bevor die Menschen erschaffen wurden, waren die Engel nur noch Engel. Später wurden sie in viele verschiedene Gruppen eingeteilt. Von Anfang an gab es männliche und weibliche Engel, aber auch zwitterhafte Wesen.

Es muss immer zwei Pole geben, Yin und Yang, da der Große Geist auch dual ist. Die Dualität und die Polarität sind als Gesetze in unserem Kosmos enthalten. Die Liebe zwischen all Seinen Schöpfungen ist so stark, dass sie sie alle vereint, und die Vermehrung, die stattfindet, ist nicht dasselbe, wie das, was der Mensch mit den Worten "sexueller Akt" bezeichnet. Ein Schöpfungsprozess von unvergleichlicher Schönheit findet mit den Engeln statt. Inmitten von Gesang, Musik und bunten Lichtspielen sind die Duale so vereint, dass ein neues engelsgleiches Wesen entsteht.

"Die Engel haben, wie die Menschen, vielfältige Gaben, und ihnen werden ihre Aufgaben entsprechend ihren besonderen Talenten übertragen. Sie selbst haben das Engelsreich von Anfang an aufgebaut. Wenn du es siehst, wirst du wahrscheinlich erstaunt sein, wie ähnlich es der Erde ist, sowohl in Bezug auf die Natur als auch auf die Siedlungen, wenn auch in klareren Farben und helleren Materialien."

Die ersten Menschen —
Das Volk der Sonne und der Sterne

"Aber wie wurden Menschen erschaffen?" war meine nächste Frage. "War es, wie die Bibel sagt, dass Adam der erste Mensch war und Eva aus seinen Rippen erschaffen wurde?"

"Es gibt keine Ähnlichkeit zwischen dem, was deine Bibel sagt, und der ursprünglichen, alten Wahrheit", antwortete die Stimme von

ZarDu wirst die Wahrheit schließlich erleben, du kleiner Funke Energie im großen Licht! Wir sind jetzt bei dir, so wie wir es damals waren."

Plötzlich fühlte ich mich aus dem Licht herausgezogen, wo ich so lange herumgetrieben hatte, und ich wurde in ein anderes, weicheres Licht geführt. Eine große und unbeschreiblich schöne Form sprach, und die Worte hallten in mir wie eine dröhnende Posaune. Ich fühlte eine Ehrfurcht am Rande der heiligen Anbetung. Ich wollte nur in dieses gewaltige Wesen der Liebe eintauchen.

"Ich habe die Engel in Schönheit und Harmonie erschaffen", erklärte der Göttliche. "Sie sind die schönsten, die ich kenne. Weil ich sie so sehr liebe und sie Bilder meiner Macht sind, möchte ich die Bewohner der Planeten zu ihren Gleichen machen. Es gibt bereits Planeten, auf denen Arten leben, die durch Entwicklung entstanden sind. Sie haben keine Seelen, sind aber sehr technisch begabt. Jetzt möchte ich der Seele eine Behausung geben, die all der Liebe, Schönheit und Freude würdig ist, die sie enthält, und deshalb sage ich: 'Lasst es den Menschen sein!'".

Die gigantische Ansammlung von Energien, die wie Magnete in die riesige, strahlende Form des Schöpfers gezogen worden waren, zitterte, als ein wunderbarer Ton seine Worte begleitete und in etwas ausbrach, was ich mit einem riesigen Feuerwerk vergleichen konnte. Dieses Feuerwerk schoss inmitten des starken kosmischen Lichts. Aus diesem funkelnden, blinkenden, fantastischen Licht kamen Figuren zum Schwimmen, Schweben und Gleiten. Zuerst fühlte ich mich wie ein Zuschauer, aber dann fühlte ich mich selbst wachsen.

Ich sah auf meinen Körper herab. Mir war ein Körper gegeben worden! Er war noch nicht deutlich und dicht, aber er hatte einen Kopf, Arme und Beine wie die anderen Wesen, die sich um mich scharten. Wir waren umgeben von schönen Engeln, die sangen und tanzten und ihre Flügel um uns herum spreizten. Neben mir schwebten meine beiden Lehrer. Sie waren auch etwas diffus, aber durchaus erkennbar. Sie nahmen meine Hände, und im Handumdrehen wurden wir von den sonnigen Energiewellen dieser unbestimmbaren Existenz auf einen Boden aus Erde und Lehm, aus schäumenden Wellen in einem klaren blauen Meer und in hohen Baumkronen versetzt.

Zio und die Migration zur Erde

Die Engel blieben einige Zeit bei uns, um uns den Weg zu zeigen. Wir waren auf den Planeten der "Indianer" gekommen: den magischen, schönen, windgepeitschten Zio, der einer der ersten bewohnten Planeten in unserem Sonnensystem war. Es war noch nicht Zeit für die Erde! Ich wurde nicht aus dem Schoß einer Mutter geboren, sondern aus den Energieverschmelzungen des Lichts, und so war es für uns alle. Wir waren dünne, leichte Wesen, die plötzlich auf einen physischen Boden gelegt worden waren, auch wenn Zios Boden nicht den Dichtegrad unserer Erde besaß. Bevor ich auf Zio "gepflanzt" wurde, war unsere Erde teilweise eine glühende Masse, die zusammen mit anderen Kugeln im Weltraum schwebte. Es gab keine quadratischen oder elliptischen Planeten. Der Globus — also der Kreis — war das Zeichen für den ewigen Ursprung.

Wir sahen uns an. Wir beobachteten uns gegenseitig. Wir waren Yin und Yang. Wir beobachteten die Engel. Wir hörten zu und lernten. Wir waren alle so schön! Unser Haar, das anfangs noch hell und fast farblos war, verdunkelte sich in jenen frühen Tagen auf Zio immer mehr. Unsere Merkmale waren nicht mehr identisch; unser Aussehen war so unterschiedlich wie das Wasser der turbulenten Stromschnellen in unseren neuen Wäldern. Als wir so weit kamen, Häuser zu bauen, den leichten Boden zu graben und die schimmernden Steine übereinander zu stapeln, waren unsere Erscheinungen immer mehr von unterschiedlichen Eigenschaften geprägt. Es wurde deutlich, dass in unserem Bewusstsein viele verschiedene Talente und Gaben waren. Der eine war künstlerisch, der andere musikalisch, und der dritte war ein begabter Handwerker.

Die Engel zeigten uns, wie man baut, wie die Frauen flechten und nähen konnten, wie wir die wilden Tiere benutzen und sie als Haustiere zähmen konnten. Es gab nichts Böses, keinen Streit um unser tägliches Brot, das umso wichtiger wurde. Auf der anderen Seite gab es viel Liebe, Freude und Gemeinschaft.

Die ganze Zeit über erinnerten wir uns an den Großen Geist, und die Engel erinnerten uns daran, wenn wir es vergaßen. Aber trotzdem war ich nicht Jan, der Dichter und der Witzbold, der am Tor zur Ätherischen Welt stand und seinen irdischen Freunden Geschichten erzählte. Wenn man jemanden sagen hört: "Jan ist viele Schritte hinaufgestiegen und hat viele Ebenen durchquert", dann ist es falsch. Es gibt hier keine Stufen und keine Ebenen, nur eine unendliche Einheit verschiedener Reiche und Abschnitte. Auf Seite 3, liebe Leser, findet ihr die Kosmische Karte. In der Mitte befindet sich der Unendliche Geist, der über alles schwebt, um seine Schöpfung zu überwachen.

"Stapel nicht zu hoch", mischte sich Shala in mich ein. "Du hast uns von Zio erzählt. Was ist dort passiert? Bist du völlig körperlich geworden?"

"Ja", antwortete ich, "aber es brauchte Zeit, obwohl es dort auch keine Zeit gab. Wir lebten in einer Art Frequenz jenseits aller Zeitberechnungen. Ich weiß, dass du und Zar zu den Engeln gehörtet, die uns geholfen haben. Aber wir haben keine Religion aus dem Wissen, das wir erhalten haben, erschaffen. Wir waren dem Großen Geist und seinen Gesetzen der Liebe treu.

"Die glühende Masse, die auf Zio blieb, war mit Bergen und Erde bedeckt, und der Planet wurde immer physischer. Unsere dünnen Körper, die bisher an der Schaffung eines bewohnbaren Planeten gearbeitet hatten, wurden, wie ich bereits erwähnte, kompakter und sichtbarer. Wir wurden zu etwas Greifbarem, das mit Körper und Seele in Harmonie erschaffen und formen konnte, zu lachen, zu lächeln und zu weinen — aber nur mit Freude, denn Leid war noch nicht erfunden.

"Als wir eines Tages auf dem üppigen grünen Gras standen und der Wind die Bäume um uns herum raschelte und uns schöne Früchte anbot, hatten wir Lust zu tanzen und zu singen. Die Interaktion mit den Wesen der Natur war auf Zio wichtig. Jeder Baum, jede Blume, der hohe Berg und die singenden Stromschnellen hatten alle ihre Devas, und wir sprachen alle die gleiche Sprache. Wir kommunizierten ständig mit ihnen, tauschten Vertraulichkeiten aus und halfen uns gegenseitig in jeder Hinsicht.

"Wir waren stolz auf unsere Abstammung vom Großen Geist. Er war unser einziger wahrer Herrscher. Wir verehrten die doppelte Flamme des Lebens, und trotz unserer Verbreitung auf dem großen Planeten ähnelten unsere Rituale einander. Wir waren von der Sonne abhängig, die für uns heilig war, ebenso wie der Mond. Wir hatten Sonnen- und Mondtänze, Sternenfeste und die Feiertage des Großen Geistes. Der Tod war uns unbekannt. Jedes Leben dauerte etwa tausend Jahre, und dann durchliefen wir einen Wiederbelebungsprozess und begannen von neuem! Wir wurden aus lebendiger Energie erschaffen, und deshalb standen wir in Kontakt mit allen anderen lebendigen Energien im gesamten Kosmos.

"Warum nenne ich uns Indianer? Weil ich es einfacher machen möchte für den Leser, um unseren Ursprung zu verstehen, denn er erstreckt sich bis zu den heutigen indianischen Stämmen. Der Ausdruck "indisch" ist völlig falsch, wie die meisten wahrscheinlich wissen. Er wurde von Kolumbus geschaffen, als er im fünfzehnten Jahrhundert an der amerikanischen Küste landete und annahm, dass er in Indien angekommen war. Unser echter Name ist "Das Volk der Sonne und der Sterne" und die Ureinwohner von heute nennen uns "Mu luwetam", die ersten Menschen. Wir lebten in Symbiose mit dem ganzen Kosmos, bis die große Katastrophe eintrat.

"Ein Meteorit war auf dem Weg direkt nach Zio. Wir befanden uns in der Mitte unserer Galaxie. Als dies geschah, befand sich die Erde auf etwa dem gleichen physischen Niveau wie Zio, aber sie hatte keine menschlichen Bewohner. Der Schaden an Zio war unvermeidlich. Der Meteorit traf mit einer schrecklichen Kraft auf einer Seite unseres unglücklichen Planeten. Wir hatten den ungefähren Auftreffpunkt berechnet und die Hälfte unseres Planeten evakuiert. Schon damals gab es das, was man UFOs nennt, und wir erhielten vom Großen Geist die Botschaft, dass diejenigen, die evakuiert wurden, weitergehen und den Planeten Erde bewohnen würden. Ich war einer dieser "Flüchtlinge". Zio wurde schwer verletzt. Aufgrund des schrecklichen Schubs wurde der Planet so viele Lichtjahre entfernt geschickt, dass er am Rande unserer Galaxie "landete". Dort bleibt er immer noch erhalten und hat nach den Nachrichten, die wir von dort erhalten, den größten Teil seines früheren Aussehens wiedererlangt, außer einem riesigen Meer, das sich dort gebildet hat, wo der Meteorit einschlug.

"Also sind wir Auswanderer auf der Erde gelandet. Flora und Fauna verbreiten ihre unberührte Fülle zwischen Bergen und Gewässern. Damals hatte die Erde mehr Wasser und weniger hohe Berge als Zio. Eine Tierart war so menschenähnlich, dass sie aufrecht ging und Arme mit Händen entwickelte, die greifen konnten. Die Intelligenz dieser Tiere war begrenzt, aber sie lebten ein unauffälliges Leben in einer Umgebung, die den Regenwäldern unserer Zeit am nächsten kam.

"Wir, die wir nach dem Vorbild der Engel geschaffen wurden, wurden die ersten menschlichen Bewohner auf der Erde. Wir versuchten, so zu leben, wie wir auf unserem eigenen Planeten gelehrt worden waren, und wir verbrachten lange Zeit mit dem Bauen in großer Gemeinschaft. Aber unser neues Leben war nicht ganz ohne Probleme. Viele unserer jungen Frauen wurden von den menschenähnlichen Affen entführt. Kinder wurden geboren und sie waren die Mischung, die die Grundlage der heutigen Menschheit wurde. Wir versuchten, uns mit ihnen anzufreunden, aber bald entstanden in dieser "Hybridrasse" Eifersucht und Neid und ihr Hass richtete sich gegen uns.

"Plötzlich wurde der Tod zu einer Tatsache, die wir nicht ignorieren konnten. Das Leben des Menschenaffen hat nicht einmal hundert Jahre gedauert. Das konnten wir nicht verstehen. Wir haben uns von ihnen isoliert und Dämme gebaut, um zu verhindern, dass sie auf unserem Boden eindringen. Damit wurden Eigentum und Feindseligkeit auf der Erde etabliert. Wir, die wir in unserer eigenen Unsterblichkeit und mit unseren starken Gesetzen der Liebe geschützt gelebt hatten — wir wurden schwach und verletzlich. Die neue Denkweise brachte Krankheit und Tod. Die Lebensdauer wurde kürzer. Der Inkarnationszyklus änderte sich in seinen gegenwärtigen Zustand: ein Leben von etwa hundert Jahren und Perioden des Lebens in anderen Welten zwischen den Leben. Auf diese Weise entstanden die Welten und Reiche außerhalb der Ätherischen Welt auf der Kosmischen Karte.

So begannen die Menschen, Menschen zu werden!"

38

4. Das verlorene Millenniumskönigreich

Es war fast schrecklich für das beobachtende Janne-Selbst, ein höheres Bewusstsein dafür zu bekommen, was seit der Geburt der Erde mit mir geschehen war — und noch weiter zurück. Dennoch fühlte es sich an, als hätte ich ein Stück Erdboden von der Erde in der Tasche, und mein Erstaunen über die Erfahrungen in der Engelsschule war fast mit einem Gefühl der Angst vermischt. Ich hatte so viele neue Dinge gelernt, und nicht alle waren positiv. Eine solche Nachricht war, dass Planeten in anderen Galaxien eine Art seltsame Götter entwickelt hatten. Sie waren hoch entwickelte Wesen mit einem Wissen, das weit über die menschliche Ebene hinausging. Sie hatten die Fähigkeit zu erschaffen — und sie schufen! Ihre Arbeit war nicht bösartig, aber sie kontrollierten Energien zwischen den Planeten, die den Menschen neue Wege eröffneten.

Auf einem der Sterne von Orion befand sich ein machthungriger Herrscher namens Godonda. Er träumte davon, die Erde zu erobern, und deshalb reiste er zu unserem Planeten, um die dort lebenden Stämme zu unterwerfen. Er wollte als Gott betrachtet werden, und es gelang ihm, die Menschen vor der Anbetung zu erschrecken. In seinem Gefolge folgten alle kleinen Gottheiten, die eigentlich die Herren der verschiedenen Phänomene waren. Lange Zeit wurde der gute Gott, den wir den Großen Geist nennen, vernachlässigt, weil Godonda den Menschen, die ihm folgten, Kraft und Herrlichkeit versprach. Das war nicht der Weg des Großen Geistes. Er sprach zu den Herzen der Menschen und gab ihnen den freien Willen. Der unbewusste freie Wille war in Godondas Macht gefangen, und die Menschen wurden von Anfang an in die falsche Richtung geführt. Godonda teilte die Menschen in verschiedene Religionen ein — zum Beispiel den nordischen Asa-Glauben, den griechischen und ägyptischen Götterglauben, das

Judentum, etc. — damit der Große Geist seinen Halt verliert. Aber das tat er nicht, er wartete und wartete und wartete auf seine Zeit und schickte einen seiner höchsten Engel auf die Erde, um den Menschen beizubringen, wie man nach den Gesetzen der Liebe lebt.

Godondas kleine Gottheiten, zum Beispiel die nordische, die griechische und die ägyptische, wurden Botschafter im Islam, im Buddhismus und im Mohammedanismus. Es gibt Götter in Kulturen auf der ganzen Welt, aber der Eine, Unendliche Geist wurde unter dem Namen "Gott" missbraucht. Im Namen "Gottes" wird der Bruder gegen den Bruder und der Vater gegen den Sohn gehetzt. Im Namen von "Gott" werden die schlimmsten Verbrechen begangen, bei denen Hass und Gewalt Hand in Hand mit Krieg und Gewinnen aller Art gehen.

Ich habe viele Bücher über die Schöpfung in meinem irdischen Leben gelesen. Noch mehr von ihnen sind wahrscheinlich seither veröffentlicht worden. Bücher über die Schöpfung überschwemmen den Markt, und alle sagen unterschiedliche Dinge und verwenden unterschiedliche Begriffe. Während ich darüber nachdachte, intervenierte Zar in meine Gedanken.

"Hör auf, mein Freund", warnte er mich freundlich. "Alle Bücher, von denen du sprichst, sind auf ihre eigene Weise wahr. Wenn alles eine Einheit ist und alles Teil dieser Einheit ist, sowohl aus kosmischer als auch aus planetarischer Sicht, dann ist alles positiv. Jede Wahrheit gilt als Wahrheit, wenn sie von einem ehrlichen, weisen und liebenden Herzen kommt."

"Aber wie soll man dann verstehen können?" protestierte ich. "Was für ein Chaos, wenn man alles akzeptiert! Wo ist Godonda in dieser Einheit?"

"Du musst das aufnehmen, was dein Herz dir mitteilt. Denke daran, dass das Wissen, das du dir im Engelsreich aneignest, darin besteht, einen Linientanz im Kosmos zu tanzen, und dass dieser Tanz sowohl Götter als auch Menschen einschließt, jetzt und da und später. Jeder hat seinen Platz, seine Aufgabe, aber nur wenigen wird es gelingen, dein Herz mit Amors Pfeil zu treffen."

"Alles ist so neu für mich, aber ich glaube dir."

"Deshalb sind Shala und ich an deiner Seite. Was dir in Bildern und Erfahrungen gezeigt wurde, ist unsere Version der Schöpfung, wie wir und du sie erlebt haben. Andere Bewusstseine werden vielleicht alles auf eine andere Weise empfinden, und dann werden sie eine andere Geschichte erfinden. Ein Opal enthält viele Farben: Für eine Person scheint er meist blau zu sein, eine andere Person sieht nur die rosa Farbtöne, und eine dritte behauptet, dass der Stein grün ist. Es gibt so viele Varianten derselben Sache. Lass dich nicht von den kleinen Dingen aufhalten; versuche immer, die Ganzheit zu sehen. Die Details sind überall, aber sie bilden keine Ganzheit, bis sie zusammengefügt sind. Für dich waren Millionen von Jahren ein sehr vielfältiges Meer von Wahrnehmungen, Licht- und Klangerlebnissen. Nun, setze fahr mit deinen Erinnerungen an das erste Mal auf der Erde."

"Ich erinnere mich, dass wir in Dörfern lebten, in denen wir eine "Mutter" und einen "Vater" hatten, der uns den Weg zeigte. Sie hielten ihre ätherische Form länger als der Rest von uns. Wir durften unser tausend Jahre langes Leben bewahren, solange wir nicht den Menschenaffen zum Opfer fielen oder uns keine der Krankheiten einfingen, die heutzutage als menschliche Qualitäten gelten: Hass, Neid, Eifersucht, Gier, Machtlust, etc. Die innersten Gruppen des Volkes der Sonne und der Sterne mussten sich heimlich an heiligen Orten treffen, die in Höhlen oder unter der Erde versteckt waren. Wir konnten nie sicher sein, dass die Menschenaffen oder wilde Tiere uns nicht angreifen würden — aber es war einfacher, mit den wilden Tieren umzugehen als mit den wilden menschlichen Bestien.

"Einige der ursprünglichen heiligen Orte, an denen sich unsere Gruppen versammelt haben, sind noch heute erhalten. Sie befinden sich in Kanada, Neu Mexiko, Peru, den Anden, dem Himalaya, dem Nordpol und dem Südpol. Auch wenn sich See- und Landflächen bewegt und ihre Position völlig verändert haben, gelten diese Orte in etwa. Wir haben Erinnerungen hinterlassen, die der Mensch immer noch nicht interpretiert hat. Weitere Entdeckungen werden in Zukunft gemacht.

"Wenn ein Mensch die Grenze von tausend Jahren erreicht hatte, musste er oder sie vor der "Erfrischung" ein Ritual durchlaufen. Wenn die Person die auferlegten Prüfungen bestehen konnte, würde sie bis in den nächsten tausend Jahre andauern. Immer mehr von uns scheiterten. Wir nannten sie "Auswanderer". Ich hätte nie gedacht, dass ich einer von ihnen sein würde — nicht bis zu meinem "Fall".

"Das ewige Weibchen hat mich immer fasziniert, gefangen genommen und mich in einen Schmetterlingstanz geführt, der manchmal schlecht endete. Vielleicht hatte der Junge Jan schon damals begonnen, in mir zu erwachen, denn eines Tages, als ich auf dem Land in der Nähe meines Hauses spazieren ging, erblickte ich ein menschliches Mädchen mit langen, goldenen Haaren. Mir wurde klar, dass sie eine Tochter der Mischungen der Menschenaffen war. Sie war sehr schön, saß in der Nähe des Baches und wusch sich die Füße. Als ich ganz in ihrer Nähe vorbeikam, spritzte sie spielerisch etwas Wasser auf mich. Das Ganze endete schlecht. Verführte sie mich? oder ich sie? Ich hatte kaum Zeit zum Nachdenken, bevor sie blitzschnell verschwand, ohne mir ihren Namen zu nennen. Ich hatte ein schlechtes Gewissen und habe niemandem davon erzählt. Ich drückte es in mein Unterbewusstsein, als wäre es nie passiert. Ich liebte meine sonnige Familie zu Hause, die ganze Gruppe von liebenden Menschen, die die gleiche alte Weisheit trugen wie ich.

"Einige Zeit danach — ein paar Monate, vielleicht ein paar Jahre — traf ich das Mädchen mit den goldenen Haaren wieder am selben Bach im selben Wald. Wieder wurde ich von einem verzehrenden Feuer zu ihr getrieben, und wieder einmal weckte sie meine junge männliche Kraft in etwas zwischen Liebesspiel und Kampf. Ich versuchte, diesen wütend heißen Strom loszuwerden, der beim Anblick ihres halbnackten Körpers in mich floss. Die Strömung wurde zu einem Meer aus Liebeskummer, heißer als alle Vorstellungen von der Hölle, erfüllt von einem unersättlichen Hunger — einer besessenen Strömung, die wie die Lava aus einem Vulkanausbruch die Warnhänge meiner Sinne hinunterrollte. Als das Feuer langsam abkühlte und wir uns gegenseitig auf dem Gras in den Armen lagen, löste sie sich plötzlich und verschwand wie beim letzten Mal. Aber nach kurzer Zeit kam sie mit einem kleinen Kind zurück: ein weißhäutiger Junge mit rosigen Wangen und Augen wie aus kleinen blauen Meeren. "Mein Sohn", dachte ich. "Mein Sohn mit dieser wunderbar wilden Frau aus dem Urwald?

"Bevor ich Zeit hatte, mich zu beruhigen, verschwand das ganze Bild und ich schwebte langsam in Richtung des Tempels, wo wir das tausendjährige Ritual durchführten. Dort erwartete mich mein Urteil."

"Du hast deinen Test nicht bestanden", wurde mir gesagt. "Warum hast du den gleichen Fehler noch einmal gemacht? Irgendwo in der Ödnis jenseits unserer Wälder lebt die Frau mit den goldenen Haaren jetzt zusammen mit dem Sohn, den sie dir geboren hat. Du musst sie finden. Du darfst nicht in unserer Gruppe bleiben. Du wirst nicht tausend Jahre alt sein, du bist verletzlich, und dein Leben kann nie länger als hundert Jahre dauern. In den meisten Fällen sterben die Erdenmenschen aus verschiedenen Gründen viel früher als das, aber das wird deine Erfahrung sein. Denke daran, mein Sohn, dass wir dich sehr lieben, aber du musst uns verlassen. Eines Tages wirst du uns in einer anderen Lichtwelt wieder begegnen, und dann kannst du selbst wählen, was du mit deinem ewigen Leben anfangen willst. Bis dahin, leb wohl!"

Luzifer erschuf sich eine neue Welt, als er abgelehnt wurde. Jetzt war ich an der Reihe. Aber meine Welt war nicht böse — nur gefüllt mit starken irdischen Gefühlen: dem wilden Fieber der Sexualität und den kalten Gräbern der Enttäuschung und Selbstverachtung. Ich machte mich auf den Weg und versuchte, den glücklichen, sorglosen Kerl, den Clown und den Freudenbringer in mir hervorzubringen. Aber unter Witzen und Lachen, das in der Welt der Erde immer grober wurde, war der traurige und einsame Wanderer.

Mein Spaziergang war allein und abenteuerlich. Die Erinnerung an die andere Welt hier auf der Erde schmerzte lange Zeit. Ich suchte nach der Wahrheit. Ich suchte nach dem goldenen Haar und dem blauäugigen Kind. Als ich sie schließlich, nach vielen Jahren der Suche, fand, lebte sie mit einem Menschenaffen zusammen. Sie hatte mehrere Kinder zur Welt gebracht, und mein Sohn war nicht mehr unter ihnen. Ich wollte weiter nach dem Jungen suchen, aber der Affenmann tötete mich. Er verkörperte Böses und Eifersucht — das ist die Godonda-Macht. Das war mein erster Tod, vor all den anderen Tausenden von Toten.

Ich verlor das Millenniumskönigreich und musste bis zum heutigen Jahrhundert warten, um meine Unsterblichkeit in einer Zeit zurückzuerhalten, die nicht existiert! Nach meiner Rückkehr in die Engelsschule, wo ich all dieses Wissen über meinen "Sturz" erworben habe, gebe ich zu, dass es ein Schock war, herauszufinden, dass ich in einem so frühen Stadium meines eigenen "himmlischen Spiels" gescheitert war.

Die Geschichte von Toja

Ich wanderte durch viele Königreiche, einige von ihnen dunkel, andere hell, aber in den meisten von ihnen führten die Bewohner ein ruhiges und anstrengendes Leben, wobei ein Häuptling oder ein Herrscher sie führte. Diese Königreiche wurden schließlich "Stämme" genannt.

Wenn man ziellos herumwandert, bekommt man viele seltsame Geschichten zu hören. Es gibt verschiedene Geschichten über die Sintflut, nicht nur über den alten Noah oder das Gilgamesch-Epos der Sumerer, sondern auch über viele andere, die meiner Meinung nach beweisen, dass große Überschwemmungen wirklich in mehreren Epochen der Erdgeschichte stattgefunden haben. Ich war besonders an einer dieser Legenden interessiert — das ist zur Abwechslung mal über eine Frau. Es ist eine schöne und traurige Geschichte, die den Triumph des männlichen Selbstwertgefühls zeigt, und dazu einen sehr unehrlichen Triumph!

Zu Beginn dieser Geschichte hatten das Volk der Sonne und die Sterne bereits vor vielen tausend Jahren ihre Königreiche auf der Erde errichtet. Die große Störung hatte begonnen. Die Menschen waren in ihrem Wunsch nach Macht und Neid zu weit gegangen, was sie weiter auf den Weg des Bösen und des Verbrechens führte. Der Kampf um die Macht war am schlimmsten in einem Königreich, das vom Meer umgeben war, aber ein riesiges Gebiet umfasste.

In diesem Königreich lebte eine Frau namens Toja, mit ihrem Mann und drei Kindern — zwei Söhnen und einer Tochter. Toja war eine direkte Nachfahrin der Familie der Göttin Helia (siehe Seite 167), und ihr Wissen über die Möglichkeiten der inneren Welt war mit Recht zu respektieren. Die Bewohner dieses Königreichs betrachteten sie als eine sehr weise Frau. Ihr Mann, Mendor, war nicht so begabt wie sie. Er arbeitete mit dem Boden, der fruchtbar war und reiche Ernten brachte. Ihre beiden Söhne, Jap und Sojn, halfen ihrem Vater, aber sie hörten auch gerne auf den weisen Rat ihrer Mutter. Seit der Geburt der Jungen und ihrer kleinen Schwester Ilva konnten sie jeden Abend die bemerkenswerten Geschichten ihrer Mutter hören. Der Vater wies diese Geschichten jedoch als Frauengeschwätz ab, aber sie bestanden aus Legenden, in denen Mut, Kraft und Liebe immer auf die richtigen Wege führten und wo das Böse lauerte und vertrieben werden musste.

Eines Tages kam der Bürgerkrieg ins Land. Die Bewohner wandten sich gegeneinander, erzählten Geschichten voneinander und machten Geflügel ohne Federn. Ihr Hass und ihr Neid führten zur gegenseitigen Information und Berichterstattung über nahestehende Personen und zu einer ganzen Reihe von Morden und Hinrichtungen. Toja und ihre Familie lebten an der Küste. Eines Tages erhielt sie eine innere Botschaft, die ihr sagte, dass die Stunde der Abrechnung für ihr Volk nahe sei. Die innere Stimme befahl ihr, ein Haus mit einer schwimmfähigen Basis zu bauen — eine Art Hausboot. Sie informierte ihren Mann über diese Nachricht, aber er lachte nur und nannte sie eine verrückte Frau.

Die Söhne von Toja hatten jedoch gehört, was sie zu ihrem Vater sagte. Sie waren starke und kluge Teenager, beide von ihnen. Ilva war nur zehn Jahre alt. alt, aber alle drei halfen ihrer Mutter beim Bau des Bootes. Es dauerte mehrere Monate. Mendor spottete über sie und machte sich über das Hausboot lustig. Er versicherte ihnen, dass, wenn sie das Hausboot starten würden, es sofort sinken würde.

Ilva und Toja brachten das Holz, und die Jungen bauten und hämmerten. Als das Boot dort bereit stand, kamen die Bewohner des Dorfes, um es zu sehen und lachten verächtlich darüber. Aber Toja schwieg, weil ihr gesagt worden war, dass das Boot am nächsten Morgen gestartet werden muss. Dann begann ihre abenteuerliche Reise. Die innere Stimme befahl ihr, ein männliches und weibliches Tier von so vielen Arten wie möglich zu sammeln und an Bord des Hausbootes zu bringen. Ihre Kinder halfen ihr wie immer, während ihr Mann und die Dorfbewohner sie weiter verspotteten.

Einige der Zuschauer versuchten, das Boot für einen Streich zu besteigen, aber sobald sie sich dem Boot näherten, war es, als ob eine unsichtbare Wand sie abhielt. Sie begannen über Zauberei und böse Mächte zu murmeln, aber es nutzte nichts. Was dazu bestimmt war, an Bord zu kommen, kam an Bord — nichts anderes. Mendor floh in ihr altes Haus, als er den Neid und die Abneigung bemerkte, die die Dorfbewohner gegenüber seiner Familie zeigten. Dort war er sicher, denn nichts funktionierte gegen ihr Haus oder das Hausboot, weder Feuer noch Stahl. Endlich schlichen sich die Dorfbewohner weg, aber sie drohten, am nächsten Morgen zurückzukehren.

Am nächsten Morgen im Morgengrauen stieg die ganze Familie außer Mendor in das Hausboot. Er weigerte sich, ihnen auf einer so wilden Fahrt zu folgen. Tojas Herz schmerzte, als sie seine einsame Gestalt am Strand sah, während das Hausboot auf den Wellen schwebte, als wäre es für sie geschaffen. Sie fragte ihre innere Beraterin, ob sie zurückkehren dürfe, um ihren Mann zu holen. Die Antwort war ja, aber es kam mit einer ernsthaften Warnung. Das Herz ihres Mannes war nicht rein genug, um ihrem Schicksal zu folgen. Wenn sie aus Liebe handelte, konnte die Beraterin ihr das nicht verweigern, aber die Folgen könnten völlig anders sein als das, was vorherbestimmt war. Toja liebte ihren mürrischen, ignoranten Mann, und sie bat ihre Söhne, umzukehren. Sie taten dies widerwillig, aber Ilva weinte und schrie: "Mutter, das wird uns Unglück bringen! Kehr nicht um!"

Aber das Boot kehrte um und holte Mendor. Er wurde gegen seinen Willen an Bord genommen, schrie und trat. Endlich gab er sich den ernsthaften Bitten und Liebeserklärungen seiner Frau hin und setzte sich mürrisch an die Spitze.

Kaum war Mendor an Bord, als die Welle auftauchte, und es war nicht irgendeine Welle, es war eine Welle, die den ganzen Horizont bedeckte und die das Land mit rasender Geschwindigkeit durchquerte und das ganze Königreich mit seiner enormen Kraft ertrank. Tojas Hausboot schnitt sich direkt durch die Welle und auf der anderen Seite heraus. Dort ruhte das Boot ruhig und friedlich und machte es sich auf dem spiegelglatten Wasser bequem. Toja kniete nieder und dankte tief der guten Macht, die das Leben ihrer Familie gerettet hatte.

In der Zwischenzeit, als all dies geschah, schlief Mendor ein. Toja lockerte vorsichtig seinen Griff auf dem Ruder und übernahm die Führung. Ihre innere Stimme zeigte ihr die richtige Richtung. Sie steuerte direkt in die rosigen Arme des Sonnenuntergangs. Alle auf dem Hausboot schliefen ein.

Als sie aufwachten, schwebte das Hausboot friedlich in einer flachen Welle nahe einem hellen Streifen Land. Viele Menschen standen am Strand und wedelten mit den Händen. Zu ihrer Überraschung sah Toja, dass sie die gleiche Hautfarbe wie sie hatten: die rötliche Farbe, die von der Sonne erwärmt wurde. Ihr Mann war so blass wie der Mond, aber die Hautfarben waren in ihrem früheren Königreich sehr unterschiedlich. Die Menschen am Strand ehrten sie mit Blumen und aromatischen Zweigen eines unbekannten Krauts. Anscheinend wurden sie erwartet. Toja ließ alle Tiere aus dem unteren Teil des Hausbootes heraus. Sie erregten am Strand eine enorme Aufmerksamkeit. Das Volk kniete und schlug mit dem Kopf in den Sand und sang und lachte.

Toja erkannte, dass sie und ihre Familie für Götter gehalten wurden, nicht zuletzt wegen der ungewöhnlichen Tiere. Diese Menschen kannten offensichtlich keine der Arten, die im ehemaligen Königreich der Familie lebten. Und schon bald war klar, dass Tojas Mann, Mendor, als seltsamer hoher Gott geehrt wurde, vielleicht wegen seiner hellen Hautfarbe.

Die Familie erkannte bald, dass sie an einem Ort gelandet waren, an dem die Menschen liebevoll und wohlwollend waren, mit einer alten Kultur — aber ohne einen Anführer. Als das Hausboot ankam, war der Anführer des Volkes gerade gestorben, und es gab keinen Nachfolger für ihn. Mendor wurde mit einem Geschenk der Götter an das Volk verwechselt. Er wurde auf einen blumigen Thron gesetzt, und seine neu ernannten Untertanen rangen um ihn herum und erfüllten alle seine Wünsche. Toja und die Kinder wurden auch mit viel Respekt und Freundlichkeit empfangen, aber es konnte nicht geleugnet werden, dass Mendor die Hauptfigur war — und das passte ihm! Er nutzte schamlos seine neue Position aus, und seine Wünsche befriedigten nur sein Ego.

Tojas innere Stimme fragte sie, ob sie nun verstehe, warum Mendor der Verwüstung der Welle hätte überlassen werden sollen. Es war beabsichtigt, dass Toja "die Göttin" sein würde, die die verlorenen Menschen liebevoll in das schöne neue Königreich führen würde. Ihr Sohn, Jap, hatte ihre Fähigkeit zur inneren Vision geerbt und sollte ihr folgen. Durch ihr fehlgeleitetes Mitgefühl hatte sie nun die Energien in die falsche Richtung gelenkt. Die innere Stimme war sehr verzweifelt, aber Toja bestand hartnäckig darauf, dass ihr geliebter Mann das Land auf eine gute Weise regieren würde. Darüber hinaus war sie an seiner Seite und würde ihm helfen, alle zukünftigen Projekte zu leiten.

Aber bald wurde Toja klar, dass ihre Stimme nicht zählte. Mendor wählte die schönsten Frauen an seinem Hof aus, und er lebte ein wechselhaftes Leben mit ihnen in Luxus und Fülle. Toja trauerte, und ihre Söhne wurden immer gereizter über ihren Vater.

Viele Monde hatten ihre hellgelben Strahlen nicht gezeigt, als Toja die Botschaft erhielt, vor ihrem Mann zu erscheinen. Er starrte sie von oben bis unten an und beschwerte sich, dass sie ein wichtiges Treffen neulich gestört hatte. In Wirklichkeit hatte sie ihn überrascht, als er mit zwei Frauen im Bett lag, und das hatte sie wirklich verärgert. Ihre innere Stimme hatte sie gebeten, das Ruder im Königreich zu übernehmen, bevor es so weiterging wie in ihrer vorherigen Heimat. Gestärkt durch die strenge Ermahnung ihrer inneren Stimme wagte Toja es, ihrem Mann Vorwürfe wegen seines losen Lebens zu machen und seine Aufmerksamkeit auf die notwendigen Maßnahmen zu lenken, die im Königreich erforderlich sind. Mendor befahl ihr sofort, vor seinem Thron zu knien. Sie gehorchte aus Liebe zu ihrem Mann, ohne von seinen Plänen zu wissen. Bevor sie Zeit hatte, ihn um eine Antwort zu bitten, fiel das Schwert des Henkers auf ihren Hals und trennte ihren Kopf von ihrem Körper.

Toja, die, wie Noah, eine Arche in den Hafen gebracht hatte, um einen Teil der Spezies der Erde zu retten, wurde geopfert, weil sie eine liebevolle und wehrlose Frau war. Es war das erste Mal, dass der weiße Mann die rechtmäßige Besitzerin gewaltsam von ihrem Grundstück entfernte — das erste Mal von vielen, vielen.

Tojas Kinder waren still und entsetzt Zeugen dessen, was geschehen war. Jap brachte seine Schwester und seinen Bruder mit und floh in den Wald und dann in die Berge, weit weg von der Schreckensherrschaft ihres Vaters. Als sie an einem klaren und frischen Bergbach anhielten, um ihren Durst zu stillen, hörte Jap die Stimme seiner Mutter laut und deutlich:

"Geh geradeaus, bis du eine kleine Hütte siehst. Betretet die Hütte und begrüßt höflich den Mann, der auf dem Erdboden sitzt. Sag ihm meinen Namen und lass ihn dann sprechen."

Die Kinder taten, was ihre Mutter sagte, und tatsächlich kamen sie zu einer seltsamen Hütte, die vor einer großen Höhle errichtet wurde. Der Mann im sonnengelben Umhang begrüßte sie mit Freundlichkeit und Mitgefühl und gab ihnen viel zu essen. Sein Name war Ulon, und er war ein sehr weiser Mann. Er lebte versteckt vor den entsandten Männern von Mendor, weil er wusste, dass bessere Zeiten kommen würden. Er liebte seine Leute, beschwerte sich aber über ihre Schwäche und ihren Mangel an Mut.

Die Kinder blieben viele Mondmonate bei ihm, und er lehrte Jap eine geheime Form des Kampfes. Er machte Jap zu einem Krieger — nicht irgendeinen Krieger, sondern einen Krieger der Rechtschaffenheit. Als Jap fertig war, schickte Ulon ihn zu seinem Vater zurück. Mendor war nicht auf das Erscheinen seines Sohnes vorbereitet und rief sofort nach seinen Wachen. Jap stand nur da und sah seinen erbärmlichen Vater an. Mendor's Kopf begann zu nicken und er sah aus, als ob er eingeschlafen wäre, aber er hatte einen schrecklichen Gesichtsausdruck. Schließlich fiel er flach auf den Boden. Er war tot. Seine böse Macht war nicht in der Lage gewesen, Jap's guter Macht zu widerstehen.

Die Zeugen dieser Szene proklamierten Jap sofort als Nachfolger seines Vaters. Die Bewohner dieses Königreichs waren es gewohnt, jemandem zu gehorchen, sonst wäre es ein Chaos. Aber Jap wurde ein guter Führer für sein Volk. Er rief nach seiner Schwester und seinem Bruder und Ulon, und gemeinsam regierte dieses Quartett das Königreich, bis es zu einem Modell für andere Länder wurde. Und man könnte sagen, dass es Toja war, die indirekt dieses Happy End vollbrachte und dass ihre Mission doch noch erfüllt wurde.

So wurde mir diese Geschichte erzählt, und ich denke, sie ist interessanter als Noahs Arche. Also singe ich lieber "Mutter Toja, Mutter Toja war eine ehrenwerte Frau." Diese Legende zeigt jedenfalls, dass der Gegensatz zwischen der roten und der weißen Rasse viel früher begann, als wir es uns vorgestellt haben. Gleichzeitig sollten wir nicht vergessen, dass Tojas Kinder eine Mischung aus Rot und Weiß waren, und diese Mischung führte zu einem friedlichen und liebevollen Ergebnis.

5. Die Neun Ältesten des Sirius

Ohne dass ich es damals wusste, hatten die Neun Ältesten einen großen Einfluss auf meine zukünftigen Schicksale. Sie gehören zu den ältesten Weisheitslehrern und waren von Anfang an auf Zio. Die Neun Ältesten bestehen aus Lehrern und Lehrerinnen, und heutzutage wohnen sie in der Zentralsonne auf Sirius, von wo aus sie gelegentlich Ausflüge zu den Planeten unternehmen, wo sie gebraucht werden. Ihre Namen sind auf der Erde nicht bekannt, denn wenn sie es wären, würden sie von den machtsuchenden Profitmachern sofort in die falsche Richtung benutzt werden. Die Neun Ältesten sind nur *einer* "höheren Instanz" untergeordnet: Der große, unendliche Geist.

Nach der Initiation, die ich nicht bestanden hatte, wanderte ich lange Zeit, traurig und einsam. Nach der Überfahrt, als der Affenmensch mich ermordet hatte, wurde ich sofort weggeschleudert, um von einer Erdenfrau geboren zu werden. Ich musste viele Prüfungen und Tests durchlaufen, denn die Neun Ältesten folgten meinem Schicksal bis zu dem Tag, an dem ich zu meinen Brüdern und Schwestern in der Ätherischen Welt zurückkehren konnte. Aber es war noch ein langer Weg. Erst jetzt bin ich angekommen.

In einem meiner irdischen Leben wurde ich mit dem zweifelhaften Vergnügen privilegiert, als Sohn eines Herrschers geboren zu werden. In diesem Leben traf ich körperlich einen der Neun Ältesten, eine bemerkenswerte Frau. Wir können sie Helia nennen, da sie wie eine Sonne in einer dunklen Welt erschien. Sie war diejenige, die von den Indianern "Spinnenfrau" genannt wird. Nach ihrem Glauben ist sie die Mutter, die das Netz des Lebens spinnt. Es war Helias Aufgabe, Licht und Freude auf der Erde zu schaffen. Schon damals nutzten die Menschen ihren freien Willen, um den Willen ihrer Nachbarn zu unterwerfen. Aber Helia sandte Liebe und wahre Schöpferkraft aus, weil die Neun Ältesten beschlossen hatten, einen neuen Versuch mit den Bewohnern der Erde zu unternehmen. Helia gelang es, ihre Aufgabe zu erfüllen. Noch nie gab es so brillante Gebäude, noch nie hatten Menschen ein so gutes Leben und waren so stark und schön wie damals, als sie ihre Hand über sie hielt. Sie schickte überall Lichttruppen aus, und ich war einer ihrer treuen Kommandanten. Ich erinnere mich an ihren Zorn und ihre Trauer, als es uns nicht gelang, irgendwo dauerhaftes Licht zu erzeugen. Ich erinnere mich, als ich und die anderen Lichtträger mit ihr in einem Ring saßen und Pläne machten. Sie war unglaublich schön, aber ihre Schönheit war nicht aufregend. Es war eher ein ruhiger See im Wald, wo man sich erfrischen konnte. Gleichzeitig gab ihre Ausstrahlung allen in ihrer Umgebung Kraft. Ihr Wissen und ihre Einsicht waren ein unerschöpflicher Strom, und wir waren Wellen dieses Stroms.

Aber die Jäger der Macht kehrten zur Erde zurück. Die Licht-Truppen wurden zerschlagen, um Platz für eine ganz andere Art von Kriegern zu schaffen. Schließlich erkannte Helia, dass sie nichts mehr für ihre geliebte Erde tun konnte. Götzenbilder existierten sowohl innerhalb als auch außerhalb der Menschen, und schließlich konnte sie nicht mehr gegen sie kämpfen. Ich selbst musste nach seinem Tod den Thron meines Vaters erben, und meine Aufgabe war es, nach den Wünschen von Helia zu regieren. Das dauerte nicht länger als bis zu meinem Tod.

Zum Zeitpunkt der Zerstörung von Lemuria und Atlantis und dem Beginn des Wohlstands in Ägypten gab es keinen Frieden mehr in dem grünen Land, um das wir uns so lange Zeit mit Helia gekümmert hatten. Weder der Große Geist noch die Neun Ältesten konnten in das Werk ihres Boten eingreifen. Es gab Götter in anderen Teilen der Galaxie, die komplizierte Energien zur Erde schickten, um die Menschen dazu zu bringen, sich ihrem Willen zu unterwerfen, zum Beispiel Godonda. Wenn die Menschen das besser verstanden hätten, würde die Welt heute anders aussehen. Es gab eine Waffe, der die Schwachen nicht widerstehen konnten: die Angst. Durch sie wurden die Menschen zu willigen Werkzeugen der Macht und sind es auch heute noch. Der Klerus, nicht zuletzt, trug dazu bei, noch bevor sie Priester genannt wurden.

Die alten Götter gehören zur Geschichte — das ist es, was die Menschen glauben. Ich erinnere mich aus meinem letzten Leben auf Erden, dass wir bei Partys mit meinen Autorenkollegen alle unsere Gläser erhoben und schrien: "Lebt noch immer ihr alten Götter! Prost!" Wir wussten nicht, wie Recht wir hatten, und wir waren auch nicht nüchtern genug, um in diese Richtung zu denken. Aber ich werde später auf die Götter zurückkommen. Sie sind von Interesse, weil sie noch existieren, und außerdem beeinflussen sie den Menschen dazu, gehorsame Spielzeugsoldaten zu sein.

Das Reptilienvolk

Die Neun Ältesten haben mein Leben seit Tausenden von Jahren geleitet, ohne dass ich es bemerkt habe. Als ich auf mein Leben und die Ereignisse dazwischen zurückblicken konnte, dachte ich, dass es ziemlich chaotisch war. Aber ich lag falsch, denn hier ist eine unglaubliche Ordnung und Bedeutung hinter allem. Die "Reisen" hier in der Engelsschule, als ich in meine frühere Entwicklung eindrang, erfolgten in kleinen Dosen, weil sie eher schwierig waren, selbst für einen Geist.

Ich hatte die Gelegenheit, während vieler Zeiträume in mein eigenes Selbst einzutreten und einige schwierige karmische Ereignisse noch einmal zu erleben. Zwischen meinen irdischen Inkarnationen machte ich oft galaktische Reisen, und sie lehrten mich viel. Ich finde es merkwürdig, dass es so lange gedauert hat — wirklich bis zu meinem letzten Leben auf der Erde -, bis ich die Verbindung zwischen Körper-Seele-Geist verstanden habe. Mein letzter "Tod" führte mich in das große kosmische System, wo ich jetzt bin. Ich habe hier viele meiner eigenen Kaliber getroffen, nicht in der Engelsschule, sondern im Lichtpalast, nicht weit von dort.

Man kann den Lichtpalast als eine Art prächtiges Hotel

bezeichnen, mit Gästen aus der ganzen Welt. Diese Gäste haben sehr unterschiedliche Hintergründe, aber sie alle haben eines gemeinsam: Sie sind Lichtarbeiter. Es sind Engel, die bereitwillig zur Erde oder zu einem anderen Planeten reisen und Hilfe dorthin bringen, wo sie gebraucht wird. Man kann sie unsichtbare Aktivisten nennen.

Ich möchte von einem Abenteuer erzählen, das ich zwischen meinem Janne-Leben und meinem früheren irdischen Leben hatte. Nachdem ich als großer Schwindler am Kartentisch gelebt hatte, wo eine gezielte Kugel das Elend beendete, kam ich auf das übliche neblige Feld, wo ich von einem schönen Engelsmädchen abgeholt wurde. Ich war mir der Sünden, die ich begangen hatte, voll bewusst, und da meine geistige Aktivität noch begrenzt war, nahm ich es als selbstverständlich an, dass ich an einen unangenehmen Ort geschickt werde. Aber das Engelsmädchen lächelte und sagte mir, dass ich auf eine wichtige Mission geschickt würde.

"Gibt es dort Kartenspiele?" fragte ich interessiert. Aber sie bewegte ihre kleine Hand vor meinen Augen hin und her, bis ich völlig vergessen hatte, was für ein Schurke ich gewesen war. Ich blickte auf meinen Körper herab und entdeckte, dass ich ein weißes, glitzerndes Kleid trug. Der Engel führte mich durch ein großes, schimmerndes Licht, und für einen Moment ging die Angst über mich hinweg. Wer war ich? Wo hat sie mich hingebracht?

Ich schloss meine Augen für einen kurzen Moment, und als ich sie öffnete, befand ich mich in einem schönen Garten. Seltsamerweise erkannte ich den Garten! Eine andere Art von Erinnerung als die irdische begann in mir zu erwachen. Ich war viele Male hier gewesen: im Lichtpalast auf der ätherischen Ebene. Ich setzte mich auf ein Sofa und genoss die Schönheit der Landschaft. Von der Position, an der ich saß, hatten ich einen wunderbaren Panoramablick: In der Nähe befand sich ein Meer von Blumen und weit weg, am Horizont, befand sich ein echtes Meer. Ich sah in der Ferne rote und weiße Klippen und schöne grüne Wälder …

"Willkommen zurück, Horace!" sagte eine freundliche Männerstimme. Ein großer Mann setzte sich an meine Seite. Er trug einen blassgelben, gestrickten Umhang. Er war in den Vierzigern und hatte schöne dunkelblaue Augen und silberweißes Haar. "Anscheinend wurde ich Horace genannt", dachte ich, ohne mich an etwas aus meinem früheren Leben zu erinnern.

"Wir haben dich ausgewählt, um eine wichtige Mission für uns zu erfüllen", fuhr der Mann fort.

"Warum ich?" fragte ich überrascht. Natürlich fühlte ich mich geschmeichelt, aber etwas sagte mir, dass ich nicht derartig viel Aufmerksamkeit verdient hatte.

"Stell dir nicht vor, dass du in deinem letzten Leben jemand Besonderes warst", sagte er und lächelte. "Ganz im Gegenteil. Du warst ein Betrüger und ein Draufgänger, und es ist der Draufgänger, den wir brauchen! Aber die ganze Zeit über befand sich in der Hülle eine sehr gutherzige Person. Du hast dich um eine arme Frau gekümmert, die auf der Straße gelandet wäre, wenn du ihr nicht geholfen hättest. Sie hatte einen kleinen Sohn, der als "uneheliches Kind" bezeichnet wurde. Aber du hast immer behauptet, dass es keine unehelichen Kinder gibt; alle Kinder sind legitime kleine Juwelen in der Schmiede des Großen Juweliers." Du hast diese Frau geheiratet und noch einen Sohn und eine Tochter bekommen. Deine Art, für sie zu sorgen, war gefährlich und unehrlich, aber die Liebe zu deiner Familie war tief und warm. Als du Geld hattest, hast du allen geholfen, die dich gefragt haben. Als du pleite warst, hast du ihnen ein schönes Lächeln geschenkt und ein freundliches Wort ausgetauscht. Deshalb haben wir dich ausgewählt, um eine Mission auf einem anderen Planeten durchzuführen."

"Gibt es mehr bewohnte Planeten als die Erde?" fragte ich erstaunt.

"Oh ja, es gibt viele! Aber dieser Planet befindet sich in unserer Galaxie und wird von den sogenannten Reptilienvölkern bewohnt. Sie haben begonnen, die Erde zu erkunden, um sie in Zukunft zu erobern. Wir wollen absolut nicht, dass das passiert. Deshalb brauchen wir dich."

Ich war entsetzt. Ich konnte auf keinen Fall eine solche Mission übernehmen. Es wäre besser, einen Diplomaten zu schicken, der in den Abgrund getreten ist, dachte ich, und das sagte ich auch. Der Mann lachte.

"Du bist für diese Mission auserwählt", betonte er, "aber zuerst musst du eine Menge lernen!"

Ich wurde in der Engelsschule untergebracht. Da die Erinnerung an den charakterlosen, aber freundlichen Narren, der ich war, nicht mehr in mir blieb, gelang es mir, mich davon zu überzeugen, dass das Lernen einfach und unterhaltsam war.

Ich wollte nicht allein reisen, sondern arbeitete mit einer Gruppe von etwa fünfzig Leuten. Der Garant für eine erfolgreiche Mission war in meinen Händen verankert. Als es Zeit für die Abreise war, hatte ich sowohl meine innere als auch meine äußere Kraft entwickelt und war in verschiedenen Formen des Schutzes ausgebildet worden. Auf zitternden Beinen stieg ich in das Raumschiff, das uns zum fremden Planeten bringen sollte.

Als wir landeten, wartete eine Gruppe von Reptilien auf uns. Ich war auf ihr Erscheinen vorbereitet; wir hatten Bilder von ihnen in der Schule gesehen, aber trotzdem war die Realität erschreckend. Ich sah, dass meine Mitreisenden genauso reagierten, aber jetzt war es wichtig, keine Angst zu zeigen. Ich ging auf den Reptilienmann am Anfang zu. Man stelle sich ein aufrecht stehendes Krokodil vor und man bekommt eine Vorstellung von seiner Größe. Seine gold- und grünschimmernde Haut war lederartig. Sein Kopf war fast menschlich, aber bei weitem nicht attraktiv. Seine gelb-grünen Augen waren schräg und länglich, mit schweren, vorstehenden, schuppigen Augenlidern, die an Markisen erinnerten. Er hatte einen breiten Mund mit dicken Lippen, und seine Nase war kurz und breit, mit großen erhöhten Nasenlöchern. Keiner der Reptilien hatte Haare, aber einige Schädel waren auf menschliche Weise abgerundet. Die Köpfe anderer waren lang und schmal, wie bei den alten Ägyptern.

"Heil im Namen von Liebe und Licht!" sagte ich, wie es mir beigebracht worden war.

"Willkommen im Namen von Dendra!" war die schnelle Antwort, in einem metallischen Ton. Ich wusste, dass Dendra der Gott war, den diese seltsamen Wesen verehrten.

"Mein Name ist Rok, und ich werde dich zum Palast führen", fügte er hinzu. "Unser Herrscher, Murq, will dich sofort sehen, und du musst allein sein."

"Aber ich werde auf unserer Frequenz von einer Gruppe von Vertretern aus verschiedenen Welten begleitet", erhob ich Einwände.

"Wenn du den Zorn unseres Herrschers nicht wecken willst, kommst du allein", war die Antwort. "Deine Freunde werden bestens versorgt, solange sie keine feindliche Einstellung zeigen!"

Roks Gesichtsausdruck war düster, und ich fühlte, wie die Bedrohung in der Luft vibrierte. Die Reptilienmenschen kamen näher und bildeten einen Kreis um meine ganze Kompanie. Schnell erklärte ich meiner Gruppe, dass sie auf mich warten müsse. Dann folgte ich dem großen Reptilienmann über eine Brücke, die über einen Fluss führte, der ziemlich erdig aussah. Die Farbe des Wassers war etwas anders. Es war transparent, hatte aber eine tiefblaugrüne Farbe, die wahrscheinlich ideal war, um die Reptilien zu tarnen. Rok drehte sich um und lächelte mich an.

"Wir leben viel im Wasser", informierte er mich. "Es ist gut, so unsichtbar wie möglich zu sein, wenn der Feind in der Nähe ist."

Ich fragte ihn, wer der Feind sei, aber ich bekam keine Antwort. Roks breiter, schuppiger Rücken fühlte sich in dieser eigentümlichen Felslandschaft fast wie eine Sicherheit an. Hier und da gab es kleine Grashalme, aber fast keine andere Vegetation. Dicke, distelartige Blätter bedeckten an einigen Stellen den Boden, und Rok brach einige von ihnen ab und aß sie mit scheinbarer Freude. Er machte mir ein Zeichen, eines zu kosten, und ich tat es. Das Blatt hatte tatsächlich einen schönen Geschmack; es enthielt eine Flüssigkeit, die mich an Honig erinnerte.

Der Palast befand sich in einer Klippe, und davor befand sich ein offener Raum. Ich gestand mir selbst widerwillig ein, dass die Vorderseite des Palastes exquisit schön war. Es wurde in den rötlichen Felsen gehauen, und in der Mitte befand sich eine riesige Tür, die mit Gold und Edelsteinen verziert war. Um sie herum waren sehr schöne Reliefs ausgeschnitten. Auch die Fenster auf beiden Seiten der Türöffnung hatten Reliefs, die wahrscheinlich die Geschichte des Reptilienvolkes darstellten.

Ich wäre gerne dort geblieben und hätte dieses Kunstwerk genauer studiert, aber Rok winkte mir ungeduldig zu, mit ihm mitzugehen.

Endlich würde ich diesen Murq treffen, ein Treffen, auf das ich schon seit langem vorbereitet war. Wir betraten mehrere schöne Türen und sahen Reptilien, die mit verschiedenen Gegenständen in ihren krallenartigen Händen herumeilten. Die Deckenhöhe war beeindruckend, aber die letzte Tür war niedrig und bestand aus einfachem Holz. Rok öffnete sie und schob mich hinein. Ich stand vor Murq, dem Reptilienherrscher. Es wurden mir viele Geschichten über ihn und seinen mächtigen Planeten erzählt. Er hatte viele kosmische Kriege erfolgreich geführt.

"Willkommen!" Ich hörte ihn sagen, während mein Gehirn sowohl die normale als auch die ungewöhnliche Umgebung registrierte. Er saß an einem gemeißelten Tisch, auf dem ein Abendessen serviert wurde. Wer hätte gedacht, dass Reptiliengesichter so unterschiedlich sein könnten! Es gab tatsächlich etwas Königliches an diesem Wesen, und sein Ausdruck war fast fröhlich. Er machte mir ein Zeichen, mich direkt gegenüber zu setzen.

"Sie sind von der Erde, nehme ich an?", fragte er. "Das ist interessant für uns. Wir wurden nicht oft von Erdenmenschen besucht."

"Nun, ich bin nicht mehr ganz irdisch", murmelte ich. "Meine Mission ist es, Sie zu bitten, nicht auf die Erde einzudringen. Den Menschen muss erlaubt sein, sich in ihrem eigenen Tempo zu entwickeln, und weil sie wie Sie einen freien Willen haben, müssen sie auch lernen, ihn richtig einzusetzen. Das können sie nicht, wenn sie gezwungen sind, unter Ihrer Kontrolle zu stehen. Bedrohung erzeugt Angst, und Angst löst keine Probleme, sondern lässt sie nur wachsen. Es ist keine Erde der Probleme, die Sie wollen, oder, mit inhaftierten Menschen, die Sie hassen und verspotten?"

"Ihr seid ein weiser Bote", antwortete Murq und lächelte. "Dann möchte ich euch sagen, dass wir die Erde lange Zeit beobachtet und gesehen haben, dass sie ein sterbender Planet ist. Es ist eher eine Rettungsaktion, die wir geplant haben."

"Die Erde stirbt sicherlich nicht", protestierte ich. "Sie ist immer noch schön und reich an natürlichen Ressourcen. Es sind ihre Bewohner, die sich verändert haben."

"Ich weiß, ich weiß", unterbrach der Herrscher ungeduldig. "Es ist den Menschen in relativ kurzer Zeit gelungen, die Erde tief in den Untergrund zu ruinieren, so wie sie sich selbst und einander mit ihrem freien Willen ruiniert haben. Und in Zukunft wird es immer schlimmer. Hätten sie einen starken Führer und starke Gesetze zum Leben gehabt, wäre diese Zerstörung nie geschehen."

"Nichts wird besser, wenn du das Ruder übernimmst", widersprach ich empört. "Außerdem würdest du die Leute mit deinem Aussehen erschrecken, das sich so sehr von dem unterscheidet, was wir gewohnt sind."

"Sie müssten sich an uns gewöhnen! Wir sind nicht böse, junger Mann. Wir werden sie nicht töten und fressen", sagte er lachend, aber seine Augen blinzelten auf eine seltsame Weise. "Wir wollen nur lehren, wie man in Frieden miteinander lebt und die vorhandenen Kräfte respektiert. Wir sind ein friedliebendes Volk, auch wenn wir manchmal in Konflikte verwickelt waren, die aus anderen Teilen des Kosmos stammen. Außerdem sind wir ein kreatives Volk. Ihr habt gesehen, welche künstlerischen Höhen wir erreicht haben, nicht wahr? Wir können Ihnen beibringen, fantastische Talente in verschiedenen Kunstrichtungen zu entwickeln."

"Wir haben bereits sehr schöne Kunst auf der Erde", antwortete ich, "und der Große Geist bittet Sie, dieses Projekt aufzugeben. Wenn sich die Erde nicht erholt hat und sich die Menschen im Laufe von ein paar hundert Jahren nicht positiv verändert haben, will der Große Geist das noch einmal mit Ihnen besprechen. Er weiß von Ihrer hochentwickelten Kunst und Kultur, aber Ihr ganzer Planet ist so gebirgig, dass es für Sie schwierig ist, sich weiter zu entwickeln, ohne die Hälfte Ihres Planeten wegzusprengen. Er schlägt vor, dass Sie anfangen, sich stattdessen von innen heraus mehr zu entwickeln. Er ist bereit, Lehrer hierher zu schicken."

"Danke, wir brauchen keine", war die kalte Antwort. "Wir sind den Gesetzen des Großen Geistes nicht untergeordnet, aber wir versuchen, auf sie zu hören, wenn sie vernünftig sind und wenn Dendra sie anerkennt. Wir müssen auf die Wünsche unserer Gottheit achten. In diesem Fall hat er uns ein Ultimatum gestellt. Es gibt Dinge, die wir über den Menschen herausfinden wollen, und das werden wir tun. Da Ihre Delegation aus Menschen besteht, die sich auf einer höheren Ebene in den Welten des Großen Geistes entwickelt haben, hat Dendra einen Vorschlag für Sie. Wenn wir Ihre Delegation hier behalten könnten, versprechen wir, jetzt nicht auf die Erde einzudringen. Sie können mit dieser Meldung zurückkehren. Kein Böses wird Ihren Freunden widerfahren, aber wir brauchen sie. Dieses Angebot ist unwiderruflich. Ich, Murq, Herrscher des Reptilienplaneten, habe gesprochen."

Die Tür hinter mir öffnete sich. Ich beugte mich leicht vor dem Herrscher, der zu seinem Essen zurückgekehrt war. Ich konnte das mit ihm nicht weiter begründen, und jetzt hatte ich die unangenehme Aufgabe, meiner Delegation den Vorschlag von Murq so sanft wie möglich zu präsentieren.

Als ich es tat, herrschte eine tiefe Stille. Meine Mitreisenden saßen bequem in einem Salon im Palast. Sie hatten Erfrischungen erhalten, die appetitlich aussahen, aber große Wachen standen an den Türen. Es gab keine Chance zu entkommen. Nach kurzer Zeit stand einer meiner Mitreisenden, den ich schon immer für nett und offen hielt, auf und sprach.

"Gibt es jemanden, der sich freiwillig zum Dienst melden wird?", fragte er. "Wir alle haben die Macht, früher oder später zu den Welten des Großen Geistes zurückzukehren. Eine ganze Erde, auf der wir gelebt und geliebt haben, läuft Gefahr, von den Reptilien gefangen genommen und vielleicht negativ verändert zu werden. Was ist unser ätherisches Leben im Vergleich zur gesamten physischen Bevölkerung des Planeten Erde? Sicherlich sind wir bereits tot; wir können nicht noch einmal sterben! Wenn wir unser Wissen mit diesen Leuten teilen, könnten sie uns nach einiger Zeit freilassen. Dann haben wir Mutter Erde geholfen und gleichzeitig unsere alte Weisheit mit den Reptilien geteilt."

Das war ein wahrer Ehrenmann, der sprach. Ich umarmte ihn und fragte dann alle anderen, ob sie bereit seien zu bleiben. Zuerst herrschte völlige Stille. Nach einer Weile wurde eine Hand nach der anderen angehoben. Tränen liefen mir über die Wangen, als Rok mich zurück zum wartenden Schiff brachte.

"Im Namen von Dendra", flüsterte er mir ins Ohr, "werde ich dafür sorgen, dass deinen Freunden kein Unglück widerfährt. Ich habe einen guten Draht zum Herrscher!"

Die Botschaft, die ich in die ätherische Welt brachte, war traurig, aber gut. Anscheinend haben die Reptilienvölker ihr Versprechen gehalten. Doch die schlangenhäutigen Menschen sind nicht in die Mutter Erde eingedrungen. Aber es ist auch noch niemand aus meiner Delegation zurückgekehrt. Und Horace kehrte auf die Erde zurück, um als Bauernjunge Jan geboren zu werden.

6. In der Engelsschule

Ich befand mich auch nach meinem letzten Leben in einem Prozess nach dem anderen, seit ich die Akashic Aufzeichnungen erlebt und mich entschieden hatte, in der ätherischen Welt zu bleiben. Das Ziel, das ich mir gesetzt habe, ist anspruchsvoll, und ich habe noch einen langen Weg vor mir. Aber da die Zeit nicht mehr zählt, habe ich das ewige Leben vor mir. Und wir setzen den Unterricht in der Engelsschule fort.

Shala informierte mich, dass es bei der ersten Studie um Sehnsucht ging, d.h. um die Sehnsucht nach der Erde. Wenn ich es fühlte, war die Zeit noch nicht reif für mich, fortzufahren. Sehnsucht ist so ein gängiges Wort auf der Erde. Wir sehnen uns ständig danach, jemand anderes zu sein, Herzen zu erobern, viel Geld zu verdienen, ins Ausland zu reisen, geliebt zu werden.... Wir sehnen uns immer nach jemandem oder etwas, und auf der Erde kann Sehnsucht kreativ sein. Der schwedische Dichter Erik Axel Karlfeldt hat einmal diese Zeilen geschrieben: "Sehnsucht ist der Name meines Erbes, das Schloss in den Tälern des Verlustes."

Meine hübsche Lehrerin begleitete mich in einen Raum in der Engelsschule, in dem ich noch nie zuvor gewesen war. Der Raum war rund, genau wie ein Turmzimmer.

"Es ist ein Turmzimmer", sagte Shala lächelnd. "Hast du nicht bemerkt, dass dieses Haus Türme mit goldenen Dächern hat? Wir alle denken, dass es so schön aussieht!"

Zu meiner Schande muss ich zugeben, dass ich vielleicht mehr auf Shala als auf das Schulgebäude geschaut hatte. Sie las meine Gedanken wie gewohnt, begann zu lachen und verschwand mit einem schlauen Gesichtsausdruck aus dem Raum. Nachdem sie die Tür geschlossen hatte, war sie nicht mehr sichtbar; sie war mit der Wand eins geworden. Es war wichtig, keine Klaustrophobie zu bekommen!

Ich setzte mich in einen Sessel in der Mitte des Raumes. Es war ein Drehstuhl. Ein angenehmes bläuliches Licht ließ mich an eine blaue Kuppel denken. Plötzlich begann es nach Frühling zu riechen, und eine leichte Brise wehte durch den Raum. Die ehemals glatten Wände zeigten ein herrliches Panorama. Ich drehte mich in meinem Stuhl umher, und überall gab es Lichtungen mit Leberblümchen und Hänge mit Waldanemonen auf moosigem Boden, die mit Nadeln und Zapfen bedeckt waren. Der Wind knisterte die Bäume lautstark: Tannen und Birken, Erlen und Vogelbeeren — alle Arten von Bäumen, die zu einem festen schwedischen Mischwald gehören. Ich hörte das Plätschern eines Baches, der zu Recht in einer tiefen Furche nahe einer alten, gerundeten, zugewachsenen Landstraße vorwärts floss. Entwurzelte Bäume hoben ihre tierischen, stampfenden Formen aus dem Moos und spielten mit der Fantasie des Wanderers. Ich konnte diesen wunderbaren Geruch des Frühlings spüren, des feuchten Bodens und der wachsenden Natur. Ich konnte einen Bären sehen, der mich aus seiner Höhle beobachtete, und einen Fuchs, der aus seinem Bau herauslief, mit einem Rudel von Jungen dicht dahinter. Die Vögel fütterten ihre piepsenden Nestlinge, und ein Bussard schmiegte sich hoch oben in eine Pinienkrone. Mit hochgehaltener Krone schritt der Elch majestätisch zwischen den Baumstämmen hindurch, während der weiße Hinterteil eines Hirsches durch eine Dornbremse flackerte.

Ich lebte den Frühling, ich atmete den Frühling aus meinem Drehstuhl. So wie die Sehnsucht nach einem schwedischen Frühlingsmorgen im Wald mein Herz ergriffen hatte, wechselte die Szene nach und nach. Fasziniert verfolgte ich, wie Schlüsselblumen und bittere Wicke, Butterblumen, Steinbrech und Klee, Margeriten und Vergissmeinnicht knospen in zartgrünen Grasbüscheln auf der Frühsommerwiese ausbrachen. Ich erlebte die Düfte, die zum Mittsommer, zum Hochsommer und zur Heuernte, zu Blumen, Unkraut, Sonne und Regen gehören. Ich war mittendrin, genoss es und sehnte mich danach! Als der Sommer um mich herum verblasste und die Blätter in Gold und Rot gefärbt waren, fühlte ich, wie mein Puls schneller wurde. Ich habe den frühen Herbst mit seiner klaren

Luft und seiner üppigen Sonne, die sich glitzernd im feuchten Goldrot ausbreitet, schon immer geliebt. Niemals kann man die Nuancen eines leuchtend roten Ahornblattes sehen, das so schön gestaltet und zart geädert ist wie an einem sonnigen Herbsttag.

Mein Genuss wurde durch einen ruhigen Schneefall gestört. Große Schneeflocken fielen auf das ganze Rot und bedeckten den Boden mit schimmernden weißen Strömungen. Ein Tretschlitten stand an der Ecke eines Hauses und ein paar Skier waren bereit, mit den Stöcken im weichen Schnee verwendet zu werden.

Ich verfolgte die Jahreszeiten und genoss es die ganze Zeit — ich sehnte mich nach allem, was ich sah! Aber als die verschneite Landschaft weggeräumt wurde und die blauen Wände im Turmzimmer mich wie ein himmlisches Cape umschlossen, kam der Gedanke, dass die Schönheit der Erde auch dort existierte, wo ich jetzt wohnte. Ich war in den Räumen der Schönheit, im Ursprung der Schwester, die Erde genannt wird.

Dann tauchten ganz andere Bilder auf der schalenförmigen Wand auf. Sie keuchten einen Erinnerungssong, der sich bitter-süß anfühlte. Es gab gute und schöne Momente aus meinem letzten Leben. Es gab die Lieblingsplätze meiner Erinnerung. Waren sie noch da in den Tälern des Verlustes?

Das war es, was Shala mich fragte, als sie den Turmraum betrat. Ich weiß nicht, wie lange ich dort schon gesessen hatte und mich im Stuhl immer wieder herumdrehte, um nichts zu verpassen, was wiedergegeben wurde. Ich hatte alle Gerüche wahrgenommen, sogar frisch gebrühten Kaffee und frisch gebackenes Brot. Ich hatte Worte gehört, die geflüstert wurden, und ich hatte mich und meine Familie gesehen, in der Nähe von Menschen und Lieben, und ihre glücklichen, freundlichen Stimmen gehört. Es wurden keine dunklen Erinnerungen mit einbezogen, vielleicht um mir die Illusion eines ständig freudigen Lebens zu vermitteln. Ich hatte mit meinen Freunden und Kollegen Gedichte gelesen und die Orte besucht, die ich liebte.

Die Dornen der Sehnsucht hätten mein Herz zerreißen sollen, aber ich sah Shala ruhig an und antwortete:

"Wenn das ein Trick war, um mich dazu zu bringen, wieder auf die Erde zu kommen, dann ist es gescheitert! Ich gebe zu, dass ich es genossen habe, dass ich jede Sekunde der Bilder, Düfte und Gespräche mit Freunden geliebt habe. Die ganze Zeit dachte ich daran, wie schön die Erde ist und wie rein ihre Natur aussah. Aber du hast mir nur die Schönheit gezeigt. Was ich sah, war ein Wunschtraum — eine zufällige Auswahl aus verschiedenen Szenen meines Lebens, die zwar wahr, aber im Vergleich zu all dem anderen, dem Negativen, doch vernachlässigbar klein sind. Nein, danke! Ich verzichte darauf, wieder auf der Erde zu leben, egal wie schön sie ist. Es ist nicht möglich, dort unten zu leben, ohne dass das Negative und vielleicht sogar das Böse in das Netz des Lebens gerät. Hier und jetzt ist das *Leben*!

Die Erde ist die schwierigste Prüfung von allen."

Shala nickte nachdenklich.

"'Wie oben, so unten' ist das, was die Menschen sagen. Aber sie haben nur von ihrem eigenen einfachen Standpunkt aus Recht. Hier findet man die dauerhafte Schönheit, Liebe und Güte. Die Prüfung tritt in dich ein und erzeugt entweder Verzweiflung, Sehnsucht oder Sorge. Aber es kann auch eine Art Bestätigung sein, wie in deinem Fall. Du bist gut aus der Tortur herausgekommen, lieber Jan!"

Die Doppelflamme

Nach den Prüfungen setzte sich mein Unterricht an der Engelsschule fort. Ich fühlte mich, als hätte ich meine Prüfung für die erste Stufe bestanden, damit ich auf der mittleren Stufe weitermachen konnte. Die letzte Etappe war doch nur ein Traum, eine Sehnsucht, eine Vision. Aber Zar und Shala halfen sich gegenseitig, um mich zu verstehen. Zar lehrte und erzählte Geschichten, und Shala erklärte und erläuterte, was schwer zu verstehen war. Manchmal war ich der einzige Schüler, manchmal waren wir mehrere. Viele Male dachte ich, dass ich einige der anderen Schüler wiedererkenne, aber ich hatte nie die Gelegenheit, sie zu fragen. Nach dem Unterricht erhielten wir alle andere Aufgaben.

Manchmal mussten wir Theater schauen oder Musik hören, manchmal tanzten wir, und wir sangen oft. Gelegentlich studierten wir in der großen Sternwarte oder in einer der technischen Hallen. Es war abwechslungsreich und sehr interessant.

"Wir haben über Götter gesprochen, die in so vielen verschiedenen Formen in den unzähligen Religionen auf der Erde existieren", sagte Zar. "Bald werden wir hier in den Welten herumreisen, aber vorher werde ich noch ein wenig mehr von diesen Wesen erklären und warum sie "Götter" genannt werden. Du hast von den Dogons erfahren, einem Volk in Afrika, nicht wahr, Jan? Vor vielen tausend Jahren landeten dort Wesen vom Sirius, um ihr Raumschiff zu reparieren. Sie blieben eine Weile bei den Dogons und lehrten den Stamm eine Menge Dinge. Sie erhielten den Titel "Götter", weil sie aus dem Weltraum heruntergefallen und auf die gleiche Weise verschwunden waren. Bis heute erzählen die Dogons auf der Erde die Legende der Götter von Sirius. Das ist nur ein Beispiel für endlose ähnliche Geschichten. Besucher aus dem All, von anderen Planeten, Galaxien und Universen, waren vor etwa 5000 Jahren viel häufiger anzutreffen, und deshalb sind Legenden über sie auf den Lippen der Menschen geblieben, wurden bestickt und sind eins geworden mit ihren Träumen und Wünschen. Die Hilfe, die diese "Götter" ihren Brüdern und Schwestern auf Erden gaben, wurde als "Wunder" bezeichnet.

"Um den unterschiedlichen Wünschen und Gebeten der Menschen um Hilfe gerecht zu werden, erhielten die "Götter" unterschiedliche Qualitäten. So war es einfacher. Die "Götter" mussten die eigenen Eigenschaften der Menschen repräsentieren, gut und schlecht. Sie wurden geteilt zum Beispiel in die "Götter" der Liebe, des Reichtums, des Wohlstands, des Krieges, der Gesundheit, der Sonne und des Mondes. Sie haben Tausende von Namen. Diese "Götter" sind auf ihrem jeweiligen kosmischen Heimatplaneten bei bester Gesundheit. Wenn die Botschaften und Gedankenformen der Völker, die sie anbeten, sie erreichen, können sie Schwingungen oder Energien zurücksenden, die von den Betenden empfangen werden und die manchmal "Wunder" bewirken können. Leider können aus solchen Kontakten zwischen

Menschen und Göttern so viele schlechte und gute Dinge entstehen."

Ich fragte nach der Zentralsonne. Gibt es mehrere Zentralsonnen? Die Antwort war ja. Jede Galaxie hat ihre eigene Zentralsonne, sagte Zar, unabhängig davon, wie viele andere Sonnen und Monde sich um sie herum befinden. Eine Zentralsonne ist nicht das, was wir eine Sonne nennen würden, weil sie nicht physisch ist. Man kann sie nicht mit einem Fernglas betrachten. Es ist vielmehr eine Strahlung der gesammelten Energie, die die wahre Energiequelle für alle Planeten und Sterne der Galaxie darstellt. Bei richtiger Nutzung kann diese Kraft eine enorme Energiemenge erzeugen, und als solche nutzen wir sie für verschiedene Zwecke — zum Beispiel für den Antrieb unserer Fahrzeuge, da sie dynamische kinetische Energie enthält. Diese enorme Energiequelle ist auf einem physischen Planeten oder Stern in der Galaxie untergebracht. In unserem Fall befindet sich die Zentralsonne auf Sirius.

"Gibt es eine Verbindung zwischen Dualen und der Zentralsonne? Gibt es sie dort?" fragte ich.

"Nein, mein Freund, du hast das falsche Ende des Stockes in der Hand!" sagte Zar lächelnd. "Jeder Mensch hat einen Dual des anderen Geschlechts, und diese beiden sind hier vereint, entweder in der Ätherischen oder in der Astralen Welt. Diese Vereinigung kann sich Zeit nehmen. Auf der Erde habt ihr, auf die lächerlichste Weise, all diese Konzepte verwechselt: Duale, Zwillingsseelen, Zwillingsflammen, etc. Jede andere Frau geht herum und hofft, ihre Zwillingsseele zu treffen. Viele Prophetinnen erzählen ihren Kunden schamlos von Zwillingsseelen, die in ihrem Leben auftauchen werden. Dies kann dazu führen, dass der Kunde einen Partner falsch als seine "Zwillingsseele" bezeichnet. Das wiederum bedeutet, dass beide Partner zu viel von einander erwarten können. Es wird für beide nicht einfach sein, dem "Traumprinzen" oder der "Traumprinzessin" gerecht zu werden.'

"Sicherlich hast du einen Dual! Sicherlich wirst du mit ihm oder ihr vereint sein. Sicherlich findest du in deinem Erdenleben einen Seelenpartner, aber das hat nicht im Geringsten mit deinem Dual zu tun. Sicherlich liebst du auch auf dieser Seite der Brücke, zwischen damals und heute. Aber diese Liebe ist so groß, so allumfassend und so rein, dass du nur ein kleiner Teil davon wirst. So lieben wir uns hier. Das kann man nicht mit der Erdenliebe vergleichen."

"Ich habe meinen Dual noch nicht getroffen", sagte ich. "Sie bleibt auf der Erde, und ich warte treu auf sie. Ist es nicht wirklich die Absicht, dass Mann und Frau in jedem Menschen im Gleichgewicht sein müssen? Für mich hat der Mann immer mehr Gewicht als die Frau. Aber ich hatte meine Muse, und sie war das Wichtigste von allem in meinem Janne-Leben. Ich saß stundenlang da und sprach mit ihr, und so entstanden meine Bücher. Oftmals habe ich die praktischen Dinge, mit denen ich mich beschäftigt habe, und die Anforderungen, die meine Familie oder Freunde an mich gestellt haben, verlassen, nur um bei ihr zu sein, meine Inspiration. Sie war immer in meinem Kopf, und sie war wahrscheinlich die schlimmste Rivalin, die eine Frau haben konnte, weil sie mit mir im Bett und in allen intimen Momenten meines Lebens war. Sie kam mit mir auf meinen Morgenspaziergang und setzte sich abends zu der Familie. Ich sehe meine Muse als einen Engel, eine göttliche Erscheinung, ein klingelndes Becken, eine singende, freudige Fanfare. Aber manchmal war sie eine Verfechterin von Trauer und Leid. Sie war mein Spiegel, meine Lüsternheit, meine Melancholie, mein Alles! Und ich habe sie nicht verloren, denn der Tod konnte uns nicht trennen. Sie lebt immer noch in den losen Geweben, aus denen mein Kopf jetzt besteht."

"Aber sie ist nicht dein Dual, mein Freund, sie ist deine Genialität", widersprach Zar. "Die Doppelflamme ist dein Gegenteil. Zusammen bilden Sie den negativen und den positiven Pol, der die Lampe zum Brennen bringt. Ihr seid die beiden Gesichter der Liebe: Derjenige, der auf der Erde lebt, spürt nur irdische Liebe, während derjenige, der hier bleibt, die All-Liebe in sich trägt. Ist das schwer zu verstehen? Beide empfinden Sehnsucht, aber die Sehnsucht füreinander, das Gefühl der Unvollständigkeit. Das kann nur in einer der Welten auf der anderen Seite des Portals erfüllt werden. Duale, die sich hier wiedervereinigt haben — etwas, das ständig passiert — können, wenn sie wollen, gemeinsam voranschreiten. Sie können wählen, aber nicht ohne einen Berater."

"Voranschreiten?" fragte ich mich.

"Ja, ich meine, in ihrer Entwicklung voranschreiten. Aber sie können auch zusammen reisen. Das hängt von ihren eigenen Wünschen und unserer Führung ab. Aber ich kann nicht alles enthüllen, was hier passiert. Die Seele muss noch einige Geheimnisse haben, um es herauszufinden."

"Du redest so viel von freiem Willen. Kannst du es bitte etwas näher erklären?" fragte ich ihn. "'Die Dualen können, wenn sie wollen....'" sagst du. Behalten Sie Ihren freien Willen vollständig, wenn Sie die Grenze passiert haben? Der freie Wille soll den Bewohnern der Erde als Experiment gegeben worden sein, als Test dafür, wie sie damit zurechtkommen. Es wird gesagt, dass der freie Wille nirgendwo sonst in unserer Galaxie existiert. Aber jetzt, da ich mein volles Gedächtnis wiedererlangt habe, erinnere ich mich, dass wir unseren freien Willen gegen Zio hatten. Ist es uns gefolgt? Übrigens, was nützt der freie Wille, wenn ihr in irdischer Gefangenschaft lebt? Die Seele wird in der oft unangenehmen Hülle des Körpers gefangen gehalten, und der freie Wille ist oft gar nicht frei. Die freien Wünsche schneiden sich wie leuchtende, kompromisslose Schwerter, von der Wiege bis zum Grab. Es geht nicht mehr darum, einen freien Willen zu haben, aber jetzt geht es darum, wer den stärksten Willen hat und wer die Macht über all die armen, schwachwilligen Wichte gewinnen kann, die im Schlamm des Lebens kriechen. Habe ich Recht?"

"Die Kinder der Erde hatten zumindest die Chance auf einen freien Willen", widersprach Zar. "Wie man es dann einsetzt, ist Sache jedes Einzelnen. Betrachte es nicht aus einer so negativen Perspektive, Jan. Aber es gibt noch eine andere Erklärung. Nach dem Sturz Luzifers machte sich der Kosmische Rat, in dem die Neun Ältesten vertreten sind, Sorgen darüber, was er als nächstes tun würde. Es ging nie darum, den freien Willen irgendwo in der Galaxie zu begrenzen, und das geschah auch nicht. Auf bestimmten Planeten gibt es Herrscher, die sich unterwerfen, und Luzifer suchte nach Macht. Vor allem seine dunklen Kreationen wollten zuschlagen und unterdrücken. Der Wille steht dem Willen in der gesamten Galaxie gegenüber — in der Tat in unserem ganzen Universum. Es ist nicht nur ein globales Problem, es ist universell. Und gibt es wirklich jemanden mit einem freien Willen? Es ist zu einer Redewendung geworden, sonst nichts.

"Der Große Geist gab jedem Energiesamen eine individuelle Seele, die sich nichts anderem unterwerfen würde als den Gesetzen der Liebe und Wahrheit. Wie diese Seelen dann ihre angeborene Gabe geleitet haben, lag an ihnen. Du verwechselst auch die Ordnung, die durch das Gesetz geregelt ist, mit dem freien Willen. Es gibt einen kosmischen Ursprung, von dem wir alle abstammen. Der Ursprung versucht nicht, sich zu unterwerfen, er führt jede einzelne Seele durch ihr eigenes inneres Selbst. Verwechsle nicht inneren und äußeren Willen! Der innere Wille ist mit dem Ursprung verbunden und handelt nur in Übereinstimmung mit der kosmischen Ordnung. Es gibt so viele falsche Lehren auf der Erde, und unter ihnen halte ich den freien Willen für die schlimmste. Es ist der äußere Wille, den man manipulieren kann.

"Wenn du richtig reflektierst, erkennst du wahrscheinlich, dass auf Erden das Gesetz der starken herrscht, und die starken haben auch den freien Willen erobert. Jeder, der sich gegen die Machthaber auflehnt, wird mit seinem freien Willen zu nichts kommen. Sie werden durch den Schlamm geschleppt und schließlich abgeschlachtet. Auf eurer "erleuchteten" Erde herrscht die Dunkelheit der Unwissenheit, und die Starken machen daraus brillante Gewinne. Mutter Erde hat ihren freien Willen wie alle anderen Planeten, aber um ihn auszuüben, braucht man Kraft, die Kraft der Liebe. Ihre Kraft ist nicht mehr ausreichend. Es wird bald in Zorn verwandelt werden.

"Mein lieber Jan, darf ich vorschlagen, dass wir weiter in die Welten gehen."

72

7. Das Niemansland

Es ist nur ein kleiner Teil der Lehren, die ich hier erworben habe, die ich meinen Lesern vermitteln kann. Es hätten viele Meter von Büchern mit der Weisheit des Ursprungs werden können, aber die Zeit dafür ist noch nicht reif. Man könnte sich auch fragen, warum ich, der in einem früheren Leben ein unverantwortlicher Schwätzer war und in meinem letzten Leben ein armer Bauernjunge, der teilweise ein ziemlich dunkles und hartes Leben geführt hatte, sich so entwickelt hatte, wie es hier geschehen ist. Vielleicht stellen einige von euch diese Frage, ohne zu wissen, was hinter all dem steckt. Ich wusste es selbst nicht einmal, denn ich fragte mich, warum ich die Gnade erhielt, von den hohen Geistern in der ätherischen Welt gelehrt zu werden. Ich hielt mich für nicht würdig, als ich meine Akashic-Akte gesehen hatte. Dann antwortete Zar:

"Wir beurteilen nicht nach den Details in eurem Leben. Wir betrachten die Ganzheit des Individuums, das du vom Anfang bis zur Gegenwart bist. Wir betrachten die durchdringende Liebe, den Durst nach Wahrheit und Weisheit und die Reinheit deiner Absichten. Wir akzeptieren deine Misserfolge, deinen Zorn und deine Trauer als Schatten deines Höheren Selbst. Die Schatten müssen auch existieren. Ohne sie ist es unmöglich, das Licht vollständig zu genießen. Während all deiner Inkarnationen hattest du die Motive eines Suchers für all deine Taten. Du hast immer gewusst, dass dein Unterbewusstsein verborgene Geheimnisse hat, die sich mit Licht und Liebe befassen.

"Selbst als du ein Krieger warst, als du ein Schwätzer warst, als du boshaft gegenüber deiner Umgebung warst und als du dachtest, dass du von dunklen Mächten kontrolliert wirst, strahlte der erste Mensch aus Zio durch. Du hast einen Sturz erlebt, ähnlich wie bei Luzifer. Luzifer arbeitet wieder mit seinen Brüdern zusammen — das Gleiche gilt für dich. Dein Sturz wurde durch die Unvollkommenheit deines Körpers verursacht, durch die Schwäche, die so vielen deiner Brüder und Schwestern innewohnt: das Verlangen. Manchmal jedoch ist deine alte Liebeskraft in deinen Taten erschienen, bewusst oder unbewusst. Dein Unterbewusstsein hat sich immer auf die Quelle bezogen, auch wenn du nicht zugehört hast. Jedes Mal, wenn du die Grenze überschritten hast, warst du bei uns und hast mit uns zusammengearbeitet, hauptsächlich aus der Astralwelt. Erst jetzt hast du deine Ausbildung in der ätherischen Welt begonnen. Jetzt bist du bereit dafür."

"Also wurde mein Besuch bei zum Beispiel den Reptilienvölkern von der Astralwelt aus gestartet?" fragte ich. Nun antwortete Shala:

"Ja, in der Tat. Du hast viele Aufgaben in den Bereichen der Astralwelt erfüllt, aber die ganze Zeit über standen wir hinter dir und halfen dir, auch wenn du es nicht wusstest."

Das war etwas zum Nachdenken, gleichzeitig wurde eine Tür für mich geöffnet — nein, mehrere Türen! Eine davon ist die Kosmische Karte des Lebens nach dem anderen. (Siehe die Karte auf Seite 3.) Es ist an der Zeit, den Leser durch die riesige, unendliche Spirale zu führen, die unsere Galaxie steuert. Wenn man die Spirale zusammendrückt, ist es einfacher zu verstehen, denn dann bildet sie eine Karte aller Welten, die im sogenannten "Jenseits" existieren. Es ist wie ein wunderschön geschliffener Edelstein mit einer unvorstellbar großen Anzahl von Facetten. Wenn man stirbt, wird man in einem Reich irgendwo in den Welten auf dieser Karte wiedergeboren. Diese Geburt findet in der wahren Realität statt. Danach, wenn man zurück in die Erdschule geschickt wird, wählt man seine Eltern und seine Umgebung basierend auf den Erfahrungen seines früheren Erdenlebens. Ich entschied mich, als der Bauernjunge Janne geboren zu werden. Ich werde das nicht noch einmal tun! Das muss ich auch nicht. Das Alter der Löwenzähne ist vorbei, auch wenn es sich gelohnt hat. Das Licht wirbelt in der Luft, um später als weiches Vogelbett oder einfach als Nahrung im Boden verwendet zu werden. Der Zyklus ist für mich abgeschlossen. Von nun an gilt "rückwärts" nicht mehr, sondern nur noch "vorwärts"!

Ich bitte den Leser, meinem langen Weg durch die Welten zu

folgen. Es wird einem nicht alles sagen, denn das "Alles" eines jeden Menschen ist nicht identisch. Aber nimmt meine Hand und geht sicher an meiner Seite. Du wirst sehen, wie sich neue Wahrheiten vor deinen überraschten Augen entfalten. Aber denk daran, dass es nicht möglich ist, etwas von dem zu beweisen, was ich dir gesagt habe, bis du die Lichtgrenze selbst überschritten hast! Auf der Erde zählen nur schwerwiegende Beweise. Doch die Mini-Welt, die du auf der Erde erschaffen hast ist bei weitem nicht wahr. Es ist eine Flucht, weil sie zu viele "Wahrheiten" enthält, die in Wirklichkeit Lügen sind. Es wird für ein irdisches Auge schwer sein, die Wahrheit auf dieser Frequenz anzuerkennen. Aber hör stattdessen innerlich zu. Nur dort kannst du die Wahrheit kennenlernen!

Im äußersten Nebel, im dünnen, aromatischen Rauch und im Übergangsbereich der vagen Konturen enden die meisten Seelen, wenn sie gerade die Grenze überschritten haben. In diesem Moment braucht jeder Hilfe. Das Niemandsland erstreckt sich um den zweiten äußeren Kreis der Kosmischen Karte. (Ich werde später über den äußersten Kreis sprechen.) Es enthält Boden zum Betreten und eine milde Luft zum Atmen. Viele Menschen wissen nicht, dass sie tot sind. Sie suchen ihre Wurzeln auf der Erde, wandern aber vergeblich herum, ohne sie zu finden. Ich werde dies anhand einiger wahrer Beispiele veranschaulichen:

Fünf Männer saßen in tiefer Meditation in einer Hütte in der schwedischen Grafschaft Halland. Plötzlich erschien einem der Männer eine alte Dame. Sie wirkte total verwirrt und weinte verzweifelt.

"Wo bin ich?", fragte sie. "Warum bin ich nicht zu Hause? Und wer sind Sie?" Der Mann sagte ihr dann, dass sie tot sei. Sie wollte ihm nicht glauben. Die alte Frau erzählte ihnen, dass sie Anna Albrektsson hieß und dass sie in Skåne im Süden Schwedens lebte. Sie war Schneiderin gewesen, war aber inzwischen im Ruhestand. Sie dachte, sie sei auf Abwege geraten. Sie erklärte, dass sie früh am Morgen ausgegangen sei und dass es Nebel gegeben habe. Sie wollte ihren Bruder Aron besuchen. Sie hatte einige Leute im Nebel getroffen, aber niemand hatte ihr geantwortet oder auf sie aufmerksam gemacht. Sie war ein wenig besorgt, weil sie seit einiger Zeit Schmerzen in ihrer Herzgegend hatte.

Der Mann erklärte sorgfältig, wie sie ihren Körper auf der Erde gelassen hatte und dass sie sich nun auf einem Weg zur Seele befand. Dann fragte sie, warum sie plötzlich die fünf Männer so deutlich sehen und mit einem von ihnen sprechen konnte. Um sicher zu sein, dass sie noch auf der Erde sein muss — oder vielleicht waren es die Männer auch nicht? "Oh ja, das sind wir", erklärte der Mann. Sie hatten sich mit Anna in Verbindung gesetzt, um ihr zu helfen. Sie sprachen eine Weile über Himmel und Erde, aber Anna weigerte sich hartnäckig zu glauben, dass sie tot war. Dann tauchte plötzlich Annas Mutter auf. Anna war bestürzt, weil sie wusste, dass ihre Mutter tot war. Als die Mutter sie bat, ihr zu folgen, konsultierte die alte Frau den Mann erneut. Nach viel Zittern begleitete sie endlich ihre Mutter. Alle fünf Männer nahmen ein Licht wahr, das den Raum durchdrang.

Das nächste Beispiel erzählt von einem Mann, der mitten in der Nacht aufwachte und nicht mehr einschlafen konnte. Er ging in die Küche, um sich ein Sandwich zu holen, blieb aber erstaunt an der Tür stehen. Die Küche war voll von Leuten, die jammerten und verwirrt wirkten. Sie waren nicht ganz physisch, aber er konnte sie deutlich sehen und hören. Er versuchte, sie zu trösten und herauszufinden, wer sie waren, aber er bekam keine Antwort. Nach einer Weile verschwanden sie. Am nächsten Tag hörte er, dass sich ein Busunfall etwas weiter unten in der Nähe seines Hauses ereignet hatte und dass viele Menschen gestorben waren.

Beide Beispiele fanden in den 1960er Jahren statt und wurden mir von denen erzählt, die sie erlebt haben. Sicherlich treten solche Situationen täglich auf. Die Brücke zwischen dem Erdenleben und dem Niemandsland ist dünn und zerbrechlich. Ein plötzlicher Tod kann große Verwirrung und psychische Schmerzen verursachen, bevor es Zeit gibt, sich um diese Person zu kümmern. Die Silberkordel, die ich die Leine nenne, bleibt und ist an die Erde gebunden, auch wenn der Körper durch ein Feuer oder eine Explosion zerstört wurde. Aber normalerweise kommt Hilfe sehr schnell. Engelswächter sind überall innerhalb und außerhalb des Niemandslandes auf Abruf bereit.

Das erste, was ich nach der Überfahrt sah, war, wie ich am Anfang sagte, eine Rauchwand voller Formen. Sie waren schattenhaft, hatten keine ausgeprägten Merkmale, und sie bewegten sich auf eine besorgte, ruckartige und etwas nervöse Weise. Ich bemerkte einen aromatischen Duft, und der Schleier war nicht unangenehm, nur ungewohnt.

Der Tunnel, der in der Regel direkt nach dem Todeszeitpunkt erscheint, führt immer zu einem Licht. Das Licht ist da, ob man sich schnell durch den Nebel bewegt oder dort bleibt. Nicht jeder wagt es, ins Licht zu gehen. Auch können nicht alle die engelhaften Wächter sehen. Man stelle sich vor, dass jeden Tag Tausende von Menschen in den Dunst eindringen. Vielleicht wagen sich zehn von ihnen direkt ins Licht. Die anderen bleiben in der Welt der Schatten, bis sie verstehen, dass das Licht auch für sie da ist. Hilfreiche Engel sind die ganze Zeit präsent.

Viele Menschen akzeptieren ihren Tod nicht. Zum Beispiel, wenn sie in einem Krankenhaus gestorben sind, glauben sie, dass sie immer noch krank sind und bleiben dort. Wir haben Krankenhäuser, die solche Menschen behandeln. Es kann einige Zeit dauern, bis sie verstehen, dass sie die Grenze überschritten haben und dass sie sich nun vollständig von ihren Krankheiten erholt haben. Es kann lange dauern, bis sie ihre Situation verstehen.

Es gibt Gruppen von Menschen, die nach ihrer Ankunft hier zusammengehören, die sich gegenseitig erkennen und sich freuen, sich wiederzusehen. Manchmal sind es nahe und liebe Menschen, die nicht weitergegangen sind, sondern ständig im Nebel suchen, ohne zu wissen, wonach sie suchen. Die engelhaften Helfer versuchen, es ihnen zu erklären, aber sie hören nicht zu. Es kann lange dauern, bis eine solche Gruppe bereit ist, über die "Brücke" zu gehen.

Bei den Kindern ist es anders. Erinnerst du dich an das Märchen über den Rattenfänger aus Hameln? Er kam in ein Dorf, das von Ratten heimgesucht wurde. Er ließ alle Ratten mit seiner Flöte fliegen, aber die Dorfbewohner zeigten keine Dankbarkeit. Dann versammelte er alle Kinder im Dorf und verschwand mit ihnen. Wir haben hier auch einen lustigen und schelmischen Musiker. Er ist ein echter Peter Pan, der schnell und liebevoll alle kleinen Kinderseelen in die Astralwelt bringt. Wenn sie ankommen, werden sie von engelhaften Lehrern, die für diese Aufgabe ausgebildet sind, unterstützt und geführt. Die Kinder sind weise und pflegeleicht. In den meisten Fällen machen sie mit dem weiter, was sie taten, bevor sie sich entschieden haben, zur Erde zu gehen. Sie haben Natur und Tiere in der Nähe, wie man auf der Kosmischen Karte sehen kann. Jedes Kind hat eine Aufgabe zu erfüllen. Sie haben nie Zeit, sich zu langweilen. Kein Kind wird böse auf die Erde geboren. Alle Kinder sind voller Liebe, und sie haben noch die Erinnerung an das Licht, aus dem sie stammen. Dieses Gedächtnis bleibt für verschiedene Zeiträume bei ihnen. Aber das Böse geht seine eigenen Wege; es meidet den reinen kindlichen Geist. Es ist ein äußerer Einfluss, eine schlechte Energie, die in die junge Seele eindringen kann, wenn das Saatbett schwach und leicht beeinflussbar ist.

Es gibt Lichtgruppen, die durch viele Leben zusammengehören. Sie steigen gemeinsam zur Erde hinab, mit einem gemeinsamen Ziel im Sinn. Es ist nicht immer sicher, ob sie sich gegenseitig finden oder ob sie sich über ihr Ziel im Klaren sind. Normalerweise bringt niemand die Erinnerung an frühere Leben mit, aber dennoch gibt es in jedem eine Art unterbewusstes Gedächtnis. Erkennst du diesen Ausdruck? "Haben wir uns nicht schon mal getroffen? Ich erkenne dich irgendwie wieder.... ?" Aber sie haben sich nicht getroffen und können sich daher nicht aus ihrem gegenwärtigen Leben erkennen.

Es gibt Gruppen, die sich treffen, weil sie wichtige Missionen haben. Oftmals erkennen sie sich gegenseitig und spüren eine Verbindung zueinander. Aber es gibt auch andere Gruppen, die nicht positiv sind, zum Beispiel Drogenabhängige, die in das Niemandsland kommen. Einige von ihnen wollen nicht "geheilt" werden, und wenn sie zur Erde zurückkehren, wiederholen sie die gleiche Hölle wie beim letzten Mal. Es ist tragisch, aber solange sie in dieser schrecklichen "Krankheit" gefangen sind, können wir nichts tun. Wir verwenden nie Zwang in unserer Arbeit. Der Mensch muss aus freiem Willen ins Licht kommen.

Ich bin nicht religiös. Ich war es nicht, als ich auf der Erde lebte, und ich bin jetzt auch nicht religiös. Nimm meine Erfahrungen vom Anfang dieses Buches als eine echte, unbestickte Autobiographie. In meinen letzten Jahren auf der Erde habe ich zuerst den Spiritualismus studiert, aber festgestellt, dass er mir nur ein oberflächliches und unseriöses Wissen darüber gab, was nach der Überfahrt passiert. Danach lernte ich Bücher von Denkern wie Helena Blavatsky und Alice Bailey kennen, und ich spürte, dass ich der Wahrheit um einiges näher gekommen war. Aber erst als ich in diese Existenz wiedergeboren wurde, verstand ich, dass alles, wovon ich geträumt hatte, nur ein schwaches Echo der Wahrheit aus dem Unendlichen Kosmischen Geist war. Niemand muss mir glauben. Wie kann man das tun, wenn man keine Erinnerung und Überzeugung an das Leben nach dem Tod hat?

Ich muss hier ein paar Worte über die Meinung sagen, dass Verstorbene in der Nähe von Menschen und Lieben an der Überfahrt zusammenkommen. Diese Meinung existiert in den meisten religiösen Lehren, aber sie bekommt ihr eigenes Leben im Spiritualismus. Dort wird der Kontakt zu den Toten hergestellt, und Beschreibungen ihres Aussehens und ihrer Kleidung verursachen Tränenströme der Verwandten. Das ist überhaupt nicht gut. Auch wenn es sich um ein ernsthaftes Medium handelt, das der lieben Familie Worte und Bilder vermittelt, werden die Seelen der Verstorbenen über Brücken und Tunnel ziemlich brutal zur Erde niedergerissen, es sei denn, sie sind so hoch entwickelt, dass sie sich selbst projizieren können. Aber das ist ungewöhnlich. Zu Beginn meines Okkultismusstudiums war ich davon fasziniert, aber schon bald wurde mir klar, dass sich die Seelen durch diesen Kontakt nicht wohl fühlten, weil sie die Möglichkeit hatten, sich im Licht weiter zu entwickeln. Diese Gelegenheit wird immer durch Trauer und Klagen verzögert, und noch mehr durch Versuche, ihre Geister zu erwecken.

Wenn eine Seele nach der Ankunft im Niemandsland verlangt, seine Familie zu treffen, wird dies von Fall zu Fall entschieden. Es ist nicht sicher, ob der ersehnte Partner noch auf der anderen Seite bleibt. Die betreffende Person könnte eine neue Inkarnation begonnen haben. Eine weitere Wendung tritt ein, wenn der Neuankömmling glaubt, dass er oder sie direkt in den Himmel gekommen ist. Dann ist es wichtig, ihn davon zu überzeugen, dass "Himmel" ein vager

Ausdruck für eine neue Art von Existenz ist, in der man lernen kann, die Tugenden zu erwerben, die man in seinem Erdenleben vermisst hat, und schlechte Gewohnheiten und falsches Denken zu überwinden. Böse, unfreundliche Menschen können in ihrer konzeptionellen Umgebung bleiben, bis sie hören, was die Engel zu vermitteln versuchen. Im Falle von Reichtum, der auf unehrliche Weise oder durch das Aussaugen der armen Menschen erworben wurde, verliert die betreffende Seele Reichtum und gewinnt ihn in einem ewigen Kreislauf zurück, bis sie müde wird und sich weiterentwickeln will.

Im Niemandsland gibt es Wartezonen, wo z.B. Selbstmörder bleiben können, bis eine Entscheidung über ihre zukünftige Entwicklung getroffen ist. Vielleicht müssen sie sehr schnell zur Erde zurückkehren, um die Zeit zu erfüllen, die sie ihrer kosmischen Bestimmung beraubt haben.

Wir werden nicht allzu lange im Niemandsland verweilen. Nun schlage ich vor, dass wir diesen mit Dunst gefüllten Teil des Kosmos verlassen und uns auf die unendliche Anzahl von Welten in der Astralwelt begeben.

8. Die Bereiche der Astralwelt

Die Astralwelt ist ein fast unerschöpfliches Thema, spannend und voller großer Geheimnisse. Diesmal lebte ich nicht dort, aber vorher war ich oft dort. Ich erinnere mich gut daran, dass ich die Traumwelten mit Shala und Zar besucht habe. Mit großer Begeisterung hatte ich für sie etwas dargestellt, das zu den besten Dingen gehört, die ich kenne: Schwedischer Mittsommer — mit all der Schönheit, die diese Worte bedeuten.

"Stell dir vor", sagte ich immer, "wenn wir den Maibaum zu Hause aufrichten: das Aufblähen und Stöhnen der Männer, ihr Schweißgeruch vermischt mit illegal destilliertem Alkohol und freudige Akklamationen vermischt mit Übertreibungen der Zuschauer, bevor der Mast dort steht wie eine junge Braut in all ihrer belaubten Schönheit. Die bunten Farben in den Nationalgewändern der Mädchen schimmern im Wettbewerb mit der Erwartung in den Augen: Wo ist mein Geliebter? Werde ich ihn auf dem Hof in der Kühle der Sommernacht treffen? Akkordeon und Geige senden quietschende, fröhliche Töne aus, mal arabisch rein und melancholisch, mal fröhlich und neckisch vergänglich wie die Schwalbe auf dem Dach der Scheune. Das Flüstern aus der Scheune, und vor allem der Duft von Sommer, Sommer, Sommer, Sommer..."

Die Traumwelten

Meine beiden Freunde hatten das alles so oft gehört, dass sie es satt hatten. Man stelle sich meine Überraschung vor, als wir in die Traumwelten eintraten und plötzlich vor einer echten, authentischen schwedischen Mittsommerstange standen, mitten in der Feier, mit der Musik, dem Lachen, dem Singen und Jubeln. Ich wurde total wild, wie der junge Mann, der ich einst auf der Erde war, und ich stürzte mich in den Tanz, meine Arme um die erste schlanke Taille, die ich sah, und tanzte immer wieder in einem rücksichtslosen Wirbel. Meine Tanzpartnerin hatte lange blonde Locken, Augen wie Hasenglöckchen und einen Mund wie ein Rotklee, wo der Honig für den süßzahnigen Kavalier tropfte! Ein lebendiger, warmer, junger weiblicher Körper auf einer Sommerwiese gab verbotene Versprechungen. Ich nahm ihre Hand und wir tanzten zusammen aus dem Kreis in Richtung des fernen Waldes. Plötzlich mussten wir anhalten, denn ein Bach plätscherte spielerisch vor unseren Füßen. Auf einem Felsen im wirbelnden Wasser saß ein nackter, lachender Mann und spielte Geige: Es war Neckan, der Wassergeist. Ich verlor den Griff zu dem Mädchen, und Neckan lachte immer lauter und lauter und.... plötzlich war Shala da und umarmte mich. Zar unterstützte mich, weil meine himmlischen Beine zitterten und mich nicht tragen wollten.

"Du wolltest einen schwedischen Mittsommer erleben, und das haben wir dir angeboten", sagte Zar lächelnd. "Es könnte eine gute Einführung in dieses Reich der Chimären sein. Verliere hier nur nicht den Halt, denn es gibt dunkle Tiefen, in die du fallen kannst. Wir werden in das Land der Träume reisen, wo es viel zu lernen gibt."

"Dieses Reich bietet nicht nur das, was wir selbst erschaffen, wie wir es jetzt getan haben", fügte Shala hinzu. "Wir sind jetzt am astralen Stadtrand. Die innersten Grenzen streifen gegen die wunderbare Naturwelt. Wir beginnen hier am Stadtrand, wo Träume und Fantasien ihren Platz haben. Wir sind hier federleicht — so viel wird hier erschaffen, aber es ist nie negativ. Das Schaffen kann in seiner Entwicklung aufhören, wenn derjenige, der schafft, nicht weitermachen will, sondern mit dem Erreichten zufrieden ist."

"Die Traumwelt hat ihre definierte und sehr wichtige Position in vielen alten Kulturen der Erde", unterbrach Zar. "Es ist bei den Ureinwohnern Amerikas und den Aborigines zu finden, wo es eine der ursprünglichen Quellen des Wissens seit Urzeiten ist."

"Meinst du gewöhnliche Träume?" fragte ich mich. "Ich erinnere mich nie daran, was ich träume. Ich habe auch nie wirklich verstanden, was die Bedeutung der viel geschriebenen Traumzeit der Indianer bedeutet. Sie sollen sich in eine andere Dimension des Denkens oder der Tagträume begeben, die für sie zu Realitätserfahrungen wird. Ist das so?"

"Die Traumzeit ist hier ein eigenes Reich", antwortete Zar. "Vielleicht klingt Traumzeit in deiner Sprache etwas falsch, aber das ist es, und es hat nicht unbedingt etwas mit Träumen in der Nacht zu tun. Man muss in einen besonderen Zustand des erhöhten Bewusstseins eintreten. Dann lässt du die Seele auf ihren eigenen Reisen in die Traumzeit oder ins Traumland reisen."

"Du kommst jede Nacht ins Traumland, ob bewusst oder unbewusst", widersprach ich. "Es klingt einfach und unwirklich. Kann ich nicht realistisch sein, auch wenn ich nur eine Seele bin?"

Zar lachte. "Weißt du, dass auch Kinder den Unterschied zwischen Träumen und Träumen spüren?", fragte er. "Man kann diesen Teil auch 'Traumwissen' nennen, wenn man so will! Es ist genau aus diesen Träumen, dass Wissen extrahiert werden kann. Sie inspirieren und erweitern noch nicht abgeschlossene Ideen. Dieses Reich umfasst einen weiten Zyklus kreativer Träume."

"Wäre der "Traumzyklus" geeignet?" schlug ich vor.

"Das ist in Ordnung", stimmte Zar zu und fuhr fort: "Man kann einen Zyklus als Kreis betrachten, und der Kreis ist das Zeichen für den Ursprung. Unsere Kosmische Karte ist ein Kreis, mit Kreisen darin, die eine Spirale bilden, wenn man sie in der Mitte anhebt. Das Gesetz des Kreises ist eines der wichtigsten Gesetze im Universum. Der Anfang von allem ist ein kreisförmiger Lauf der Ereignisse, und weil er weder Anfang noch Ende hat, ist der Kreis das heilige Zeichen der Ewigkeit."

"Es hat bei den Indianern die gleiche Bedeutung", mischte ich mich ein.

"Sie waren früh anwesend", antwortete Zar. "Jetzt hör zu, Jan! Wir werden in den Traumzyklus eintreten, damit du verstehst, wie es funktioniert. Es gibt oberflächliche und tiefer gehende Schichten oder Ebenen in diesem Reich, aber die tieferen Schichten solltest du nicht allein betreten, wenn du nicht weißt, was sie bedeuten. Ich meine, dass du dich nicht von dem Gefühl befreien solltest, Eins zu sein mit dem, was geschaffen wird. Denn du bist nicht allein oder verlassen. Du bist eins mit dem Universum und mit der Liebe, und nichts Böses kann dir in unseren Welten widerfahren. Du musst so denken, wenn du in den Traumzyklus eindringst. Allerdings erwartet dich dort ein Wissen, das auf deinem eigenen Grundgefühl basiert: Vollkommenheit oder Abgrenzung. Was auch immer passiert, behalte die Vollkommenheit."

Es war eine schwindelerregende Reise in den Traumzyklus. Wir alle drei segelten Hand in Hand, getragen von einer Art Luftwelle. Ich hatte keine Angst. Wie konnte ich nur, wenn ich schon tot und begraben war? Doch ich hatte mich noch nie so lebendig gefühlt wie jetzt! Dieses fantastische Leben mit seinem unendlichen Reichtum an allem, absolut allem und mehr, als man sich jemals vorstellen kann — dieses Leben hat keinen Platz für Angst. Terror, Schrecken und Sorge sind irdische Phänomene, die sich nicht für einen Platz in diesen nicht-physischen physischen Welten qualifizieren. Es ist nicht einfach, das zu erklären. Ich fühle mich völlig körperlich, außer dass einige irdische unangenehme Bedürfnisse verschwunden sind. Ich fühle mich frei, glücklich und reich an allem. Auf Erden hielt ich mich für einen armen Teufel — hier bin ich reich!

Berge, Klippen — welche Worte gibt es noch, um diese fantastischen Kreationen zu beschreiben, die glitzernd, glasklar, ihre glitzernden Spitzen unter uns hoben? Es gab schneebedeckte Gipfel, und gelegentlich sahen wir azurblaue Bergseen wie Saphire, die in den goldenen Kronen der Berge lagen. Wir flogen über all dies mit so hoher Geschwindigkeit, dass ich nur einen Bruchteil davon wahrnehmen konnte. Es war großartiger als auf der Erde, eindrucksvoller. Gleichzeitig wurde mir klar, dass es sich um Landschaften handelte, in denen alles passieren konnte. Alles, was wir sahen, war in eine unerklärliche Magie gehüllt. Hier traf Fantasie auf Märchen, und Märchen auf Realität. Worte reichen nicht aus!

Unter uns sah man Dörfer, Burgen und einfache Holzhäuser vorbeiflitzen, aber ich hatte keine Zeit, irgendwelche Details zu erfassen. Schließlich stiegen wir ab und landeten mitten in einem kleinen Dorf, umgeben von schneebedeckten Bergen. Man könnte meinen, dass wir in Tirol gelandet waren. Aber die Häuser sahen anders aus. Sie waren in leuchtenderen Farben gehalten und hatten schöne Gemälde an den Seiten und Giebeln.

"Gibt es hier auch ein Tirol?" fragte ich fröhlich. "Werde ich bald Männer mit grünen, federbesetzten Hüten und Lederhosen sehen, die Akkordeon spielen?"

"Ich glaube nicht", antwortete Zar lächelnd. "Wir machen jetzt eine Bootsfahrt."

Wir befanden uns an einem kleinen See am Ende des Dorfes. Wir stiegen in ein Ruderboot, das an einen Steg gebunden war. Ich sah keine Menschen. Das Boot startete sofort aus eigener Kraft. Auf der anderen Seite des Sees ragte ein hoher Berg empor, und ein prächtiger Wasserfall strömte seine schimmernden Kaskaden in das darunterliegende Wasser, wo sich riesige schäumende Wellen bildeten. Wir steuerten direkt auf den Wasserfall zu. Es fühlte sich unangenehm an, also packte ich die Seiten des Bootes fest.

Shala lachte mich aus. "Hast du noch etwas unnötige Angst in deinem Körper?", fragte sie spöttisch. "Das hätte ich nicht erwartet! Du musst dich fragen, warum hier keine Leute sind. Dies ist ein Prototyp einer Landschaft, die im Traumzyklus verwendet wird. Wir sind nicht diejenigen, die die Landschaft bevölkern oder mit Ereignissen versorgen; das ist was Träume tun! Wer hier träumt, kann sich in den Bergen verirren, in den Wasserfall fallen, in der Kneipe kämpfen oder die Liebe zwischen den Rhododendronsträuchern im Pfarrgarten erblühen lassen. Jeder sieht diese Landschaft anders, je nach seiner eigenen Fähigkeit zu träumen."

"Ich muss dich unterbrechen", rief ich. "Ich frage mich, ob Visionen das Gleiche sind wie der Traumzyklus oder ein Teil davon?"

"Eine Vision ist ein Bild, das zu einem Menschen auf der Erde kommt, um seine Erleuchtung zu bringen oder ihn zum Nachdenken einzuladen. Eine Vision ist nicht aus dem Traumzyklus abgeleitet, sondern kann in einigen Fällen Teil davon sein. Du erlebst eine Vision als eine Art Bild, von mehr oder weniger großer Wirkung und Nähe. Das bedeutet, dass du auf etwas achten oder jemandem helfen musst. Die Vision kommt aus deinem inneren Selbst. Sie wird vom Unterbewusstsein mit einem bewussten Ziel geschaffen. Die Landschaften des Traumzyklus hingegen sind allesamt Prototypen. Es gibt unendlich viele von ihnen, die dann vom Träumer nachgebildet oder bevölkert werden. Der Träumer schafft seine eigenen Erfahrungen in der Landschaft. Er kann nach seinem Wunsch die ganze Landschaft oder nur Teile davon übersehen. Er leitet seinen Teil im Traumzyklus mit oder ohne Anleitung — beide Alternativen kommen vor."

Ich seufzte. Habe ich irgendetwas davon verstanden?

"Das ist unvorstellbar", fügte Shala mit einem Lächeln hinzu. Wie immer las sie meine Gedanken. "Du musst daran teilgenommen und damit gekämpft haben. Hier ist eine Märchenwelt, wenn man so will, mit Drachen, Hexen und Rittern enthalten. Die Prinzessin mit den langen goldenen Locken sitzt in ihrem Turm und wartet, der Hase und der Wolf gehen zusammen, und Rotkäppchen tanzt den Jitterbug mit den drei kleinen Schweinen. Wenn du ein Märchen willst — erfinde eines! Wenn du eine Lektion über etwas willst, frag danach. Wenn du einen Spaziergang im Wald in Ruhe machen möchtest und Kobolde, Feen und andere Elementarwesen vorbeifliegen sehen willst, dann tu das einfach! Du bekommst, was du dir wünschst. Wenn du in ein anderes Land reisen und etwas Besonderes erleben möchtest, kannst du das. Der Traumzyklus ist das Land der großen Möglichkeiten, ein Land, in dem alles passieren kann — und dann meine ich alles! Manchmal nutzen die Indianer den Traumzyklus, um in die Zukunft zu blicken. Es gibt hier keine Konstanz, nur eine Chimäre, mit unendlich schönen Varianten, die Auge und Verstand erfreuen. Jetzt beeil dich, und lass uns gehen!"

Sie hatte dies noch kaum ausgedrückt, als wir in einem rosafarbenen Nebel weggewirbelt wurden. Natürlich, dachte ich, müssen die Traumwelten von rosa Farbe umgeben sein. Aber was taten wir hier? Träume gehörten nicht zu der Existenz, in der ich mich jetzt befand, oder? Auf der Erde gab es sowohl Nacht-Träume als auch Tag-Träume, aber was könnte ich hier lernen?

"Viel!" antwortete Zars ruhige Gedankensprache. "Die Traumwelten sind vielfältig. Du bist hierher gekommen, um zu erfahren, wie Träume gebaut werden. Denk dran, Jan, du bist in der Schule!"

Der rosafarbene Nebel lichtete sich und wir standen vor einer alten Burg, die ungefähr so aussah wie die, die man passiert, wenn man am Ufer des Rheins entlang fährt. Es herrschte eine geschäftige Menge im Innenhof. Es gab Ritter auf Pferden und Standartenträger, die herumliefen. Es gab Knappen, Stampfen und Lärm. Mittendrin fand ein Jahrmarkt statt. Es gab wahrscheinlich hundert bunte Stände, mit noch mehr bunteren Waren.

"Bin ich in einer mittelalterlichen Inkarnation?" fragte ich.

"Nein", antwortete Shala "Du steckst mitten im Traum von jemandem." Rund um das gesamte Reich gibt es Träume der unterschiedlichsten Art. Sie halten nicht lange — schau!"

Gerade als ein Turnier am anderen Ende des Innenhofes beginnen sollte und ich anfing, in diese Richtung zu laufen, um eine bessere Sicht zu haben, verschwand alles und ich entdeckte, dass ich an einem nassen Strand mit einem stürmischen Meer auf der einen Seite und hohen Sanddünen auf der anderen Seite lief. Ich beugte mich nach unten und hob eine Muschel auf. Darin befand sich eine wunderschöne Perle. Und während sich die Landschaft wieder bewegte, schmolz die Perle zuerst weg und danach auch die Muschel.

"Das sind gewöhnliche, chaotische Träume", sagte Shala zu mir. "Es gibt viele solcher Träume, und wir nennen sie Regenbogen-Träume. Aber es gibt auch Träume, die sich fast körperlich anfühlen — und Alpträume. Letztere hängen in der Regel von den Erfahrungen des Träumenden im Unterbewusstsein ab, und sie werden von unserem größten Feind kontrolliert: der Angst. Es gibt Tagträume, die hier gelegentlich aufsteigen, die oft Licht bringen, weil sie meist auf Sehnsüchten beruhen. Verachte niemals irgendwelche Träume; jeder einzelne von ihnen hat eine Bedeutung."

"Ja, unter der Annahme, dass du dich an sie erinnerst", fügte ich hinzu und blieb stehen. Wir waren in leichtem Tempo herumgelaufen, und jetzt standen wir auf einer Straße, die so weit das Auge reichte. Auf beiden Seiten der Straße befanden sich Wüstenmoore.

"Du hast diesen Weg gewählt", erklärte Shala, mit einem schelmischen Funkeln in ihren Augen. "Du wanderst auf ein unbekanntes Ziel zu, und du hast keine Chance, wegzulaufen, weder nach rechts noch nach links."

"Oh je!" rief ich aus. "Weißt du, ob es am Ende der Straße einen netten Pub gibt? Ein kaltes Bier würde gut ankommen!"

"Ich glaube, dass die Traumwelten bald ihren Dienst für dich getan haben!" sagte Shala lächelnd. "Das unbekannte Ziel ist das nächste Reich, aber zuerst musst du eine Person treffen, die mehr über Träume weiß als ich. Sein Name ist Aurus."

Ein großer, kräftiger Mann stand plötzlich vor mir. Seine schneeweißen Haare erreichten die Knie, und sein Gesicht schien aus Marmor gemeißelt zu sein. Er trug einen pastellfarbenen Mantel und hielt einen blühenden Stab in der Hand.

"Ich bin für die Traumwelten verantwortlich", sagte er mit freundlicher Stimme. "Träume sind wie böse Kinder. Einige von ihnen bekommt man nie in Ordnung. Aufgrund der völligen Unordnung der Träumenden im Inneren erzeugen ihre Träume oft Chaos im Schlaf. Glücklicherweise erinnert sich der Mensch selten an etwas, wenn er aufwacht, aber oft wird er nach den chaotischen Traumerfahrungen müde. Das Schlimmste ist, dass wir von hier aus nichts dagegen tun können; es muss vom Menschen selbst kommen. Eine geordnete Denkweise bringt geordnete Träume."

"Es klingt langweilig", fügt ich hinzu. "Da meine Denkweise noch nie besonders ordentlich war, waren meine Träume wohl kaum respektabel. Ich habe wahrscheinlich schon immer von der verbotenen Frucht auf der Erde geträumt, Tag und Nacht."

"Aber du hast es in Worte gefasst", nickte Aurus. "Ich nehme an, die meisten Künstler haben Träume über Schönheit, auch wenn es ihnen nie gelingt, sie in die Praxis umzusetzen. Träume spielen ihre wilden Spiele innerhalb der Subjektsphäre, die sie geschaffen hat: nämlich der des Träumers. Aber es gibt auch andere Träume. Sie nennen sie Träume, wir nennen sie Wahrnehmungen. Es sind Botschaften an den Träumer, und wir wollen, dass man sich an sie erinnert, oder zumindest im Unterbewusstsein auf der Lauer liegt, bis sie die Chance haben, sich bekannt zu machen. Sie können Warnungen sein, sie können Vorahnungen sein, oder vielleicht Bilder der Zukunft.

"Wir haben auch eine Abteilung für das Senden dringender Nachrichten zur Erde", fuhr dieser seltsame Mann fort, "der manchmal auch als Vorahnung oder Materialisierung bezeichnet wird. Einige dieser Erfahrungen treten weder außerhalb des Träumers auf, noch erscheinen sie im Schlaf. Sie kommen zum Empfänger in seinem Gehirn und sind von großer Bedeutung für ihn und vielleicht auch für andere, die daran teilnehmen können. Eine solche "drahtlose Telegrafie" aus unserem Reich wird in den kommenden Zeiten immer häufiger. Die Menschen nennen es Kanalisierung, Offenbarung oder Vision. Für uns sind es ganz einfach Botschaften und Orientierung. Diese Art der Manifestation soll stark und klar sein, aber es kommt oft vor, dass das Medium/Empfänger nicht sorgfältig genug nach innen hört, sondern seine eigenen Gedanken und Ideen in unseren Text einbezieht. Aber Zar hat dir das bereits gesagt. Nun, machen wir weiter!"

Bevor ich was sagen konnte, waren wir alle drei ins Wasser gesprungen. Aber anstatt den Grund des Sees zu erreichen, schwebten wir wieder hoch oben in den Wolken. Es war wirklich überfüllt da oben. Ich entdeckte, dass die Wolken keine Wolken waren, sondern Schleier, die vorbeiflogen. Die Schleier waren Träume auf dem Weg zum Traumzyklus, und in ihnen lebten schlafende Seelen.

"Jetzt ist es an der Zeit, den Traumzyklus zu verlassen", entschied Zar. "Es ist keine gute Idee, zu viel Zeit dort zu verbringen, denn bei all dem Wunschdenken und Wunschschaffen vergisst man die Realität."

"Realität?" Widersetzte ich. "Was nennst du Realität?"

"Die wahre Realität ist in deinem Herzen, in dem Gefühl, was für dich richtig ist." antwortete Zar. "Als du auf der Erde gelebt hast, war das deine Realität. Jetzt, da du die Grenze überschritten hast, ist das Leben hier deine neue Realität. Die wahre Realität ist in dir, in deinen Emotionen, in deinen Gedanken, in deiner Wahrnehmung, aber auch in deinen innersten Wünschen und Erwartungen. Ihr könnt euch eine falsche Realität erschaffen, wann immer ihr in ihr leben wollt — wie gerade eben an der Mittsommerstange. Es wird dich nicht glücklicher machen. Du weißt und fühlst mit deinem ganzen Wesen, wenn du dein Leben in der Vollkommenheit lebst."

"Ich habe mich noch nie so echt gefühlt wie hier", antwortete ich mit ernster Stimme. "Das könnte sein, als ich schrieb. Dann war ich voll und ganz glücklich. Aber danach bist du wieder zum gleichen alten Müll zurückgekehrt."

"Du schreibst immer noch", erinnerte mich Shala sanft daran. Sie legte ihre kleine Hand auf meinen Arm. Ihre leichte Berührung fühlte sich an wie ein Funke des Lebens und eine kraftvolle, lebendige Freude.

"Du hast Recht", sagte ich lächelnd, "und ich werde damit weitermachen! Nun, dann muss ich zugeben, dass alles perfekt ist!"

Das Reich der Musik

Als wir uns unterhielten, landeten wir auf neuem Boden. Die Luft war von Tönen durchdrungen, und vor uns ragte ein hohes Gebäude empor, weiß wie Alabaster, mit verzierten Säulen, Türmen und Zinnen aus Gold und einem gigantischen, kuppelförmigen Dach, das transparent war. Aus dem Gebäude kam die wunderbarste Musik. Offensichtlich war es ein Konzertsaal.

"Alle Musik, die geschaffen wird, existiert in diesem Gebäude", sagte Shala mir. "Musik wird von hier aus auf verschiedene Planeten und Welten verteilt. Der erste Ton, der in unserem Universum erklang und dazu beitrug, ihn zu erschaffen, ist in diesem Gebäude geblieben und gibt ein Echo auf alle Musik, die sowohl auf der Erde als auch auf anderen Himmelskörpern existiert. Musik, die mit disharmonischen Klängen verunreinigt ist, um die Nervenzentren der Menschen zu reizen, ist eine musikalische Verschmutzung im Äther, die für ihre Zuhörer sehr schädlich sein kann. Sie wirkt sich auf die Zellen im Gehirn aus, indem sie bestimmte Zentren negativ stimuliert. Dies kann zu Gewalttaten führen. Es gibt, wie Sie wissen, Computerviren, aber es gibt auch Musikviren. Auf der Erde entsteht viel synthetische Musik, die in ihrer

Struktur ebenso synthetisch ist wie in ihren Instrumenten. Es existiert hier nicht. Man kann aus dem, was erschaffen wurde, erschaffen!"

"Was meinst du damit?" fragte ich mich. "Meinst du, dass du bereits existierende Musik in negative Tonformationen transformierst?"

"Es ist mit den richtigen Werkzeugen machbar", antwortete Shala. "Aber wir machen solche Dinge hier nicht, sie finden nur auf der Erde statt. Es gibt Himmelskörper, die keine Musik haben, aber der Ton ist dort immer vorhanden, und es liegt an ihnen, ob sie etwas daraus machen wollen."

"Ist dieses Reich der Musik ein stabiler und dauerhafter Zustand?" fragte ich. "Ich meine, wie funktioniert das wirklich?"

"Ja", antwortete Zar. "Im Gegensatz zum Traumzyklus ist er absolut stabil. Im Traumzyklus kann alles aufgelöst werden. Es ist wie eine Schattenwelt ohne Schatten, eine Welt der Farbchimäre, in der alles ohne Ordnung und Dauer erlaubt ist. Das Reich, in dem du dich jetzt befindest, ist auf seine eigene Weise so "physisch" wie der Planet, von dem du kommst. Ihr Menschen setzt andere Werte auf das Physische. Was du nicht verstehst, klassifiziert du als nicht-physisch, metaphysisch oder spirituell — manchmal religiös. In Wirklichkeit ist es nur eine Frage der Wahrnehmung.

Sie entwickelt sich auf der Erde auf eine dichte Weise, während sie hier in eine subtilere Frequenz umgewandelt wird."

Ich hörte zu. Die Musik durchdrang mich, erfüllte mich mit einem Strudel heiliger Töne: Töne, die glühten, die in meinem Herzen schmerzten und gleichzeitig alle Schmerzen und Sorgen wegstreichelten. Es gab Töne, die ich erkannte und Töne, die ich noch nie zuvor gehört oder mir vorgestellt hatte, dass sie existieren könnten. Sie stürzten in einer Schönheit aus, die so gewaltig war, dass Flammen in meinem ganzen Körper brannten, und mein Kopf wurde in tausend weiße Schwäne verwandelt, die um ein Ei aus Goldstaub herumsegelten. In diesem Ei existierte ich — mein wahres Selbst, das Selbst, das vom Geist ist, das Selbst, das die Freude vorwärts schreien kann, das Selbst, das zur Ewigkeit gehört.

Ich weiß nicht, ob wir den Musikpalast betraten. Mein Bewusstsein war ausgelöscht worden und ich war die Musik, lebte in ihr, tanzte mit ihr und sang mit ihr. Ich wurde von Shala aus diesem kaum pragmatischen Zustand herausgezogen, die meine Hand nahm und mich mit sich zog. Bevor ich Zeit zum Nachdenken hatte waren in einer neuen Welt.

Die Naturwelt

"Das Reich der Musik ist durchgespielt", scherzte Shala. "Du brauchst einen großen Tritt, um dich aufzuwecken!"

Der Tritt bestand aus etwas, was sie mir in den Mund legte — vielleicht eine Vitamin-C-Tablette, weil es gut schmeckte und sofort anregend wirkte. Aber ich glaube nicht, dass Vitamin C zu dem gehört, wo ich jetzt lebe. Gibt es Wunderpillen in der Geisterwelt?

"Nenn es, wie du willst!" Sagte Shala. "Die Tablette, die du erhalten hast, enthält komprimierte Energie in Form von Strahlen, die direkt zu deinen Gehirnzellen gelangen. Es ist erhebend und völlig harmlos! Aber in Wirklichkeit sind nur Heilung und Lichtgedanken notwendig. Musik hat einen fesselnden Einfluss auf viele, und es kann schwierig sein, den Zauber zu brechen. Aber jetzt zu etwas ganz anderem!"

Zuerst war mein Geruchssinn beeinträchtigt. Ich sah mich um. Wieder befanden wir uns in der Nähe eines Wasserfalls, aber noch nie hatte ich eine so blumige Pracht wie hier gesehen. Büsche, Bäume, der Boden — alles war blendend. Man erkannte, dass ein besonderer Geruch von Feuchtigkeit, Boden und Grün nach Regenwetter auftrat, aber dieser war intensiver und aromatischer als auf der Erde.

"Wir waren der Natur so nahe, dass ich mich geneigt fühlte, einen Ausflug hierher zu machen, obwohl wir in der Astralwelt noch viele Reiche zu besuchen haben", gab Shala zu. "Hier leben die Wesen der Natur. Wir sind an einem winzigen Teil einer riesigen Landschaft angekommen."

Sie streichelte meine Augen, und sofort sah ich Wesen um uns herum schwärmen. Sie sahen genau so aus, wie ich mir diese wunderbaren Wesen vorgestellt hatte: Schlicht und exquisit in jeder

Linie, schnell und anmutig. Ich erhaschte auch einen Blick auf das, was wir Kobolde nennen, gekleidet in graue, hausgesponnene Kleider, scheinbar sehr aktiv, und eilten mit verschiedenen Werkzeugen in der Hand herum.

"Wenn ein Baum stirbt, landet sein Deva hier oben", fuhr Shala fort. "Auch die spirituelle Form des Baumes folgt und setzt sich hier ein. In dieser Welt findest du alle Pflanzenarten der Erde, aber auch die Flora anderer Planeten. Es gibt auch viele verschiedene Reiche in dieser Welt, aber wir beschränken unseren Besuch auf die Elementarteilchen der Erde, denn ich bin mir nicht sicher, was du von anderen Wesen halten würdest. Sie ähneln nicht unseren, und einige von ihnen können einen beängstigenden Eindruck hinterlassen.

"Vor vielen tausend Jahren arbeiteten die Wesen der Natur mit den Menschen auf der Erde zusammen. Das solltest du dir merken! Wie wir wissen, warst du von Anfang an dabei, und auf Zio war nichts natürlicher als das. Die Flora auf Zio war etwas absolut Einzigartiges, etwas, das man auf keinem Planeten mehr finden kann. Heutzutage haben die Menschen ihre Fähigkeit verloren, mit den Wesen der Natur zu sprechen, aber es wird zurückkehren, wenn sich die Erde verändert."

"Glaubst du wirklich, dass es große Veränderungen geben wird? Sind die Gedanken der Menschen nicht viel zu vergiftet, um zu verstehen, was sie tun?"

"Vielleicht im Moment. Aber hast du eine Ahnung, was mit all diesen reinen Wesen als Folge deiner Umweltverschmutzung passiert?"

"Sie ziehen hierher zurück, nicht wahr?"

"Ja, irgendwann. Aber nicht alle von ihnen. Eine sehr große Zahl wird so schwer verletzt, dass sie bis zu ihrem ersten Energiezustand zurückkehren müssen. Sie müssen von vorne anfangen. Einige von ihnen können das nicht einmal bewältigen. Diese armen Kreaturen werden unter großen Schmerzen aufgelöst, bevor sie in einen Zustand der Energie zurückkehren."

"Kann das auch bei Menschen passieren?" fragte ich mich, verängstigt.

"Nein", antwortete Shala lächelnd. "So einfach ist das nicht. Sie müssen für das, was sie der Natur antun, selbst bezahlen, entweder indem sie Krankheiten erleiden oder sich anderen Problemen stellen. Wenn sie hierher kommen, werden ihnen ihre Fehler offenbart, und wenn sie nicht verstehen, was sie getan haben, können sie im Niemandsland herumwandern oder sofort zur Erde zurückkehren, um das, was sie verletzt haben, wieder gut zu machen."

"Das Gras, auf das wir treten, die Blumen, die wir pflücken und wegwerfen, die Zweige, die wir abbrechen, und alle andere Zerstörung — was passiert dann mit den Wesen der Natur? Und was passiert bei Waldbränden?" fragte ich.

"Die Feuer sind Reinigungsprozesse", erklärte Shala geduldig. "Dann bleiben der Samen und das astrale Bild erhalten und können wieder Gestalt annehmen. Diese schaffen ein neues Wachstum unter den gleichen Bedingungen. Wenn du auf Gras trittst, musst du wissen, dass nicht jeder Halm ein Elementarteilchen hat. Stattdessen gibt es für jede Art ein Gruppen-Deva. So funktioniert es bei kleinen Arten, auch im Bereich der Tiere."

"Warum ist die Naturwelt so groß, dass sie einen eigenen Kreis auf der Karte hat?"

"Die Natur ist wichtiger als alles andere, Janne. Alles kommt von dort. Sie enthält so viele Welten, so viele Geheimnisse, alles, was wächst, alle Evolutionen. Sie braucht viel Platz. Wir haben für die Natur einen zusätzlichen Kreis auf der Karte gemacht, weil ihre Wesen einen eigenen Abschnitt brauchen. Diese Wesen sind mit den Engeln verwandt. Die Natur ist die Grundlage für alle Existenz, sowohl physisch als auch astral-ätherisch. Mutter Erde ist die gebärende und erschaffende erste Mutter, nicht nur in der physischen Welt und in unseren Welten, sondern auch auf anderen Planeten. Der Sternenhimmel ist ein Teil der Natur. Die Wolken, der Blitz, der Donner, die Aurora Borealis, der Regen und der Sturm sind Teil der unbegrenzten Existenz der Natur."

Sie nahm meinen Arm, und ich schnüffelte begehrlich den schönen Duft ihres langen Haares, das meine Wange kitzelte. In diesen wunderbaren Welten gab es Düfte: Musik für die Ohren, Düfte für die Nase — aber vielleicht nicht sehr viel für den Magen.

"Oh ja", lachte Shala. "Wenn du essen willst, bedien dich selbst! Du kannst mit deinem Gedanken erschaffen, nicht wahr? Einige Kinder auf der Erde wissen das bereits. Sie besuchen oft diesen Teil der Naturwelt und erleben ihre eigenen Märchen. Für sie ist das Abenteuer ziemlich physisch; sie haben eine solche Einsicht. Leider glauben die Erwachsenen ihnen nicht. Sieh dir das an, Jan!"

Wir gingen auf einer Forststraße in einem echten Fantasiewald, der einem altmodischen schwedischen Mischwald ähnelte. Moosige Berge, grüne Büschel, in denen sich die herrlich hellrote und zarte Zwillingsblume mit ihren leichten Armen um die Preiselbeersträucher wickelte, und dichtes Gestrüpp aus Waldbüscheln und Geißelrose lauerte zwischen den Bäumen. Unser mit Nadeln bedeckter Weg war voller Ameisen. Hier würde ich gerne für immer neben meinem schönen Begleiter wandeln.

"Oh nein!" Sie fing meinen Gedanken an und kicherte. "Wir sind nur zu einem kurzen Besuch hier, also schau dir bitte deine Umgebung genau an!"

Ich drehte mich um, ein wenig verlegen. Es war schrecklich, dass die irdischen Gedanken immer noch mein ätherisches Gehirn heimsuchten und dass Shala sie so leicht las. Hinter mir sah ich eine Menge Kobolde und andere kleine Leute. Sie standen im Kreis und beobachteten einen kleinen Trolljungen, der lustige Salti machte, was zu fröhlichem Gelächter führte. Als ich zu den Baumkronen aufblickte, sah ich dünne, schöne Wesen aus ihnen schweben. Das müssen die Baumdevas sein.

"Ja, das ist richtig", sagte Shala, wieder mit diesem schelmischen Blick. "Hör auf, an meinen Haaren zu schnüffeln und schaue stattdessen geradeaus!"

Mitten auf einer Wiese verlief ein Bach. Mitten im Bach saß Neckan natürlich, spielte unaufhörlich seine Geige, und um ihn herum tanzten die Feen. Bösartige Elfen erhoben sich aus Wurzeln und schwarzen Löchern im Boden. Weit drüben lief ein Riese in riesigen, groben Stiefeln herum. Nie zuvor hatte ich mir vorgestellt, wie es ist, inmitten eines echten Märchens zu sein.

"Das bist du auch nicht", sagte Shala, mit ihrem plätschernden silbernen Gelächter. "Ich zeige dir das, damit du die Beziehung zwischen den Naturreichen und den Märchen verstehen kannst. Sie gehören zusammen. Alle seine Wesen leben in der Natur auf einer Frequenz, die für den Menschen unsichtbar ist. Erinnerst du dich an deine ersten Inkarnationen auf der Erde, Jan? Damals war die Natur noch unzerstört, und die Menschen standen täglich in Kontakt mit diesen Wesen. Aber die Erdbewohner selbst bauten Barrieren aus groben, falschen Gedanken. Wir hoffen, dass die gute Gemeinschaft zwischen Mensch und Naturwesen irgendwann zurückkehrt. Aber die Aussichten sind düster, wenn man bedenkt, wie ihr eure Erde zerstört."

Ich setzte mich auf einen Stein und legte meine Finger in die Kaskaden des wirbelnden Wassers. Es fühlte sich frisch und gut an, also wusch ich mein ganzes Gesicht und genoss, dass ich noch ein Gesicht hatte. Hoffentlich ein hübsches.

"Du siehst sehr gut aus!" versicherte Shala mir, mit einem schellenden Lachen.

Ich hatte vergessen, dass wir es mit Gedankenlesen zu tun hatten. Es kann manchmal schon lästig genug sein. Ich dachte darüber nach, wo sich das Reich der Tiere befand.

"Das Reich der Tiere von der Erde grenzt an das Reich unserer Elemente", antwortete Shala. "Wir werden bald dorthin gehen. Ich sage "das Reich der Tiere von der Erde", weil es auch auf anderen bewohnten Planeten Tiere gibt, und dasselbe gilt für die Pflanzen. Das sind völlig verschiedene Arten, aber sie haben auch ihren Platz in der großen Vollkommenheit. Selbst die kleinsten Pflanzen- oder Tierarten der Erde werden hier durch eine Mutterpflanze oder Deva repräsentiert."

"Ich sehe hier ein fast frustrierend üppiges Pflanzenleben", unterbrach ich, "aber ich habe immer noch nicht gesehen, wie all diese Elemente leben."

"Ich kann dir das unmöglich zeigen." sagte Shala lächelnd. "Jedes kleine Wesen hat seine eigene Lebensweise, in Symbiose mit seiner Pflanze."

"Wie entstehen dann Hybride?"

"Ihr Ursprung liegt auch hier. Nichts entsteht so wie das im menschlichen Gehirn. Die Inspiration muss von irgendwo her kommen. Es gibt einen Samen, nicht wahr? Plötzlich wird etwas durch eine bewusste oder unbewusste Handlung hinzugefügt, die eine Abweichung von der ursprünglichen Pflanze verursacht. Es kann ein Vogel sein, ein Hauch von Wind, etwas Fremdstoff im Boden, den der Samen aufnimmt. Wenn wir zum Traumzyklus zurückkehren, wissen wir, dass dort Ideen entstehen, die in vielen Fällen vom Träumer realisiert wurden. Aber manchmal ist der Fremdstoff eine schlechte Sache. Es kann für experimentelle Zwecke hinzugefügt werden. Das ist etwas, das leider in erschreckendem Maße auf der Erde passiert ist."

"Meinst du Genmanipulation?" fragte ich mich.

"Ja, so heißt es", antwortete Shala düster. "Es ist überhaupt nicht gut. Bei solchen Experimenten, die im Geiste des Profits und der Machtlust stattfinden, ist es zu weit gegangen. Wir sind sehr besorgt darüber."

"Wenn Menschen anfangen, Menschen zu klonen, betreten sie das Gebiet des Großen Geistes, nicht wahr?" fragte ich.

"Weder Tiere noch Menschen sollten geklont werden", sagte Shala mit entschlossener Stimme. "Wissenschaftler können keine Seelen erschaffen. Geklonte Wesen sind seelenlos. Es gibt nur einen Ursprung für die Seele. Es gibt Planeten, auf denen das Klonen häufig vorkommt. Die mechanischen Funktionen funktionieren und es ist ihnen gelungen, technisch hoch entwickelte Gehirne zu erreichen. Eines ist all diesen gemeinsam: Es fehlt ihnen völlig an allen Emotionen. Ihr Denken ist auf bestimmte manipulierte Kanäle beschränkt. Die geklonten sind Roboter aus Fleisch und Blut..."

"Dieses Gespräch geht schnell bergab..."

Mit einer schnellen Bewegung legte sie ihre Hand auf meine Augen, und so wurden wir wieder Raumfahrer. Oder ist der Weltraum zu uns gekommen? Aber als sie ihre kleine Hand entfernte, entdeckte ich, dass es kein Raum war, in dem wir schwebten. Wir überquerten eine lange Brücke, ohne den Boden mit den Füßen zu berühren. Es muss die Brücke zwischen der Naturwelt und den Ätherischen Welten sein, dachte ich. Wir waren wahrscheinlich mit der Gedankengeschwindigkeit unterwegs.

"Oh nein", sagte die Stimme meines Gefährten, voller Gelächter. "Sicherlich können wir schneller denken als das. Sieh dir stattdessen eine der schönsten Brücken an, die wir haben! Sie erstreckt sich über die Parallelwelten und die Inkarnationswelten, die du jetzt nicht besuchen wirst."

Regenbogenfarbener Glitter schwebte in leichten Wolken auf beiden Seiten der Brücke. Entlang der Brücke befanden sich Skulpturen, Ornamente und Mosaike, die außergewöhnlich schön waren. Wir waren langsamer geworden, also hatte ich Zeit zum Nachdenken.

Die Brücke zwischen jetzt und damals, dachte ich nach. Die Brücke zwischen damals und heute. Die Brücke zwischen den Dimensionen — das machte Sinn, denn die Dimension ist ein Maß für die Reichweite. Wir kommen aus einem Gebiet und sind auf dem Weg zum anderen, mein lustiger Gedanke ging weiter. In der Algebra wurde einem gelehrt, dass die Dimension gleichbedeutend mit dem Grad ist. Aber hier ist es nicht möglich, unsere Existenz so zu bewerten, wie eindimensionale Geraden durch Bewegung zu zweidimensionalen Ebenen werden können, und diese wiederum durch weitere Bewegung zu dreidimensionalen Räumen werden können. Euklid sprach über den Raum mit drei Dimensionen, aber er war nur ein Mensch. Ich bin jetzt in der vierten Dimension — nun, so muss es sein!

"Versuch nicht was du jetzt erlebst mit menschlichen physikalischen Begriffen zu erklären", war Shalas eher irritierender Kommentar zu meinen schulischen Gedanken. "Du wirst andere Dinge zu bedenken haben, wenn wir über diese Brücke kommen — und das werden wir sehr bald."

Das Reich der Tiere

Es ist nicht einfach zu reden, wenn man so davonschwirrt, aber als wir auf einer sandigen Ebene landeten, konnte ich nicht anders, als zu fragen. "Ich kann nicht alle Informationen, die ich auf der Erde über die "astrale Ebene", wie sie dort genannt wird, mit all ihrem dunklen Geheimnis, der schwarzen Magie und der niederen Zauberei, loslassen. Geister und mehr oder weniger bösartige Kräfte sowie UFOs werden der astralen Ebene zugeordnet. Bisher habe ich nur schöne, substantielle, glückliche und vor allem informative Teile dessen gesehen, was ihr hier die Astralwelt nennt. Wo bewahrt ihr die zwielichtigen und unheimlichen Dinge auf? Wo sind die Betrüger, die "materiell Geistigen", die viel Geld verdienen und behaupten, Kanäle zu dir zu haben?"

"Wir ziehen es vor, nicht über die dunklen Seiten zu sprechen", antwortete Zar. "Sie existieren sicherlich nicht in der Astralwelt. Sie befinden sich in der Nähe der Erde, wie man auf der Kosmischen Karte sehen kann, weil sie eine enge Verbindung zu den Menschen haben, die sie entwickelt haben. Die Dunklen Reiche sind nicht dasselbe wie die Hölle, denn Gehenna ist auf der Erde zu finden, im Inneren der Menschen selbst. Deine fehlerhaften Religionen haben Ausdrücke wie "Hölle", "Teufel" und "Fegefeuer" hervorgebracht. Du hast keine einzige Religion, die nicht auf Sünde und Strafe hinweist. Die Dunklen Welten sind eher von Hoffnungslosigkeit als von Magie durchdrungen, denn die schwarze Magie, die von dort aus erfunden und verbreitet wird, erreicht nie unsere Welten. Es endet bei Menschen, die für das Böse empfänglich sind. Sagt dir das Wort "astra" etwas, Jan?"

"Es bedeutet "Sterne" auf Lateinisch, nicht wahr?" antwortete ich, ein wenig überrascht.

"Genau", sagte Zar zufrieden. "'Astrum' bedeutet 'Stern' und 'Astralis' bedeutet 'wie ein Stern leuchtend'. Kannst du diese Worte mit dem Bösen verbinden? Die Menschen haben die ganze schöne, helle Bedeutung der Worte "Astrale Welt" verschwinden lassen, und stattdessen haben sie sie in etwas Dunkles und ein wenig Schreckliches verwandelt, das aus der Angst und Qual entsteht, die sie in sich tragen. Hier erfährst du nun, was die Astralwelt wirklich bedeutet — die wahre astrale und sternfunkelnde!"

"Was ist mit der Mentalebene?" fragte ich. "Es ist in jedem Buch enthalten, das ich gelesen habe. Es gilt als eine Stufe höher als die astrale Ebene."

"Lieber Jan", antwortete Zar, "das Mentale ist das, was in deinem Gehirn geschieht und was nicht mit deinem Mund gesagt wird; mit anderen Worten, deine Gedanken. Deine Bücher haben das falsche Ende des Stockes erreicht. Das Mentale ist näher als das Niemandsland, denn es bedeutet, dass dein lebendes Gehirn arbeitet. Eine eigene Mentalebene oder Welt existiert nicht. Alles Denken ist mental. Folglich existiert es auch hier, wo es telepathisch wirkt. Da Telepathie auf der Erde noch nicht üblich ist, hat der Mensch dem Mentalen eine eigene Ebene zugewiesen. Sie sollen jede beliebige Terminologie verwenden, aber hier arbeiten wir nach unserem eigenen Sprachgebrauch. Wir versuchen, die verschiedenen Welten für die Leser verständlich zu machen, und dann können wir keine Begriffe verwenden, die von Religionen auf der Erde geschaffen wurden."

"Hast du dich umgesehen?" unterbrach uns Shalas leise Stimme.

Hatte ich nicht. Zar war dabei, meine etablierten Vorstellungen auf den Kopf zu stellen, aber das war natürlich etwas, das ich seit meiner Ankunft hier ständig erlebt hatte. Ich erkannte, dass alles viel einfacher war, als man es sich auf der Erde vorstellen konnte, und ich schämte mich ein wenig für meine Unwissenheit über den Astralbereich. Von nun an würde die Astralwelt "die Welt der Sterne" sein. Zufrieden schaute ich mich um, und auf der einen Seite von uns sah ich hohe Klippen und auf der anderen Seite Wälder. Die sandige Ebene lief zu einem See hinunter. In der Ferne sah ich wilde Tiere grasen, herumlaufen oder sich hinlegen. Das Seltsame war, dass so viele verschiedene Arten von Tieren zusammenkamen: alles von Tigern, Löwen, Elefanten, Zebras und Hirschen bis hin zu allen Arten von Kleintieren. Auf der Erde ging es um "Fressen oder gefressen werden". Hier ging es nur darum, sich in Frieden und Gemeinschaft zu versammeln.

"Arche Noah!" rief ich aus. "Alle Arten von Tieren scheinen sich hier gut zu verstehen."

"Natürlich", antwortete Shala. "Hier gibt es eine große Vielfalt an Landschaften für die wilden Tiere. Wir haben auch einen wunderschönen Park mit komfortable Wohnungen für Haustiere. Jede Rasse, von der kleinsten bis zur größten, hat ihre eigene Deva, und diese Devas kümmern sich um ihre jeweiligen Tiere. Wenn die Tiere hierher kommen, müssen sie eine Art Gesundheitscheck durchlaufen. Es sind nicht nur Menschen, die glauben, dass sie ihre Krankheiten hier mit sich herumtragen. Einige Tiere glauben, dass sie stark verkrüppelt sind, und sie suchen nach verlorenen Körperteilen. Speziell ausgebildete Devas arbeiten geistig mit diesen armen Tieren, die in vielen Fällen unter den Instrumenten des Vivisekten leiden. Wie kann der Mensch so grausam sein, dass er Tiere für Versuchszwecke verwendet? Wann wird der Mensch lernen, die ihm zur Verfügung stehenden Heilkräfte zu nutzen? Sie können diese Kräfte auch bei Tieren einsetzen. Auch die Kommunikation zwischen Mensch und Tier ist verschwunden."

"Nicht zwischen Hunden, Pferden und Katzen und ihren Besitzern", protestierte ich. "Es gibt viele Beispiele für gute Beziehungen. Übrigens frage ich mich, ob zum Beispiel ein sehr geliebter Hund, der plötzlich stirbt, wiedergeboren werden kann und zu seinem früheren Besitzer zurückkehrt?"

"Nun, es kann von Fall zu Fall variieren. Wir haben Tiere, die sich weigern, zur Erde zurückzukehren. Die Tiere verteilen sich über die Karte, wie sie wollen — es ist schwierig, sie ständig in ihrem eigenen Reich zu halten. Die Haustiere, insbesondere Pferde, Hunde und Katzen, können eng an ihre früheren Besitzer gebunden werden. Wir haben oft Begegnungen zwischen menschlichen und tierischen Seelen. Wenn eine Menschenseele, die die Grenze überschritten hat, ihr Haustier in Gesellschaft haben will, dann ist das erlaubt. Manchmal erscheinen Haustiere als Geister. Das heißt, ihre Energien sind so stark, dass sie sich für einen Moment materialisieren können. Aber auch den Tieren muss die Möglichkeit zur Entwicklung gegeben werden, und ihre Besitzer sollten ihnen die Möglichkeit dazu geben. Vielleicht ist ein Hund nicht als Hund wiedergeboren, eine Katze nicht als Katze, und so weiter."

"Was passiert dann mit ihnen?" fragte ich mich neugierig. "Werden sie vielleicht zu Menschen werden?"

"Ich glaube nicht, dass du mehr über dieses Reich wissen musst", sagte Zar und nahm meinen Arm wieder. "Deine Frage kann nur auf individueller Basis beantwortet werden. Denke daran, dass hier, im Reich der Tiere, die Liebe zwischen allen Tierarten herrscht. Die Liebe durchdringt alle unsere Welten, denn von Anfang an wurden wir aus ihr erschaffen."

"Bevor wir weitermachen, frage ich mich, ob ich eine Frage über die Götter der Indianer stellen darf? Ich habe gehört, dass verschiedene Stämme unterschiedliche Namen für ihre Götter haben, aber dennoch beziehen sie sich auf den gleichen Gott, nicht wahr? Der Stamm der Wampanoag nennt den Großen Geist Kiehtan oder Kishtannit, und es gibt viele andere Götter unter ihm. Allein in Nordamerika gab es mehr als 500 indianische Stämme. Das ergibt eine Menge verschiedener Götterfiguren, nicht wahr? Die Indianer sind nur ein Beispiel; die ganze Erde ist voller Götzenbilder. Was machst ihr mit ihnen?"

"Das war eine einfache Frage", sagte Zar lächelnd. "Sieh dir die Kosmische Karte an! Außerhalb des Niemandslandes gibt es zum Beispiel die Reiche der Götter. Die Götter leben dort in perfektem Wohlbefinden. Wenn Hunderte von Stämmen an Tausenden von Orten auf der Erde ihren Göttern unterschiedliche Namen geben, ist das nur eine Frage der Sprache. Die Götter, die in den Reich der Götter leben, haben jeweils einen eigenen Namen. Der Große Geist regiert auch sie. Wir können die Idole Symbole nennen, die ihr eigenes Leben leben. Sie sind viel zu zahlreich, um sie im Detail zu beschreiben. Bist du bereit für das Reich der Kinder?"

Das Reich der Kinder

Schnell wurden wir auf Jolith's starken Flügeln weitergeführt, als sie wie ein riesiger Vogel aus den Wolkenmassen über uns erschien. Wir landeten auf einem riesigen Spielplatz.

Überall gab es Schaukeln, schlanke Schaukeln, die wie Silber schienen, wo Kinder mit flatterndem Haar, rosigen Wangen und glücklichen Augen sich vom Wind helfen ließen, in den Himmel zu fliegen. Niemand schien Angst zu haben. Das Lachen lauerte und schaute heimlich auf all die kleinen Münder, bevor es schließlich ausbrach. Dann raste es in rasselnden Trommelrollen herum, bis es erstickte. Überall summten die Stimmen der Kinder, und fröhliche Schreie hallten. Es wurde übersprungen, Hüpfspiel gespielt, Ball und Murmeln gespielt. Es wurde getanzt, gesungen und Märchen erzählt! Ich stand wie verzaubert da. Wenn es ein Paradies gab, dann ist es hier! Überall schwebten Engel herum und zeigten den Kindern den Weg mit Trost, Lob und Ermutigung.

Ich war schon immer fasziniert von Märchen, auch wenn ich ihnen nicht viel Zeit gegeben habe. Ich gebe gerne zu, dass ich, Jan, davon geträumt habe, Kinderbücher zu schreiben. Aber ich wagte es nicht, mit anderen Geschichtenerzählern in Konkurrenz zu treten, nachdem ich mich als Schriftsteller etabliert hatte. Außerdem war ich etwas altmodisch. Ich mochte Ritter und Drachen, gefangene Prinzessinnen, Trolle in dunklen Wäldern und arme kleine Kinder, die barfuß über die Wiesen wanderten (wie ich es einst tat) und von einer reichhaltigen Mahlzeit träumten. Können sich moderne Kinder darauf beziehen?

"Es ist wunderbar hier", stöhnte ich und inhalierte den Duft von tausend Blumen. Etwas weiter vorne lag ein kleiner See, voller Lärm und wilder Spritzer, wo die Kinder badeten.

"Die Kleinen haben eine gute Zeit", stimmte Shala zu. "Die Kinder werden nie in das Niemandsland gebracht, sie werden direkt in das Kinderreich geschickt. Seit einiger Zeit wohnen sie in unseren Kindergärten, und dort behalten sie das gleiche Alter und Aussehen wie zum Zeitpunkt ihrer Überfahrt. Dies ist notwendig für ihr Sicherheitsgefühl. Sie müssen noch eine Weile Kinder sein dürfen, glückliche Kinder, die lachen und spielen können. Aber die meisten von ihnen müssen zur Erde zurückkehren. Davor durchlaufen sie eine Schule, die sich in der Nähe befindet. Sie müssen neue Eltern wählen und sie müssen verstehen, warum sie sich entscheiden, damit sie freiwillig ihrer neuen Zukunft begegnen."

"Arme Kinder, die heute auf die Erde kommen!" seufzte ich. "Einige von ihnen werden zu Kinderarbeitern, andere werden bereits im Alter von 8-10 Jahren zu Soldaten in Entwicklungsländern. Einige von ihnen werden von Eltern geboren, die sich bald scheiden lassen werden, mit allem, was dazu gehört. Ich frage mich, wie viele dieser Kinder ein schönes und glückliches Leben auf der Erde haben werden."

"Da haben wir die Kraft, wieder zu denken", erklärte Shala. "Wenn es ihnen gelingt, die richtige Art des Denkens mitzubringen, und wenn sie innerlich zuhören und danach handeln, werden sie nicht unglücklich sein. Aber wenn sie schon als Kleinkinder dem Druck ihrer Umgebung erliegen, kann es zu Fehlern kommen.

"Wenn ein Kind als bereit für den nächsten Schritt angesehen wird, wird es in einen anderen Teil des Kinderreiches versetzt. Dort findet eine Art Metamorphose statt, von der ich nicht auf technische Details eingehen kann, aber das Ergebnis ist eine Altersänderung für das Kind. Nun, es ist schwierig, in diesem Zusammenhang über das Alter zu sprechen, denn der Begriff des Alters existiert hier nicht. Meistens hat die Seele aus karmischen Gründen ein kürzeres früheres Leben aufgenommen. Dies kann mit der Familie oder mit den Opfern zu tun haben, insbesondere wenn es um Gruppeninkarnationen in Entwicklungsländern geht, in denen Massenmord und Massenexodus stattfinden.

"Aber in diesem Moment haben wir den Kindern erlaubt, viel von uns in ihrem Unterbewusstsein mit sich zu tragen. Man könnte sagen, dass viele Kinder heute spirituell entwickelt geboren werden. Sie sind mit einem spirituellen Samen beschenkt worden, aber er braucht Nahrung, um zu wachsen."

"Kinder, die früh sterben, besonders diejenigen, die unter schrecklichen Umständen sterben — Krieg, Hunger, Mord — haben sie sich wirklich entschieden, für ein paar Jahre auf der Erde geboren zu werden, um all diese schrecklichen Dinge zu erleben?" fragte ich mich realistischerweise.

"In den meisten Fällen ja!" war die Antwort. "Unfälle passieren, aber nichts ist ein Zufall. Der Tod funktioniert so: Die meisten Menschen haben eine Reihe von Pfosten oder Stoppsignale auf ihrem Lebensweg.

Es ist also nicht von vornherein vorherbestimmt, dass du zu einem bestimmten Zeitpunkt sterben wirst. Es gibt mehrere verschiedene Vorfälle oder Möglichkeiten, ein Leben zu beenden. Es bist in der Tat du, das heißt, dein Höheres Selbst, das entscheidet, wann es Zeit ist. Dein Höheres Selbst sieht weiter als du. Es sieht, was sich am tiefsten in deinem Herzen bewegt und was eine Verlängerung deines Lebens braucht, um entwickelt werden zu können. Du weißt es nicht, aber die Entscheidung liegt bei dir! Du überlebst eine schwierige Operation, einen Autounfall, einen ertrinkenden Unfall oder etwas anderes, das den Tod herausfordert. Warum? Weil du mit dem Leben, das du gewählt hast, noch nicht ganz fertig bist, während andere denken, dass ein Wunder dich gerettet hat."

"Ist das auch bei Herztransplantationen relevant?"

"Das kommt darauf an. In unseren Augen ist so etwas ein unnatürliches Verfahren, ein Spiel mit den göttlichen Kräften. Was auch immer die Ärzte sagen, eine Heilung des Herzens ohne Transplantation hätte genauso erfolgreich sein können — aber so weit sind Sie noch nicht gekommen. Vieles hängt vom starken Willen des Patienten ab, zu überleben. Einige negative Auswirkungen können sich aus einer Transplantation ergeben, da der Patient nicht nur ein neues Organ durch die Operation einführt, sondern auch die Energien dieses Organs. Aber das ist eine andere Geschichte."

"Aber viele Menschen, die ihre Karriere auf der irdischen Ebene erst begonnen zu haben scheinen, werden viel zu früh verschleppt", beanstandete ich, "und das gilt besonders für Kinder."

"Du benutzt so viele falsche Ausdrücke!" rief Shala aus. "'Karriere', zum Beispiel. Weißt du, wohin diese Karriere eine Person geführt hätte, wenn sie leben dürfe? Sich "mitreißen" lassen — wie albern! Niemand wird überfallen, jeder geht hinüber. In diesem Fall sind es die Verwandten, die einen Anfang machen könnten, wenn er verschleppt wird. Und danach schnappen sie sich materielle Vorteile, wenn sie können. Im schlimmsten Fall packt ihre Trauer den Verstorbenen, sodass er Schwierigkeiten hat, sich aus dem Niemandsland zu befreien."

"Du hast vorher von Unfällen gesprochen. Gibt es sie?"

"Schwierige Frage. Unfälle entstehen durch Fahrlässigkeit, Gedankenlosigkeit oder Indiskretion der Menschen", antwortete Zar ernst. "Sie sind abhängig von der negativen Erschaffung durch den Gedanken, einer Art Erdrutsch im Unterbewusstsein, der zu Nachlässigkeit im Bewusstsein führt." "Die meisten Kinder, die hierher kommen, sind hier viel glücklicher als in ihrem irdischen Leben", versicherte mir Shala eifrig. "Sie bekommen eine neue Chance für ein Leben, das sicherlich besser wird, denn hier lernen sie, so viel zu verstehen, was sie vorher nicht verstanden haben. Sie nehmen dieses Wissen mit in ihr Unterbewusstsein, und wenn sie auf ihre Intuition hören, erhalten sie eine neue Chance. Kein Kind stirbt ohne Grund. Zufall existiert nicht. Das Motiv eines vorzeitigen Todes, das von hier aus klar und freiwillig zum Ausdruck gebracht wird, wird natürlich durch die Umgebung des Kindes auf der Erde verdeckt. Es sind die Nächsten, die trauern und vielleicht die Schuld für das Geschehene tragen — aber das ist Teil ihres Karmas. Du hast Gesang, Tanz, Spiel und Freude gesehen — freie und glückliche Kinder in einer Welt, in der Begriffe wie Mobbing oder Gewalt völlig unbekannt sind. Hier könnte ein Kind verletzt werden, aber es hat sich nie selbst verletzt. Sie schlagen sich nie gegenseitig und werden nie getroffen. Hast du verstanden? Jetzt lass uns weitermachen."

Ich durfte sehen, wie Kinder und Elementarier spielten und Spaß miteinander hatten. Die Naturwelt und das Kinderreich stehen in engem Kontakt miteinander. Hier gab es auch Kobolde und Feen, die als erfundene Märchen auf Erden gelten. Es gibt ein Reich namens Märchenreich in der Astralwelt, und es befindet sich auch in der Nähe des Kinderreiches. Es gibt Riesen und Trolle, und Märchen, Mythen und Abenteuer finden dort endlos statt. Manchmal müssen sich die Engel einmischen, um Ordnung in diese wilden Märchen zu bringen.

"Es passiert", sagte Shala lachend, "dass mutige Kinder das Märchenreich besuchen und fantastische Abenteuer erleben dürfen. Sie können nie verletzt werden, auch wenn sie es schwer haben, denn sobald sie Angst haben, löst sich das ganze Märchen auf und sie kehren hierher zurück. Wenn mehr Erwachsene im Herzen jung bleiben würden, würden sie diese Reiche besuchen. Wie ein Kind zu sein, ist nur ein Vorteil für den Menschen. Möchtest du eine Weile hier bleiben, Janne?"

"Danke für das Angebot", antwortete ich schnell, "aber ich verzichte darauf. Ich bin von neugieriger Natur und möchte gerne weitermachen."

Wir drei stürzten uns auf die plötzlich erscheinende Jolith.

"Du hast vorher eine Frage gestellt, die ich noch nicht beantwortet habe", schrie Zar mitten auf der Fahrt. "Du hast dich gefragt, wo die spirituellen Witzbolde hingehören. Viele von ihnen inspirieren und leiten die Hellseher auf der ganzen Welt. Sie sind clevere, erfinderische Trickser aus dem Niemandsland, die in der Gewissheit leben, dass sie tatsächlich die Personen sind, die sie vorgeben zu sein. Viele der Namen, die sie selbst nennen, finden sich sowohl in der Bibel als auch in anderen heiligen oder weniger heiligen Schriften. Einiges von dem, was sie sagen, ist wahr und richtig, und sie werden von Kräften unterrichtet, die nicht zu unserer Welt gehören. Einige von ihnen ziehen die Beine ihrer "Opfer", andere haben einen Zweck hinter ihrer so genannten Kanalisierung. Dieser Zweck ist Teil eines Plans, der auch nicht von hier kommt."

"Woran erkennt man den Unterschied?" fragte ich mich. "Woher weißt du, wer wer ist? Wie soll ein Hellseher seiner eigenen Intuition vertrauen können, wenn es solche Kräfte im Umlauf gibt?"

"Intuition, mein lieber Freund, ist der größte Meister. Aber wie wir bereits erwähnt haben und wie du wahrscheinlich schon weißt, gibt es viele bewohnte Planeten in unserer Galaxie, und einige von ihnen wollen die Macht auf der Erde an sich reißen — zum Beispiel Orion, wie bereits erwähnt wurde. Eine Menge "psychischer" Informationen kommen von ihnen."

"Aber das ist schrecklich!" rief ich aus. "Wer kann wem vertrauen?"

"Wenn du dich zu deinem innersten Höheren Selbst wendest und fragst, wirst du immer die richtige Antwort bekommen."

"Ich kann gut glauben, dass ich das tue, und dann ist die Antwort sowieso falsch." Ich protestierte, ein wenig verärgert. "Wenn du ein Mensch auf der Erde bist, hast du nicht die gleichen Ressourcen wie hier."

"Du spürst, was von innen kommt und was richtig ist", versicherte mir Zar. "Außerdem wirst du das Ergebnis bemerken. Du darfst nicht vergessen, dass dein Ego in dieser Angelegenheit ein Mitspracherecht haben könnte. Wenn das Ego inspiriert, gehen Dinge schief."

"Puh!" stöhnte ich. "Du verwirrst mich so sehr."

"Überhaupt nicht", mischte Shala sanft ein. "Zar meint, wenn es um Geld und Macht geht, muss man auf der Hut sein. Das Wissen aus einem Kanal soll die Liebe ausstrahlen, ohne dass es einer Gegenleistung bedarf. Da hast du das Geheimnis auf einen Blick!"

"In diesem Fall wird es nicht mehr viele ehrliche Hellseher geben", seufzte ich. "Arme, gute, alte Erde, die mit so viel Unkraut gesät wird!"

"Lieber Jan", sagte Zar ernsthaft. "Es geht nicht nur um schöne Worte, sondern auch darum, sie in Taten umzusetzen Jeder kann über Licht sprechen, aber nicht jeder ist Licht oder bringt Licht! Der Grund für helle, liebevolle Worte darf nicht der Gewinn sein. Diese beiden Polaritäten verdrängen sich gegenseitig und zwingen zu unerwünschten Zielen. Lasst die Menschen verschiedene Hellseher besuchen, um unterschiedliche Informationen zu erhalten. Das ist auch eine Möglichkeit zu lernen. Man muss Fehler machen, um zu verstehen, was gut oder schlecht ist. Es gibt viele gute Hellseher. Ich warne dich nur vor dem Einfluss einiger Planeten auf sensible Menschen. Hoppla, jetzt landen wir!"

9. Die Mitternachtsmesse

"Ich habe noch keine Kirche gesehen", bemerkte ich, als die Flügel des Engels ihre weichen Federn wie ein Segel auf dem Boden spreizten.

"Es gibt keine Kirchen in unseren Welten", antwortete Zar. "Warum sollten wir Kirchen brauchen? Wir schickten unseren Bruder, Jesus Christus Sananda, hinunter, um den Menschen auf Erden zu sagen, dass alles eins ist. Alle deine verschiedenen Religionen teilen sich, anstatt sich zu vereinen. Die Kirchen sind ein Ort der Macht für den Klerus. Warum nutzt du die Kirchen nicht für schöne Musik und Lieder und lässt die Menschen in sie hineingehen, um zu beten, ohne die Autorität zu haben, eine Spende im Namen Gottes zu sammeln? — eine Spende, die übrigens nicht immer positiv genutzt wird."

"Sprichst du über Gott im Alten Testament?" fragte ich.

"Natürlich. Du wirst hier keine Kirchen sehen, es sei denn, jemand erstellt ein Hologramm, das einer Kirche ähnelt, in diesem Fall im Niemandsland. Aber es verschwindet genauso schnell. Hologramme sind nicht dauerhaft. Wir haben hier Gebäude, in denen wir uns treffen, singen, tanzen und Licht senden."

"Aber stell dir vor, wie charmant es mit einer Mitternachtsmesse wäre!" versuchte ich es.

"Du wirst eine charmante Mitternachtsmesse erleben, bevor wir mit dieser Reise fertig sind. Dann wirst du wahrscheinlich aufhören, über Kirchen zu reden! Jetzt schau dich um."

Es sah aus, als wären wir auf einem Flugplatz, aber die Start- und Landebahnen hatten keine Ähnlichkeit mit denen auf der Erde, auch wenn überall bunte Lichter blinkten. Shala winkte mir zu folgen, und so betraten wir ein riesiges Gebäude in silbern schimmerndem Glanz, das an ein Observatorium erinnerte. Darin befand sich in der Mitte eine Wendeltreppe. Als wir die Treppe in der Nähe der Decke hochkamen, fanden wir eine Landebahn mit einer Schiene, die um das ganze Gebäude herum verlief. Die Wände waren so dünn und transparent, dass man sich vorstellen konnte, dass man unter freiem Himmel stand. Der Himmel war indigo-farbig, und die Sterne kamen uns so nahe, wie ich sie noch nie zuvor erlebt hatte. Von unserer erhöhten Position aus sahen wir eine gigantische Plattform. Darauf landeten Boote unterschiedlichster Art. Einige von ihnen sahen aus wie fliegende Untertassen, andere wie Zeppeline, und wieder andere waren unmöglich zu vergleichen mit dem, was das menschliche Auge jemals gesehen hatte.

"Wir sind immer noch in der Astralwelt", erklärte Zar, "und das ist ein Landeplatz für Besucher aus dem All. Es gibt Planeten, deren Bewohner die Fähigkeit haben, sich an unsere Frequenz anzupassen, ohne zuerst die Grenze des physischen Todes zu überschreiten."

"Ist dies ein Reich in der Astralwelt?" fragte ich mich.

"Nein", antwortete Zar, "das ist nichts anderes als ein Flugplatz. Hier befinden sich Empfangsgebäude für die Besucher, in denen sie von Engeln geführt und betreut werden. Du hast die Reiche erwähnt, und ich muss dir sagen, dass unweit von hier die "Datenbank" für alle Welten liegt, wie sie in irdischer Sprache genannt wird. Sie ist so groß, dass sie jedes Individuum enthält, das auf der Erde gelebt hat und derzeit dort lebt. Wir werden diese Datenbank nicht zeigen, da sie so umfangreich und kompliziert ist, dass Ungeübte nicht verstehen können, wie sie funktioniert. Zum Beispiel gibt es dort Informationen über alle Leben, die eine einzelne Person seit ihrer ersten Geburt als Mensch gelebt hat. Ohne diese Datenbank könnten wir die akashischen Aufzeichnungen, die von dort abgeleitet sind, nicht anzeigen. Dieses Fachgebiet ist Teil des wissenschaftlichen Bereichs."

"Danke, meine technische Ader ist nicht vorhanden", sagte ich lächelnd, "also werde ich wohl darauf verzichten, dorthin zu gehen. Ich bevorzuge das Reich der schönen Künste."

"Gut, Jan, denn das ist die nächste Anlaufstelle auf unserer Reise", sagte Zar.

"Warum zeigst du mir diesen Flugplatz?" fragte ich.

"Weil es ein Grenzgebiet ist und weil wir einen kleinen Flug machen", antwortete Shala. "Du wolltest ja eine Mitternachtsmesse erleben und wir laden dich zu einer ein — aber ohne Kirche."

Etwas, das aussah wie eine Glaskugel, war hinter uns gelandet. In dieser Glaskugel befand sich eine Tür, und eine Treppe führte hinauf zu ihr. Wir kletterten in das "Flugzeug" und setzten uns hin. Es fühlte sich an wie in einem Hubschrauber, aber der Unterschied war, dass alles aus Glas war — sogar die Stühle, auf denen wir saßen. Was ich hier Glas nenne, war ein transparentes Material, das sich nicht hart anfühlte, wenn man es berührte. Die Sitze waren weich und passten sich unserem Körper an. Es gab keine Anzeichen von einem Piloten. Wo Zar saß, gab es eine Instrumententafel und einige Hebel.

"Du hast keine Angst, oder?" fragte Shala mich ein wenig neckisch.

Ich verneinte es natürlich, denn wovor musste ich Angst haben? Was hatte ich erwartet? Keine Kirche, sondern ein großer Konzertsaal, vielleicht auf einem anderen Planeten. Das Leben nach dem Tod bietet immer wieder Überraschungen, was mir gut passt. Ich erinnerte mich daran, als das Jan-Selbst an einer schweren und damals unheilbaren Krankheit erkrankt war. Zuerst fühlte es sich hoffnungslos an, aber dann entstand mein Widerstand so hoch wie der Eiffelturm. Ich wollte nicht krank sein und langsam welken und sterben, wie ich es in so vielen anderen Landarbeiterfamilien erlebt hatte, wegen des Mangels an Nahrung, feuchten Häusern, viel zu schwerer Arbeit und anderem Elend. Ich erinnere mich, dass ich auf einem Stein im Wald saß und wie verrückt dachte. Ich erkannte, dass ich nicht allzu viel Freude in meinem Haus oder anderswo hatte, aber wenn ich leben würde, würde ich es ihnen zeigen. Also traf ich dort eine radikale Entscheidung auf dem Stein. Ich wollte mich gut fühlen!

Seltsamerweise gelang es mir. Solche Gedanken waren damals völlig unbekannt. Vielleicht hatte ich etwas aus einem alten Buch mitgenommen — ich erinnere mich nicht wirklich. Aber mein ganzes Leben änderte sich, als ich mich erholte und hartnäckig von Verleger zu Verleger wechselte, um meine Bücher drucken zu lassen. Der Gedanke hat sich am Ende durchgesetzt — auch wenn es seine Zeit gekostet hat!

Außerhalb der Glaskugel befand sich der indigoblaue Himmel, bestickt mit so vielen leuchtenden Sternenpailletten, dass sie meine Augen scharfsinnig machten. Ich sah wirbelnde Planeten und Kometen — oder waren es vielleicht Sternschnuppen, die wie Feuerbänke vorbeibrausten? Die Glaskugel rollte in der klaren Atmosphäre herum, und wenn wir nicht eingeklemmt gewesen wären, wären unsere Lichtkörper durch die Turbulenzen sicherlich aufgelöst worden. Doch dieses Rollen war nicht unangenehm, denn der Raum präsentierte ein unglaublich fesselndes Drama, egal in welche Richtung wir schauten — nach oben, unten oder zur Seite. Wir waren umgeben vom Kosmos; wir waren kleine Atome in der Vollkommenheit. Wenn wir schrieen, würden unsere Stimmen nicht einmal so sehr gehört werden wie das Flattern eines Schmetterlingsflügels. Aber wir konnten nicht schreien; unsere Lippen waren versiegelt. Wir nahmen das Universum mit unseren Augen wahr, und unsere Körper sammelten eine bisher unbekannte Energie, die uns nach oben hin ein hohes Bewusstsein gab, am Rande eines urzeitlichen Schocks. Ich fühlte mich, als würde ich von innen heraus explodieren.

Plötzlich kam es. Irgendwo in der Glaskugel öffnete sich eine Klappe, so dass der Schall nach innen fließen konnte. Die Mitternachtsmesse hatte begonnen. Es war die Musik des Raumes, die Obertöne der Sphären, die Harmonien der Engel und die heiligen Chöre der Seraphim. Es war eine Vereinigung von Licht und Klang, die nicht nur in unseren Ohren zu hören war, sondern in unseren ganzen Körper eindrang und unsere Gliedmaßen in nackter Hingabe streckte.

Wir befanden uns in den größten Räumlichkeiten, die Gedanken schaffen können: dem Weltraum. Die Töne suchten uns — nicht umgekehrt. Sie flogen um unser Schiff herum, sie spielten im Kreis, indem sie übereinander parierten, um mit einem Klang aus klarem Kristall in einer Spirale mit uns in der Mitte nach oben gezogen zu werden. Unsere Nervenfasern brodelten und schnitten. Die Kaskade und der Gesang fesselten uns in eine Kathedrale des Klangs. Es war beängstigend schön, aber keine Worte sind in der Lage, das zu beschreiben, was wir in diesem immensen Moment in den Armen des Äthers wirklich erlebt haben.

Zar, Shala und ich waren in der Glaskugel versunken und schwebten in der Luft. Wir schwebten mit den Tönen, und die Töne schwebten in uns. Es gab Geräusche, die ich noch nie zuvor gehört hatte, die in Kaskaden wie von einem gigantischen Wasserfall über mich strömten. "Was sind all die Kirchen und Kathedralen der Erde im Vergleich dazu?" dachte ich. Alles, was ich je gelesen habe, alle Meister der Musik und Kunst, die ganze Kultur der ganzen Welt — was war das alles wert, wenn man es mit diesem erhabenen Moment vergleicht? Vielleicht ist meine Ewigkeit nicht dasselbe wie eure, liebe Erdlinge, aber gerade jetzt sprach sie. Die Ewigkeit erzählte ihre Geschichte! Sie sang von ihrer Unendlichkeit, ihrer bedingungslosen Liebe und ihrer ungeheuren Schönheit. Könnte das süßeste aller Süßigkeiten Schmerzen verursachen? Können Schmerz und Glück in einer so gewaltigen Emotion miteinander verbunden werden, dass das, was wir Tod auf Erden nennen, zu einer Symphonie der Freude wird? Und was sind eigentlich Emotionen? Ich weiß, dass ich meine Gabe, nach der Überfahrt zu fühlen, behalten habe, aber noch nie zuvor hatte ich das Gefühl, dass ich nur aus Emotionen bestehe!

Die Mitternachtsmesse war noch nicht vorbei. Außerhalb der Glaskugel begann es plötzlich zu brennen. Ich setzte mich mit einem Ansatz auf und blickte in den Kosmos hinaus. Unser Schiff war von Flammen umgeben, die nicht wie brennendes Feuer aussahen. Das war kein Feuer aus heißen, brennenden Flammen. Es war ein Feuer aus Farben, das Muster bildete, die dem Rhythmus der Töne folgten. Es war so unvorstellbar schön, dass meine euphorischen Emotionen mich fassungslos machten. Ich setzte mich aufrecht, nahm die Erfahrung auf und wünschte, sie würde nie enden. Ich wollte in diesem kleinen Glaskäfig mitten im Weltraum bleiben, lange nachdem die Mitternachtsmesse verklungen war, denn wie wäre es möglich, dass ich danach zu irgendeiner Art von Existenz zurückkehren könnte?

Die Dunkelheit der Gnade ließ mich für eine kurze Zeit schlafen. Als ich erwachte, landeten wir auf dem Flugplatz und Shala half mir aus dem Schiff. Mein ganzer Körper zitterte.

"Du wirst dich bald an unsere Mitternachtsmessen gewöhnen",

beruhigte sie mich, als meine Tränen ihre Hand benetzten. Ich konnte immer noch weinen.

"Siehst du", fuhr sie mit leiser Stimme fort, "dies war das erste Mal, dass du bei uns warst, und es wird noch viele Male vorkommen. Aber du musst für das höchstmögliche Glück trainiert werden, ebenso wie für alles andere."

"Das muss das Größte sein, was einer Seele passieren kann, außer dem Göttlichen Vater selbst zu begegnen", keuchte ich.

Shala begann zu lachen, so klar wie eine Glocke. "Du musst ihn nicht separat treffen", versicherte sie mir. "Er ist überall und in allem. Du hast ihn in dir, und er war der große Dirigent der Mitternachtssinfonie!"

"Aber ich dachte, er wäre in der Mitte der Kreise der Kosmischen Karte", stammelte ich. "Dort lebt der Große Geist, die Mutter-Vater, nicht wahr?"

"Ja, in der Tat", kicherte Shala. "Natürlich ist er da. Aber er ist auch überall."

Zar schloss sich uns an. Er packte meine Schultern und gab mir einen freundlichen Klaps auf den Rücken. "Er ist in deinen Gedanken, er ist in deinem Herzen, er ist in deinen Augen und in meinen und in den Augen von Shala", sagte er. "Das Allsehende Auge ist Teil deines eigenen Auges, aber dieser Teil hat nicht immer Zeit, sich zu öffnen, wenn du auf der Erde lebst. Und jetzt komme ich zurück zum Thema deiner Kirchen. Es sind die Priester, die den Menschen das falsche Bild vom Vater geben. Er gilt als der Höchste. Aber da er in allen unseren Augen und in allen unseren Herzen ist, kann er nicht höher sitzen als wir, oder? Es ist wahr, dass er seine Existenz in der Mitte unserer Kosmischen Karte hat. Aber von dort aus strahlt er einen Funken auf jede lebende Zelle aus. Jedes Lebewesen enthält die Energien des Schöpfers. Das ist das stärkste Gesetz, das es gibt.

"Und jetzt, Jan, werden wir unsere Reise fortsetzen."

10. Das Reich der schönen Künste

Das Reich der schönen Künste ist auch ein Zentrum der Schöpfung. Von dort aus gehen die Energiestrahlen auf alle Kunstwerke über, die auf der Erde entstehen. Ich habe mich gefragt, warum manche Kunst so hässlich, so niederträchtig und abstoßend ist — aber dennoch heißt sie Kunst. Ist sie wirklich hier entstanden?

"Die Energien, die Künstler auf der ganzen Erde inspirieren, werden von hier aus ausgesandt", antwortete Zar. "Aber um den Künstler in Form von Inspiration zu erreichen, muss die Aura durchdrungen werden. Die Inspiration kann den Künstler nur über die Aura erreichen. Wenn die Aura krank ist oder durch Böses, Drogen oder negatives Denken beeinflusst wird, wird die Inspiration transformiert, wenn sie durch die Interpretation von Bildern durch den Künstler realisiert werden soll. Dementsprechend wird nicht jede Kunst auf der Erde himmlisch oder göttlich. Schau dir nun die Quelle der Inspiration für deine eigene Arbeit an: Bitte dreh dich um, Jan!"

Das tat ich. Zu meinem Erstaunen entdeckte ich das Bauernhaus, in dem ich aufwuchs, das Vieh, das ich pflegte, die Felder, die wir pflügten, die Kirche, in der alle Kinder getauft wurden, und die Wiesen, den Wald und die Seen in der Umgebung. All das erschien um mich herum, sodass ich inmitten eines ganzheitlichen Zentrums meiner eigenen Kindheit stand.

"Hier hast du Kraft und Inspiration gewonnen", flüsterte mir Shala ins Ohr. "Deine einfache, unkomplizierte Kindheit gab dir Kraft, auch wenn du dein Leben oft lästig und unzureichend fandest. Inspiriert von dieser Landschaft, schrieb dein Stift all diese bunten und ausdrucksstarken Worte. Ohne diese Umgebung wären deine Worte zahm und uninteressant gewesen. So ist es für die meisten Künstler. Ihre Kindheit und Jugend charakterisieren sie und geben ihnen Inspiration zum Guten wie zum Schlechten. Aber ihre Hände folgen nicht immer den Bildern in sich selbst. Viele von ihnen schleppen Steine mit sich herum, die ihnen von Leben zu Leben folgen. Aber solche Künstler gehören nicht zum Volk der Sonne und der Sterne — sie gehören nur zu ihrem Ego."

Meine Heimat verschwand und machte Platz für ein Atelier, in dem mehrere Künstler malten. Die Gemälde waren überwältigend. Solche Gemälde von exquisiter Schönheit, die in verschiedenen Stilen und auf unterschiedlichen Materialien gemalt wurden, waren noch nie von irdischen Augen gesehen worden.

"Das ist Kunst, die irdische Künstler in Form von Energien direkt inspirieren wird", sagte Zar uns. "Wir werden sehen, was damit passiert, wenn es an seine Kandidaten geschickt wird."

"Das kann ich dir sagen", sagte ich lachend. "Nicht ein Fetzen all dieser Schönheit wird auf der irdischen Leinwand haften bleiben! Wenn es so wäre, würde es die Menschen verändern und ihr Bewusstsein erhöhen. Ich fürchte, das ist wahrscheinlich nicht der Fall."

Seelen, die Künstler waren oder schon immer sein wollten, landen hier, wenn sie es selbst wünschen. Hier sind die Lehrer und die Möglichkeiten, alle Arten von Kunst zu praktizieren. Wenn Sie hier herumlaufen, sind Sie von der Vertrautheit der Gemälde an den Wänden beeindruckt. Berühmte terrestrische Künstler, die sich nicht wieder auf der Erde verkörpert haben, teilen ihre Erfahrungen und Fähigkeiten. Weniger bekannte Künstler erhalten einen Neuanfang.

Die Umgebung verblasste schnell und machte Platz für eine Reihe von Räumen um mich herum. Es gab alles: von einer spärlich eingerichteten Dachkammer bis hin zu einer prächtigen Bibliothek. Dies waren Autorenworkshops. Auf einem großen Tisch lagen Unmengen von Büchern. Ihre Titel waren fantastisch, und irgendwie wusste ich, dass es perfekte Bücher waren. Es waren Bücher, die nie geschrieben worden waren. Es waren Bücher, die die Welt revolutionieren würden, die alle vorher festgelegten Meinungen umstürzen, Nägel in die riesigen Särge der Religionen schlagen und den Weg für eine neue, positive und andere Lebenseinstellung ebnen würden. Es gab Bücher für Kinder und Erwachsene. Aber einige Titel waren sehr nahe an Büchern, die es bereits auf der Erde gibt und die kürzlich dort veröffentlicht wurden. Das war der Trend, der gerade auf der Erde erwachte, das war die spannende Lektüre der Zukunft.

Ich wollte hier bleiben. Ich stöberte in den Bänden auf dem Tisch herum. Ich genoss es, sie zu halten, ihr Gewicht oder ihre Leichtigkeit zu spüren und die Worte aufzunehmen, die mir ins Auge fielen. Ich fand unter all diesen Büchern keine Bibel, sondern ein dickes Religionsgeschichtebuch, mit vergoldeten Rändern und wunderbaren Bildern. Ich blätterte bis zum Ende durch. Die letzte gedruckte Seite enthüllte, wie alle Religionen im Begriff waren, zu einer einzigen zu verschmelzen. Lebensphilosophie, bei der eine einzige Kraftquelle durch jedes lebende Individuum herrschte. Ich sah Shala fragend an.

"Dieses Buch berührt bestimmte Zukunftsvisionen", erklärte sie mit sanfter Stimme. "Es zeigt das Ziel, das wir anstreben."

"Kann ich eine Weile hier bleiben?" fragte ich. "Du kannst mich später abholen, oder?"

Aber Shala schüttelte den Kopf.

"Es wird dich nirgendwo hinbringen, es ist nur eine Verschwendung unserer Zeit. Das ist dein persönliches Interesse, aber deine Leser wollen weitermachen und mehr lernen. Zar wartet auf uns im Engelsreich, in der Ätherischen Welt — also, gehen wir dorthin!"

11. Im Reich der Engel

Wieder erlebte ich Wolken oder Nebel. Wie ein schierer Schleier aus Blau, Rose und Violett wickelte er sich so fest um uns herum, dass ich nicht einmal mehr die Konturen von Shala sah, ich spürte nur noch den festen Griff ihrer kleinen Hand. Es erinnerte mich an die Art von Rauchschürzen, die sowohl auf der Bühne als auch im Kino eingesetzt werden. Ich begann darüber nachzudenken, ob ich schließlich der irdische alte Jan war, der nicht gestorben war, sondern die ganze Sache träumte. Die Realität verschwimmt, wenn man durch die Reiche der Träume geht. Ich begann, an meiner Realität zu zweifeln und fragte mich, wo sie zu finden war.

"Du musst mir vertrauen, Jan", sagte Shalas entschlossene Stimme. "Du verdrehst deine Augen, weil du es nicht wagst, der zu sein, der du jetzt bist: derjenige, der auf der anderen Seite des Lichtportals ist. Schau jetzt auf, mein Freund! Das ist deine Realität."

Sicherlich war es hell. Schöne Musik war zu hören, und meine Nase roch nach den angenehmsten Düften, würzig und aromatisch. Natürlich müssen Engel Flügel haben — das konnte ich nicht übersehen. Zumindest das ist es, was seit jeher in alten Büchern, in Reproduktionen und in Kirchen dargestellt wird. Engel *müssen* Flügel haben!

Aber hier liefen die in leichte Kleidung gekleideten Figuren in einem paradiesisch schönen Park herum — es war wie in einem französischen Gemälde aus dem 18. Jahrhundert — und nicht ein einziger von ihnen hatte Flügel. Aber ich sah ein Licht um sie herum, einen Heiligenschein, eine Aura, oder wie auch immer es genannt werden mag.

"Es ist ihre Ausstrahlung", erklärte Shala mit einem Lächeln. "Du scheinst immer noch schrecklich an irdische Dinge gebunden zu sein. Jetzt kannst du dich wirklich zusammenreißen und ein neues Denken entwickeln. Ich habe dich absichtlich in diesen Park gebracht, damit du die Engel in Ruhe studieren kannst. Ich dachte, du hättest das Ding mit den Flügeln verstanden. Dies ist eine kreative Welt. Wenn du Flügel für einen bestimmten Zweck brauchst, erschaffst du sie."

"Die Rücken dieser Engel sehen zu schwach aus, um Flügel zu tragen", unterbrach ich. "Du müsstest ein Muskelmann sein, um sie zu kontrollieren."

"Würdest du Hummeln Muskelmänner nennen?" fragte Shala in einem fröhlichen Ton. "Stell dir die dünnen, schlanken Flügel vor, die ihre prallen, festen Körper tragen. Aber sie funktionieren! Deine physikalischen Gesetze gelten hier nicht, und doch kehrst du immer wieder zu ihnen zurück, Janne. Vergiss das Alte und akzeptiere das Neue. Du bist dabei, etwas ganz Neues und Wunderbares zu lernen. Dann musst du auch die Magie akzeptieren, die für uns einfach ist, aber als Wunder auf der Erde bezeichnet wird. Jolith ist der lebende Beweis dafür. Sie nutzt unsere Magie, um zu wachsen, und trägt uns auf ihren starken Flügeln durch den Raum. Aber jetzt wollen wir mit unserer Expedition fortfahren."

Man kann hier nicht über Städte sprechen, auch wenn eine beträchtliche Ansammlung von Häusern auf der Erde als Stadt bezeichnet wird. Ich würde lieber Worte wie Treffpunkte oder Sammelplätze verwenden. Die hier vorhandenen Gebäude bestehen aus Schulen, Konzertsälen, Bibliotheken und Rathäusern. Diese Gebäude dienen nur kulturellen und entwicklungspolitischen Zwecken. Shala und ich machten eine kurze Reise, die mir ein Gesamtbild von dem, was auf unserer Kosmischen Karte ist, gab.

Wahrscheinlich haben sich meine Leser gefragt, wie die Meister und die Engel leben und wie diese Welten aufgebaut sind wie der Rest. Wie die Einheimischen ihren Alltag leben, willst du wissen, denn du denkst immer in irdischen Begriffen. Es gibt keinen Tag und keine Nacht in diesen Welten, aber es gibt Ruhe. Jeder hat das Recht auf Ruhe und Erholung, wann immer er will. Da es weder Zeit noch eine Unterteilung der Zeit in Tage und Stunden gibt, können wir unsere Existenz hier als *"ewige Existenz"* bezeichnen. Vielleicht klingt es für menschliche Ohren langweilig, aber ich kann dir versichern, dass es ein sehr aufregendes, aktives und angenehmes "Dasein" ist.

Wenn wir einen Rundgang durch die Engelshäuser machen würden, hätten wir wahrscheinlich eine große Herausforderung. Häuser für Meister und Engel sind jene Häuser, die jeder Einzelne in einer reichen und sich verändernden Landschaft für sich selbst erschafft. Sowohl die Ätherische als auch die Astrale Welt befinden sich in gigantischen Naturräumen, scheinbar ohne Anfang und Ende. In diesen Bereichen können wir die Umgebung schaffen, in der wir uns zu Hause fühlen. Wenn du die alte Umgebung leid bist, die viele in Übereinstimmung mit ihrem letzten Zuhause auf der Erde erschaffen, ist es leicht, sie aufzulösen. Danach kannst du etwas Neues bauen oder dich von Ort zu Ort bewegen. Große und schöne Etablissements, die man höchstwahrscheinlich "Hotels" nennen würde, befinden sich hier, dort und überall. Es ist schwierig, sie zu beschreiben, außer als ein ausgezeichnetes kollektives Leben, in dem jeder willkommen ist und in dem es immer einen bequemen Raum gibt, in den man sich zurückziehen kann, so lange man will. Wenn man Gesellschaft sucht, gibt es sowohl kleine als auch große Aufenthaltsräume und Meditationsräume. Es ist schwierig, die Ätherische Welt näher zu beschreiben, da sie so wechselhaft ist.

Die Astralwelt ist in viele Reiche unterteilt, aber wir haben nur die wichtigsten aufgenommen. Man könnte sagen, dass die Astralwelt etwas weniger ätherisch ist als die Reiche der Engel und Meister. Es gibt noch einen weiteren Unterschied: In der ätherischen Welt ist es nicht notwendig, irgendeine Art von Form zu haben. Es ist freiwillig und vollständig an die Wünsche des Einzelnen angepasst. Aber für mich fühlt es sich immer etwas seltsam an, wenn eine unsichtbare Seele mit mir spricht. Ich bevorzuge es, sowohl selbst sichtbar zu sein als auch mit sichtbaren Freunden zusammen zu sein. Die unsichtbaren Seelen zeigen ihre Anwesenheit als eine Lichtstrahlung. Manchmal nimmt ihr Licht Gestalt an und wird zur Form. Auch das kann ich erreichen, weil es manchmal praktisch ist, besonders wenn man eine Mission auf der Erde hat. Die Seele strahlt immer eine Aura aus, die mehr oder weniger blass ist. Wenn Sie nicht gesehen werden wollen, bewegt sie sich ganz bequem auf Boden- oder Deckenhöhe.

Ich habe das Wort "Schule" in verschiedenen Zusammenhängen verwendet: die Engelsschule, die Schulen der Astralwelt und so weiter. Was ich "Schulen" nenne, entspricht ganz sicher nicht den physischen Schulen auf der Erde. Ich habe erst von der "Schule" im Sinne eines Ortes begonnen, an dem Wissen erworben wird. Die Schulen in der Astralwelt verwalten die Entwicklung der menschlichen Seelen. Wenn eine Seele im Niemandsland um Hilfe bittet, um fortzufahren, landet sie sofort in einer solchen Schule. Dort wird die Seele zu dem Ziel entwickelt, das sie sich selbst wünscht, in Absprache mit hilfsbereiten Engelswesen.

Die Engelsschule in der ätherischen Welt hat einen anderen Zweck, aber das habe ich dir bereits gesagt. Sie bildet und entwickelt jene Wesen, die sich entschieden haben, sich nicht mehr zu inkarnieren, sondern in einem Bereich weitermachen wollen, den sie selbst wählen. Zum Beispiel werden dort die verschiedenen Seelengruppen über ihre gemeinsame Aufgabe und ihre individuellen Missionen unterrichtet, zu denen auch eine irdische Mission gehören kann. Die Novizen in der Lichtstadt Shamballa, im Reich der Meister, brauchen in der Engelsschule eine sehr lange Vorbereitungszeit, bevor sie die höhere Bildung aufnehmen können.

Mitten auf unserer Hausbesichtigung verspürte ich einen plötzlichen Durst. "Ist es möglich, hier etwas zu trinken zu bekommen?" fragte ich Shala und schämte mich fast. Sie lachte.

"Bedien dich selbst, wir servieren sowohl Essen als auch Trinken", sagte sie. "Wenn wir Essen oder Trinken zu uns nehmen wollen, erschaffen wir es. Was wir schlucken, ist so beschaffen, dass es sofort in unseren ätherischen Körpern aufgenommen wird und ohne Spuren zu hinterlassen aufgelöst wird."

Sie reichte mir eine Tasse aus dem Nichts, und ich trank gierig. Es schmeckte wunderbar und fühlte sich erfrischend an.

"Ich dachte, du hättest das inzwischen gelernt", schimpfte Shala. "Du bist dein eigener Schöpfer, und deine Wünsche werden in vernünftigen Grenzen erfüllt. Wenn wir in der wunderschönen Natur wandern wollen, tun wir das. Wenn wir schnell vorankommen wollen, tun wir das mit der Gedankenkraft."

Ich habe bereits erwähnt, dass die "Krankenhäuser" hier für schlafende Seelen sind, die eine aufklärende und hilfreiche Behandlung benötigen. Viele, die hinübergegangen sind, glauben immer noch, dass sie krank sind und ihre irdischen Probleme nicht zurücklassen können. Wir haben erfahrene Heiler. Viele von ihnen waren Ärzte auf der Erde, und sie helfen den Menschen weiterhin, sowohl hier als auch über irdische Medien.

Es gibt kein bestimmtes Reich für die Wiedervereinigung der Seelen. Dies kann in allen Welten geschehen. Eines der ersten Dinge, die die Seelen nach ihrer Ankunft hier fragen, ist: "Darf ich meine Frau, meinen Mann, meine Mutter oder meinen Vater sehen?" usw. Manchmal kommt es zu unmittelbaren Wiedervereinigungen. Manchmal dauert es lange — der Vermisste könnte sich wieder inkarniert haben. Hier geht es darum, dass sich die individuelle Seele nach ihren Wünschen und Fähigkeiten entwickelt, völlig unabhängig von ihrem letzten Leben auf der Erde. Eine Befreiung von den Nächsten und Liebsten muss stattfinden, auch wenn sie sich hart anfühlt. Wir können nicht von einem stark gebundenen Gefühlsleben abhängig sein, das an andere Personen gebunden ist als unseren eigenen Dual. Aber es kommt tatsächlich vor, dass wir hier Fälle von "Romeo und Julia" bekommen. Dann erlauben wir ihnen, für einige Zeit zusammen zu sein, bis sie verstehen, dass sie einzigartige Seelen sind, von denen jede ihren eigenen Weg wählen muss. Wenn es durch Zufall geschieht — und das passiert ziemlich oft -, dass sie derselben Seelengruppe angehören, dürfen sie in der Gemeinschaft weitermachen und Allliebe, die es dort gibt. Menschen, die gemeinsame Probleme ausräumen müssen, um weiterzukommen, erhalten Hilfe von den Engeln. In diesen Fällen hat Musik auch eine heilende Wirkung.

Was den Bereich der Wissenschaft betrifft, in den wir hineinflogen und aus dem wir genauso schnell wieder herauskamen, so sind die Dinge viel zu kompliziert, um sie zu vertiefen. Es ist ein Bereich, in dem Ideen geboren werden und in dem diese Ideen auf einer ätherischen Ebene in der Praxis getestet werden. Ich war noch nie von der Wissenschaft angezogen worden, aber ich bewunderte die schönen öffentlichen Gebäude, von denen jedes ein architektonisches Meisterwerk ist.

Das Reich der Wissenschaften ließ mich Shala fragen, was das Wort "Religion" in diesen Breitengraden bedeutet.

"Religion", schnaubte sie, "ist hier nicht erlaubt. Wie würde es aussehen, wenn jede Seele verschiedene Götter anbeten würde? Hier ist nur ein Schöpfer; was sollen wir also mit einer Ladung religiöser Symbole machen? Dein Christus wirkt in Shamballa unter dem Namen Sananda. Er ist auch eines der Mitglieder des Galaktischen Rates, zusammen mit Buddha und vielen anderen hoch entwickelten Geistern. Wir haben keine Kirchen, keine Moscheen und keine Synagogen.

"Das Wort "religio" bedeutet, Gott anzubeten und sich um ihn zu sammeln. Das kannst du unter dem Dach des gesamten Universums tun — dafür braucht es kein bestimmtes Gebäude!"

Das Bankett

"Ich hoffe, du hattest einen lehrreichen Moment mit Shala", sagte Zar und umarmte mich. "Wir haben ein Bankett zu deinen Ehren arrangiert. Du wirst die Erzengel und die Elohim treffen."

"Es ist das Gleiche, nicht wahr?" fragte ich.

"Auf keinen Fall", antwortete Zar. "Die sieben Erzengel — die heute übrigens ihre Zahl auf neun erhöht haben — und die sieben Elohim haben ganz unterschiedliche Aufgaben. Bitte komm mit mir in den Bankettsaal und ich werde es dir genauer erklären."

"Ein Bankett zu meinen Ehren?" wiederholte ich, überrascht. "Das fühlt sich nicht richtig an, weil ich ein ziemlich bescheidener Mann bin."

"Mein kleiner Witz", sagte Zar lächelnd. "Aber in gewisser Weise ist es wahr. Die Engel lieben es, Feste zu organisieren. Da du ein Autor mit Informationen bist, die du von hier aus vermitteln kannst, haben sie keine Zeit gebraucht, um eine Party zu organisieren."

Soll ich das Gebäude eine Pyramide nennen? Es war gigantisch, und das Material war eine Mischung aus Gold und Glas (in irdischen Worten). Es war pyramidenförmig, und vier kleine Pyramiden liefen aus ihm heraus, eine von jeder Seite. Bislang hatte ich den Blauen Saal und den Goldenen Saal im Stockholmer Rathaus als die prächtigsten Räume betrachtet, die ich je gesehen hatte. Jetzt hatte ich Zweifel. Ich kann eine Inneneinrichtung, die auf der Erde noch nie gesehen wurde, nicht mit Worten beschreiben. So muss es manchmal sein, ein wortreicher Autor schweigt. Es gab jedoch lange Tische mit goldgeflochtenen Tischdecken und hochlehnigen Stühlen. Glas, Porzellan oder Besteck waren nicht zu sehen. Andererseits war ich nicht besonders hungrig. Man war schon allein dadurch voll, dass man die ganze Pracht sah.

Zar gestikulierte mir, mich mit ihm, Shala und Jolith an eine der Längsseiten des Tisches zu setzen. Als ich weit oben auf das Spitzdach blickte, konnte ich keine Lampen sehen. Ein weiches und wunderbares Licht schien nach unten und färbte den Saal in eine helle Rose. Entlang der Wände befanden sich doppelte Reihen von Balkonen oder Brüstungen.

"Hör mir zu", drängte Zar und streichelte meinen Arm. "Du wolltest den Unterschied zwischen Elohim und Erzengeln kennen. Die Erzengel arbeiten vor allem mit der Erde. Elohims Missionen richten sich über unser ganzes Universum — über alle Galaxien, Planeten und Sterne. Elohim verwalten unser Universum, indem sie mit den regierenden Energien in der Ganzheit arbeiten. Die Erzengel tun dasselbe auf eine greifbarere Weise mit der Erde, der Sonne, dem Mond und ein paar anderen Planeten. Warum?

Nun, weil die Erde jetzt besondere Hilfe braucht. Es geht darum, die Erde zu retten, die nächste Atmosphäre um sie herum und die nächsten Konstellationen, sodass der komprimierte Giftstrom, den die Erde in den Kosmos freisetzt, nicht alles um sie herum zerstört. Ich verspreche dir, es ist eine enorme Aufgabe, die sie sich vorgenommen haben. Aber es gibt viele von uns, die helfen."

"Beherrschen die Elohim und Erzengel ihre jeweiligen riesigen Räume als eine Art Helfer für den Großen Geist?" fragte ich. "Sind sie die Herren der Welt und des Universums?"

"Was für eine Art zu reden!" rief Zar aus und runzelte die Stirn. "Denke nicht mehr in Machtsymbolen! Solche Gedanken sind hier nicht erlaubt. Wir sind nicht an einer politischen Organisation oder kosmischen Mafia beteiligt. Jemand muss organisieren und verwalten, nicht wahr? Das hat nichts mit Macht zu tun, nur mit Recht und Ordnung."

"Aha!" legte ich ein, wie immer in der Stimmung. "Wer führt das Gesetz ein? Ist es vielleicht eine Art kosmischer Oberster Gerichtshof? Recht und Ordnung klingt so verdammt legal."

"Du hast deinen Ursprung beibehalten", antwortete Zar geduldig. "Du würdest nicht hier an meiner Seite sitzen, wenn du nicht von Anfang an erschaffen worden wärst. Wer hat dich erschaffen, du winziger Funke im Kosmos?"

"Der Große Geist natürlich", antwortete ich etwas verwirrt.

"Und du kannst dir unmöglich vorstellen, dass Er, als Er sein Universum erschuf, es mit Recht und Ordnung zu tun hatte? Irgendwo muss etwas das Chaos verhindern, und das hat nichts mit Macht oder Rechtsprechung zu tun."

"Aber was dann?" versuchte ich. "Alle anderen alten Männer wurden hinzugefügt. Gab es zu diesem Zeitpunkt nicht schon ein Risiko der Diskriminierung?"

Nun lachte Zar herzlich, ebenso wie Shala und Jolith. Ich konnte überhaupt nicht verstehen, worüber sie so amüsiert waren. Ich versuchte, die Bedeutung von Recht und Ordnung im Universum zu verstehen. Es ist nicht so einfach, wenn man noch einige Stücke des irdischen Menschen in seinem ätherischen Kopf hat. Ich lehnte mich zu Zar hinüber.

"Hör zu", sagte ich leise, "Ich habe einige Leute über Treffen mit Engeln sprechen hören. Einer von ihnen sprach von Flügeln, aber die anderen beiden behaupteten, dass Engel wie normale Menschen aussehen. Einer meiner Freunde wurde aus einem Auto gerettet, das auf einer rutschigen, verlassenen Straße mit einer Felswand kollidierte. Ein Mann, der völlig normal aussah, zog ihn schnell aus dem Auto, bevor es explodierte. Als es explodierte, war mein Freund bereits weit weg vom Fahrzeug. Doch er wusste, dass die Kollision und die Explosion gleichzeitig stattfanden. Wie hat der Fremde ihn aus dem Auto geholt? Zuerst dachte mein Freund, er sei ein Holzfäller, aber der Retter war ordentlich mit einem dunklen Mantel und einem Filzhut bekleidet. In einem Moment war der Retter hinter meinem Freund, genau in der Mitte der Explosion — im nächsten Moment war er völlig verschwunden und das kollidierte Auto war wahrscheinlich 20 Meter entfernt. Es gab nur eine Erklärung: Der Retter war ein Engel!"

"Ich habe dir gerade gesagt, dass Engel gut in allen Arten von weißer Magie sind", sagte Zar. "Es kommt oft vor, dass Engel, die in einer Notsituation bereit sind, die Form dessen annehmen, was man einen "normalen" Menschen nennt. Das liegt daran, dass sie die Notleidenden nicht erschrecken wollen. Schau her!"

Ein kleiner Junge in einem weißen Hemd und einer hellbraunen Hose kam auf uns zu und begrüßte mich freundlich. Er brachte ein Mädchen mit, das Jeans und eine blumige Bluse trug. Der Junge war blondhaarig, mit einem offenen skandinavischen Aussehen. Das Mädchen hatte rotes Haar, Sommersprossen auf der Nase und schelmische blaue Augen. Sie sahen extrem irdisch aus. Waren es Neuankömmlinge in dieser Welt?

Kaum hatte ich Zeit, meinen Gedanken zu beenden, verwandelten sich die beiden Jugendlichen vor meinen staunenden Augen in Wesen, die helle, pastellfarbene Kleider trugen, die denen entsprachen, die ich trug. Aus ihrem dünnen Rücken sah ich riesige weiße Flügel langsam auftauchen! Ich hatte gelernt, dass solche Dinge passieren können, aber ich hatte es noch nie zuvor erlebt. Die Magier auf der Erde wären grün vor Neid gewesen, wenn sie das gesehen hätten!

"Eine kleine Vorstellung, nur für dich", lachte Shala. "Manchmal ist es für dich so schwer zu verstehen, dass wir es dir in der Praxis zeigen müssen! Genauso schnell wie diese beiden sich verwandelten, sind sie in der Lage, Rettungsaktionen durchzuführen, vorausgesetzt, die Notleidenden werden weiterleben."

Verwirrt, aber auch voller Aufregung und Freude erlebte ich dieses unvergleichliche Bankett. Engel existieren nicht nur, sie sind eine Tatsache, mit der man in unserem gesamten Universum — und in anderen Universen — rechnen muss. Sie leben in einer Welt von perfekter Schönheit. Die Engel haben ihre Aufgaben in einer unglaublichen Anzahl von Bereichen, und jeder von ihnen erfüllt seine Aufgaben in vollkommener bedingungsloser Liebe. Viele gute Menschen auf der Erde werden direkt in das Engelsreich gebracht, wenn sie sterben. Wenn sie wollen, können sie Schutzengel werden oder Engeln helfen. Aber es gibt auch viele andere "Ausbildungen", zwischen denen man wählen kann.

"Viele gute Menschen werden zu Engeln", kommentierte ich Zars lange Abhandlung über Engel. "Ich glaube nicht, dass ich besonders gut bin oder in meiner letzten Inkarnation so gewesen bin. Ich war ein Schurke, und ich war gut darin, zu schimpfen..."

"Sei still, Jan!" ermahnte Zar. "Es ist nicht dein äußerer Mensch, um den wir bitten. Das ist nicht derjenige, der jetzt hier sitzt. Niemand, der in diesen Welten wirklich helfen will, ist zu unbedeutend oder zu ignorant. Aber wir verlangen Mitgefühl und Liebe, auch wenn sie manchmal so tief im Inneren ist, dass wir sie mit einer Zange herausziehen müssen."

Plötzlich standen alle an den Tischen auf und sangen etwas, das in meinen profanen Ohren wie "Heil" und "Kyrie eleison" klang. Jedenfalls fühlte es sich feierlich an.

Von einem der Balkone unter dem Dach der Pyramide stieg eine Treppe zur Halle hinab. Eine Truppe von blau gekleideten Figuren gleitet die Treppe hinunter. Mein Herz begann heftig zu schlagen, ohne dass ich den Grund dafür verstand. Die Truppe kam an den Tischreihen vorbei, direkt in Richtung des mittleren, wo wir saßen.

"Schau dir dein Kleid an, Jan", flüsterte Shala.

Ich blickte auf den Umhang, den ich trug. Man könnte es genauso gut einen Burnus nennen, dachte ich, eines dieser Kleider, das bis zu den Füßen reicht, mit einer Schnur um die Taille. Ich habe mich immer gefragt, wie Araber es auch in der heutigen Zeit ertragen können, solche Kleider zu tragen. Was ist, wenn sie weglaufen müssen? Was tragen sie darunter? Wie auch immer, hier fühlte sich mein Umhang leicht und natürlich an, also beklagte ich mich nicht. Meins leuchtete blau. Ich entdeckte, dass mein Umhang der einzige blaue in Sichtweite war, außer der blau gekleideten Gruppe, die sich unserem Tisch näherte. Das war natürlich ein bisschen seltsam.

Die Gruppe hielt vor mir an. Die Musik hörte auf. Es war atemberaubend still in der großen Halle. Ich untersuchte diese Wesen, die aus Männern und Frauen bestanden, alle gekleidet in die gleiche Art von blauen Mänteln wie meiner. Ich war schockiert. Ich kannte sie. Jedes einzelne Gesicht, das mich anlächelte, gehörte einem lieben Freund, der mir nahe gestanden hatte. Ich brach in Tränen aus und umarmte sie einen nach dem anderen.

"Das ist deine Seelengruppe, Jan!" hörte ich Zar erklären.

Meine Seelengruppe! Meine liebsten, besten Freunde! Menschen, mit denen ich zusammengelebt hatte, sowohl hier als auch auf der Erde. Die Freude über die Wiedervereinigung war mir fast zu viel. Aber sie setzten sich alle an unseren Tisch, und das Bankett ging weiter.

Jetzt erinnerte ich mich. Es war, als ob mir ein Schleier aus den Augen fiel und ich verstand, wohin ich gehörte, wer ich war. Diese Menschen — denn für mich waren es Menschen — und ich waren mit untrennbaren Bindungen verbunden. Wir waren eine große Gruppe, aber nicht alle von uns waren da; einige blieben auf der Erde. Nun erinnerte ich mich an jeden einzelnen von ihnen, was sie mir bedeutet hatten, warum wir uns zusammen verkörpert hatten und all die wunderbaren Pläne, die wir hier für das nächste Leben hatten. Es war uns nicht gelungen, unsere großen Pläne auf der Erde zu verwirklichen, wo unser irdischer Wille, unsere irdischen Unterschiede in Charakter und Verhalten uns zu Fremden gemacht hatten. Doch manchmal waren wir uns sehr nahe gewesen, verbunden durch eine Erinnerung, an die wir uns nicht wirklich erinnern konnten. Es war dort, in den Tiefen, aber die Tiefen waren bewölkt.

Nun verstand ich auch intuitiv, dass mein irdisches Medium zu dieser Gruppe gehörte, und das war der Grund, warum sie mich so schnell wahrnahm. Wir alle wussten, dass es nicht sicher war, ob unsere Botschaft, die wir von hier mitbrachten, während unseres irdischen

Lebens entstehen würde, und wenn sie es nicht täte, müssten wir von vorne anfangen.

Wir waren zusammen Berge bestiegen, sowohl körperlich als auch geistig. Wir wussten auch, dass wir diejenigen von uns, die derzeit noch auf der Erde leben, beeinflussen und unterstützen können.

Das war zu schön, um wahr zu sein! Ich weinte und lachte, und wir sprachen alle auf einmal, ohne ein Wort zu sagen. Es gab sozusagen einen lauten Gedankenaustausch. Wenn du dich daran gewöhnt hast, telepathisch zu kommunizieren, bemerkst du den Unterschied nicht wirklich.

Meine Seelengruppe trug verschiedene Blautöne. Alle ihre Gesichter waren so unterschiedlich, so bekannt, so geliebt. Wir waren nicht alle verwandt. Ich konnte nur einen Verwandten finden, der mir in meiner letzten Inkarnation nahe gestanden hatte, der aber eines vorzeitigen Todes starb — meine geliebte Schwester Karin. Es war eine große Freude, sie unter den blauen zu finden!

Über Seelengruppen und Zwillingsseelen

Und dann, was ist eigentlich eine Seelengruppe? Es ist etwas so Wichtiges, lieber Leser, dass du jedes Wort, das ich jetzt sage, aufnehmen und verstehen musst:

Eine Seelengruppe ist eine Gruppe von Menschen mit zwischen 25 und 50 Individuen. Alle von ihnen sind Engel auf dieser Seite, aber nicht alle von ihnen haben unbedingt ihr Karma auf der Erde erfüllt. Oft wird eine Gruppe aus der Seelengruppe herausgenommen und mit der Inkarnation auf der Erde für etwa den gleichen Zeitraum beauftragt. Einige von ihnen werden älter, andere jünger, aber früher oder später werden sie sich treffen und einander erkennen. Das Gefühl der Anerkennung unter ihnen ist sehr stark. Zur Zeit auf der Erde haben sich viele solcher Gruppen in mehreren Ländern getroffen und begonnen zu verstehen, dass sie zusammenhalten müssen und dass sie eine gemeinsame Aufgabe haben.

Es ist schwierig, dies zu erklären, ohne zu berücksichtigen, wie viel Bewusstsein bei einigen gewachsen ist, während andere sich noch an der gleichen alten Stelle befinden. Viele Faktoren kommen ins Spiel, vor allem aber das eigene Denken der Menschen. Es gibt Individuen, die zu einer Seelengruppe gehören, aber aus verschiedenen Gründen blockieren sie ihr Denken und isolieren sich dadurch von den anderen. Wenn ja, ist es wichtig, dass jemand aus der Gruppe sie erkennt und ihnen hilft, aufzuwachen. Im Engelsreich in der ätherischen Welt werden sie immer wieder zu ihrer Seelengruppe zurückgebracht, wenn sie hinübergehen. Einige von ihnen benötigen vielleicht vorher etwas mehr Training, damit ihre Erinnerung funktioniert. Ich brauchte das.

Es ist ganz offensichtlich, dass man, um von der Erde direkt in die ätherische Welt kommen zu können, ein stark erhöhtes Bewusstsein braucht. Man kann nie sicher sein, dass all jene Menschen, die sich mit ihren Kontakten zu Meistern und Erzengeln rühmen, wirklich dieses erhöhte Bewusstsein haben. Es ist möglich, dass diese "falschen Propheten" zu einer Seelengruppe gehören und dass sie sie vermissen, ohne zu verstehen, wonach sie suchen. Hier kommt das Ego ins Spiel, und es könnte für sie leicht sein, auf den falschen Weg zu kommen. Einige Seelengruppen versuchen oft, ihre verlorenen Schafe vor und nach der Überfahrt auf den richtigen Weg zu bringen. Im Moment sind positive Dinge geschehen, denn die Menschen beginnen immer mehr aufzuwachen. Seelengruppen ist es gelungen, ihre Schwestern und Brüder auf der Erde zur Anerkennung zu bewegen. Oftmals ist das Ergebnis davon die Bildung von Gruppen gewesen. Es wird ein neues Zeitalter auf Erden kommen, und dann werden alle diese Gruppen die lebendigen Traditionen, die Verbindung und die Gemeinschaft mit ihren verwandten Seelen hier aufrechterhalten. Auf diese Weise entstehen viele Gruppen, die die Verbindungen zwischen Himmel und Erde stärken. Die Engel, die in den Seelengruppen sind, können auch mit anderen Planeten verbunden sein.

Gehört jeder Mensch zu einer Seelengruppe? fragt sich der Leser wahrscheinlich. Die Antwort ist nein. Hast du dir jemals die Frage gestellt: "Wer bin ich, und was will ich mit meinem Leben?" Wenn ja, dann wurdest du vielleicht mit einer Mission der Freunde hier auf die Erde geschickt. Dementsprechend stammen diejenigen, die zu einer Seelengruppe gehören, aus dem Reich der Engel, und niemand auf der Erde weiß mit Sicherheit, dass sie dort hingehören. Die ganze Zeit ist es eine Frage der Intuition, da das Unterbewusstsein das Trumpf-Ass hält.

Was kann eine irdische Seelengruppe erreichen, wenn einige von ihnen erfolgreich wieder zueinander finden? Antwort: Meditation, Hilfe in Form von Heilung und Gespräch. Man kann sich gemeinsame Aktionen verschiedener Art vorstellen, und nicht zuletzt ein Netzwerk zwischen den Gruppen. Es ist schwierig, Ratschläge zu geben, da so wenige Menschen wissen, dass sie zu einer Seelengruppe gehören. Aber in den Städten ist diese Art von Arbeit dringend notwendig. Die Städte zerstören die Menschen. Langsam, aber stetig muss eine Migration zur Natur und zum natürlichen Leben stattfinden. Die Natur spielt eine wichtige Rolle in der Evolution des Menschen, denn wenn man in Harmonie mit ihr lebt, hat man ein schärferes Ohr für die Botschaften, die von einer Seelengruppe kommen.

Im Engelsreich werden die Seelengruppen mit verschiedenen Farben oder Symbolen bezeichnet. Wie ich bereits erwähnt habe, kann es einige Mitglieder geben. Aber man stelle sich vor, dass sieben oder acht Menschen auf der Erde sich gegenseitig erkennen und wissen, dass sie zusammen gehören. Was dann passieren könnte, ist, dass eines der Mitglieder behauptet, dass ihre beste Freundin auch zur Gruppe gehört, aber die anderen werden das nicht akzeptieren. Mit anderen Worten, es ist nicht möglich, Seelengruppen auf der Erde zu bilden. Nur eine unwiderrufliche, unbestreitbare Anerkennung aus den tiefsten Herzkammern der beiden Mitglieder ist ein solides Zeichen der Verwandtschaft. Wird ein Dritter hinzugefügt, muss sich diese Person für die beiden anderen Personen gleich fühlen und umgekehrt. Es ist etwas kompliziert, nicht wahr?

Eine weitere wichtige Sache ist das irdische Missverständnis der Zwillingsseelen. Bereits in den letzten Jahren meines Lebens auf der Erde, in den 1960er Jahren, waren Ausdrücke wie "Zwillingsseele" oder "Dual" oder "Zwillingsflamme" beliebt. Ich möchte eine neue Interpretation geben, die hier verwendet wird.

Die Mitglieder einer Seelengruppe begleiten sich über Jahrhunderte — ja, sogar Jahrtausende — und sie werden untrennbar miteinander verbunden, egal ob sie hier oder auf einem anderen Planeten leben. Was liegt dann näher, als dass die Anerkennung, die auftritt, wenn sich zwei Menschen unterschiedlichen Geschlechts aus derselben Seelengruppe irgendwo anders als hier treffen, als ein Beweis dafür interpretiert wird, dass sie Zwillingsseelen sind? Hier sind wir alle Zwillingsseelen, aber ich nenne es lieber Brüder und Schwestern. Duale sind eine ganz andere Sache. Jeder Mensch ist ein Dual, d.h. ein männliches und ein weibliches Wesen, die selten gleichzeitig zur Erde hinuntergehen.

Ich habe oben erwähnt, dass wir hier alle Zwillingsseelen sind. Das war nicht ganz richtig. Jeder Einzelne behält hier seine Individualität. Wir sind so zusammengesetzt, wie du es bist, und wir nehmen unsere Erbkrankheiten oft mit, wenn wir hinübergehen. Man wählt seine Eltern auf der Erde aus. Es geht darum, wach zu sein und die Kraft zu haben, all den negativen Eigenschaften zu widerstehen, die im Erbgut vorhanden sind. Wie viele können das tun — Mitglieder der Seelengruppe oder nicht?

Es ist nicht möglich zu beschreiben, wie der Rest meiner Existenz für mich in der hellen, melodiösen und liebevollen Atmosphäre in der Engelspyramide verging. Ich wurde wieder eins mit meiner Seelengruppe. Letztendlich mussten wir uns jedoch voneinander verabschieden, da ich noch Schüler in der Engelsschule war. Aber Zar tröstete mich.

"Du wirst bald wieder mit deiner Seelengruppe vereint sein", versprach er. "Aber um deinen Lesern deine Existenz hier beschreiben zu können, musst du noch eine Weile mit uns reisen."

12. Treffen mit dem Meister Djwal Khul

Es gibt eine unvergleichliche Stadt in der ätherischen Welt. Im Laufe der Jahrhunderte wurde viel darüber gesprochen und geschrieben, und in den meisten Fällen wurde sie "Die Goldene Stadt" genannt. Nicht einmal Joliths weiche Flügel waren notwendig, um uns dorthin zu bringen. Die goldene Stadt Shamballa grenzt an das Engelsreich, und soweit ich das verstehen kann, bildet diese gigantische Stadt ein ganzes Reich für sich. Es ist das Zentrum der Großen Weißen Bruderschaft und aller anderen hohen Meister. Shamballa ist der göttliche Wohnsitz von Wahrheit, Weisheit und Liebe.

Es war nicht schwer, dorthin zu gelangen, das habe ich ja gerade gesagt. Ich schloss meine Augen, und Zar nahm eine meiner Hände und Shala die andere. Ich öffnete meine Augen und wir waren da. Ein goldener Schleier umgab uns von allen Seiten. Durch den Dunst sah ich hohe, schöne Gebäude, die die alte römische und griechische Architektur bei weitem übertrafen. Vor einiger Zeit hatte ich die fantastische Glaspyramide im Engelsreich als architektonisches Meisterwerk entdeckt — aber jetzt stand ich mitten in einer Stadt voller solcher Gebäude. Die Straßen waren mit einem gelben, glänzenden Material gepflastert, das an Gold erinnerte. Die Farben und Formen der Gebäude variierten, aber jede Konstruktion bildete zusammen mit der Umgebung ein exquisites Muster. Überall spielten Brunnen, und aus gut angelegten Blumenbeeten sprießen bunte Blumen. Anmutig blühende Bäume bildeten Oasen des Schattens und des Duftes. Es gab Bänke und Tische, und wir setzten uns in eine Laube. Als ich zuhörte, dachte ich, ich hörte das tosende Meer in der Ferne. Ein silberfarbener Adler flatterte hoch über unseren Köpfen, und es ließ mich an die hohen Berge zu Hause denken.

"Du machst immer Vergleiche mit der Erde", rügte Shala mich.

"Hier gibt es auch Meere und Berge und Wälder — was immer du willst! Shamballa ist ein Schmuckstück, das im Herzen der Natur platziert wurde. Aber die Stadt ist auch ein Rückzugsort für die hoch entwickelten Seelen, zum Beispiel Sananda, Melchisedek, Buddha, Lord Maitreya, Lord Maha Chohan und viele andere."

"Gehen nicht einige von ihnen normalerweise auf die Erde und materialisieren sich?" fragte ich.

"Es passiert gelegentlich", antwortete Zar. "Es gibt vertrauenswürdige Menschen auf der Erde, die die gesegneten Botschaften der Meister erlebt haben."

"Was haben sie wirklich vor?" fragte ich, ein wenig respektlos. "Treffen sie sich hier nur, um darüber zu reden, wie schrecklich die Menschen sind?"

Shala legte ihre Hand auf ihren Mund. Das machte sie immer, wenn sie kicherte. "Wenn man sich all die Arbeiten vorstellen könnte, die in dieser Stadt ausgeführt werden, könnte man sie trotzdem nicht begreifen", sagte sie sanft. "Die Meister sind außergewöhnliche Verwalter. Zusammen mit dem Großen Geist und dem Engelsreich sind sie unsere Hoffnung, die Erde zu retten."

"Ich kann nicht verstehen, warum Mutter Erde nicht bereits gerettet wurde, wenn so hohe und mächtige Kräfte mit ihr arbeiten", wagte ich Einspruch zu erheben.

"Komm schon, Jan!" befahl Zar und gab mir seine Hand. "Du und ich müssen zusammen verreisen, und es sieht so aus, als ob es jetzt Zeit dafür ist."

Er brachte mich zu einem der nahegelegenen Häuser. Als wir durch das Tor kamen, kam es mir so vor, als wären wir an einem Bahnhof. Ich konnte keine Schienen sehen, aber es gab Eingänge zu mehreren Tunneln.

"Das ist schlimmer als die U-Bahn in Stockholm", murmelte ich, als Zar mich in einen der Tunnel brachte. Ich dachte, wie ich es normalerweise tue: "Wenn man unheimliche Dinge erleben muss, ist es genauso gut, schon tot zu sein!"

Die Reise zur Erde

Der Tunnel war gut beleuchtet. Auf der einen Seite standen Fahrzeuge. Zar zog eins von ihnen heraus, und ich war sehr erstaunt. Der Wagen erinnerte mich an die, die man auf der Achterbahn in einem Freizeitpark findet, auch wenn es wesentlich bequemer war. Es gab nur zwei Sitze, in die man tief eintauchte, als man sich hinsetzte. Man saß wie in einem kleinen Glaskäfig, mit einem Dach über einem und Fenstern um einen herum. Zar legte unsere Sicherheitsgurte an und drückte dann einen Knopf vor sich. Wir schossen weg wie von einer Pistole geschossen, direkt in einen Tunnel, der unendlich lang schien. Zar blickte mich heimlich an und lachte.

"Hier gibt es nichts Gefährliches", versicherte er mir. "Wir fahren in einem unterirdischen Tunnel."

Es gab nicht viel zu sehen, und die rasante Fahrt machte mich schläfrig. Ich weiß nicht, ob eine oder zwanzig Stunden vergangen sind, als unser Fahrzeug stehen blieb. Wir befanden uns immer noch im Tunnel, und ich war ziemlich benommen. Selbst ätherische Körper können in den Knien schwach werden!

Als wir aus dem herauskamen, was mir später klar wurde, dass es eine Öffnung in der Bergwand war, war ich vom Tageslicht geblendet. Zar fuhr mir mit seiner Hand über meine Augen, und bald fühlte ich mich besser.

"Unser Tunnelsystem erstreckt sich unterirdisch um die Erde herum", erklärte er mir. "Jetzt sind wir in Tibet."

Eine ungewöhnliche, aber atemberaubend schöne Landschaft erstreckte sich vor uns. Wir standen auf einem Felsvorsprung mit einer in den Fels gehauenen Treppe, die hinunter in ein Tal führte. Ein Fluss lief geradewegs durch das lange Tal, und er krümmte sich in einer scharfen Kurve genau dort, wo wir herauskamen. Schlanke Bäume kletterten die grün gekleideten Hänge hinauf. Es gab ein festgemachtes Boot direkt unter uns, und auf einem vorstehenden Teil der Klippe stand ein kleines Haus. Weiter weg sahen wir ein paar größere Gebäude.

Es war ein einsamer Ort, aber es fühlte sich an, als wäre er voller Leben und Freude.

"Haben wir den Untergrund von der ätherischen Ebene zur Erde und weiter unter der Kruste gebracht?" fragte ich verwirrt. "Und jetzt sind wir in Tibet gelandet?"

"Sicher", antwortete Zar glücklich. "Du hast den Übergang nie bemerkt; du hast fest geschlafen. Man geht durch ein Nebelfeld, fast wie beim Fliegen, und dann kommt man auf die Erde. Jan, das ist eine physische Landschaft. Wir werden einen alten Meister besuchen. Er hat dir eine Menge beizubringen!"

Ein kleiner, älterer Mann kam aus dem kleinen Haus auf der Klippe heraus. Zuerst umarmte er Zar, dann mich. Ich musste mich weit nach unten beugen, um ihn zu umarmen.

"Willkommen in meiner kleinen Oase!" sagte der alte Mann, und er lächelte mit seinem ganzen Gesicht. Er war sicherlich nicht schön, aber selten habe ich so schöne Augen wie seine gesehen, und seine ganze kleine Gestalt strahlte Liebe und Freude aus.

"Mein Name ist Djwal Khul", fuhr der Meister fort, und er lud uns ins Haus ein. Es war größer, als es von außen erschien. Es gab eine große Bibliothek, die ich mir gerne genauer angesehen hätte, aber Djwal Khul bat uns, uns in einen kleinen Nebenraum zu setzen, wo es bequeme Sitzmöbel und ein großes Fenster mit Blick auf den Fluss und die Berge gab. Es fühlte sich an, als ob man in der Mitte des rauschenden Wassers des Flusses saß.

"Wirklich", sagte der kleine Meister und sah mich mit seinen großen, schrägen Augen an. "Ihr fragt euch also, was wir, Meister, tun. Und jetzt fragt ihr euch natürlich, was ein altes hässliches Gesicht wie ich hier in der Wildnis macht."

Ich nickte. Manchmal mischte ich mich ein, egal was ich sagte, und im Moment wollte ich nicht, dass das passiert.

"Es gibt mehrere von uns Meistern aus der Bruderschaft, die in diesem Tal physische Behausungen haben", fuhr Djwal Khul fort, "aber wir sind nicht immer in physischer Form." Er stellte drei kleine Tassen starken, süßen Tee und ein Gericht mit köstlichem Vollkornbrot auf den Tisch. Ich vergrub mich sofort in eines der Brote, auch wenn ich so tun musste, als würde ich es essen.

"Wir reisen in den Tunneln herum und gehen dorthin, wo wir gebraucht werden", erklärte der tibetische Meister. "Manchmal sind wir in Shamballa oder auf Sirius. Siehst du, junger Mann, wir arbeiten hart! Jeder tut dies in der ätherischen Welt, ob Engel oder Meister. Viele von uns sind Lehrer. Andere sind Energieverwalter, Energieerzeuger oder Energiereiniger. Wir alle haben Missionen zu erfüllen, sei es auf der Erde oder auf einem anderen Planeten. Wir nehmen Einfluss zu positiven Zwecken, sowohl auf Einzelpersonen als auch auf Gruppen. Wir inspirieren Autoren, was du wissen solltest, und wir versuchen, sterbende Kulturen zu retten. Wir arbeiten nicht nur mit Meditation, sondern auch mit praktischer körperlicher und psychischer Arbeit. Viele von uns haben geheime Heiligtümer, die denen auf der Erde ähnlich sind. Wir ruhen uns selten aus. Gute Energien, Frequenzen verschiedener Art und Strahlung werden überall benötigt."

"Ich verstehe das überhaupt nicht", rief ich. "Wenn man Menschen auf all diese Arten beeinflusst, müssen Dinge geschehen."

"Nun, das stimmt doch, oder?" war die milde Frage.

"Oh gut", antwortete ich. "Du kannst die natürliche Evolution im Gehirn eines Menschen nicht beeinflussen, oder? Das wird durch den freien Willen des Menschen angetrieben, nicht wahr?"

"Du weißt wahrscheinlich alles über die verschiedenen menschlichen Chakren", antwortete der kleine Orientale geduldig. "Nur sehr wenige Menschen wissen, wie sie ihre Chakren mit Kraft füllen können. Obwohl Chakren das Gleiche wie Kraftzentren sind, funktionieren sie selten wie vorgesehen. Es gibt bestimmte Übungen, die regelmäßig durchgeführt werden müssen. Die Menschen weigern sich hartnäckig, an ihrem Denken zu arbeiten. Doch das Denken ist es, was sie leitet und was schlafende Chakren und mit ihnen Potenzen, die brachliegen, erweckt. Das Bewusstsein, dass man seine Gedanken aktivieren kann, ist noch zu unklar. Ein paar Menschen auf der Erde sind in der Lage, dies zu tun und versuchen, andere zu lehren, aber der Empfang ist zu schwach und ohne Nuancen.

"So viele wissen, dass Gedanken kreativ sind. Gedanken entstehen mit einer enormen Kraft, wenn sie von der richtigen Quelle gesammelt werden. Als ich vorhin das Wort "Strahlung" erwähnte, meinte ich damit "Gedankenstrahlung". Es wird von uns, den Brüdern in der Großen Weißen Bruderschaft, als eine wichtige Wissenschaft angesehen. Jeder Gedanke enthält bestimmte Potenzen. Jede Potenz enthält eine Quantenkraft. Wenn man die Potenzen in zwei verschiedene Gedanken unterteilt, gibt es einen großen Machtunterschied. Nehmen wir zum Beispiel einen einfachen Gedanken wie "Wohin habe ich meinen Stift gelegt" und vergleichen ihn mit "Ich vertraue völlig auf das Göttliche und werde bald meinen Stift zurückbekommen". Im ersten Gedankengang gibt es Angst und Irritation. Solche Emotionen löschen die Macht. Im zweiten Gedankengang gibt es völliges Vertrauen und die Gewissheit, den Stift zurückzubekommen, ohne etwas zu verlangen oder sich Sorgen zu machen."

"Das war lehrreich", seufzte ich. "Aber ein Mensch erinnert sich nicht daran, dass er kosmisch denken kann, wenn er seinen Stift verloren hat. Im Moment ist sie nur wütend, weil er weg ist. Wer wird ihr dann sagen, wie sie denken soll?" "Ich werde, die anderen Meister werden es und die Engel werden es auch. So steht es geschrieben in vielen Büchern, Jan", antwortete Djwal Khul schnell. "Aber in gewisser Weise hast du Recht: Es ist der Empfang der Botschaft, den wir beeinflussen werden, und die Erinnerung. Dafür nutzen wir die Strahlung. Der freie Wille darf mitreden. Aus diesem Grund können wir die gesamte Menschheit nicht beeinflussen, es muss in kleinen Teilen geschehen, damit ein Mensch mit seinen Gedanken reagiert. Sie muss selbst erkennen, was Denken bedeutet und wie sie es im täglichen Leben einsetzen kann."

"Ich beeinflusse mein Medium auf der Erde mit meinen Gedanken", bemerkte ich. "So schreibe ich jetzt meine Bücher, über ein Medium. Aber kann sie mich auch beeinflussen?"

"Hoffen wir, dass sie es nicht kann", rief Djwal Khul aus, und wir drei begannen zu lachen.

"Richtige Gedanken haben eine enorme Durchschlagskraft", betonte Zar. "Jan, hast du noch nie einen Moment euphorischen Glücks erlebt?"

"Oh ja", antwortete ich mit Nachdruck und lächelte, als einige von ihnen Momente kamen mir in den Sinn.

"Ich meine nicht Sex", bemängelte Djwal Khul verräterisch. Er hatte natürlich darüber nachgedacht, meinen kleinen Fantasieflug zu lesen. "Ein Naturerlebnis, ein Musikstück und ein Wort der Wertschätzung von einem Freund können auch euphorische Emotionen hervorrufen. Aber okay, nimm dir Sex als Beispiel! Im Moment des Orgasmus wird ein Mensch angehoben und ihr Gedanke ist schwindelerregend. Der Gedanke schwingt und alles fließt im Licht zusammen. Das zeigt einen Teil der Macht, auf die ich mich beziehe. Wunder sind nur der Beweis für die Kraft der Gedanken über die Materie. Alle, die das völlig verstanden haben, konnten Wunder vollbringen."

"Ich denke, es ist ein Wunder, dass man sich in seinem physischen Körper innen und außen verändern kann", betonte ich mit einem Hauch von Bewunderung. "Da diese Landschaft physisch ist und real ist, und du hier herumtrabst und perfekt irdisch aussiehst, musst du in der Lage sein, deinen physischen Körper so zu verändern, wie du willst — oder deinen ätherischen? Ich verstehe es einfach nicht!"

"Was denkst du, wie ich aussehe?" fragte Zar. "Körperlich oder ätherisch?"

Ich sah meinen lieben Führer und Freund an. Er muss sich umgezogen haben, während ich mit dem Tibeter sprach. Zar trug einen weißen, gut geschnittenen Anzug, mit eleganten weißen, spitzen Schuhen mit silbernen Schnallen, und auf dem Stuhl an seiner Seite war ein Tropenhelm. Sein weißes Hemd war am Hals offen und enthüllte ein wunderschönes Juwel: einen großen blauen Saphir, umgeben von Brillanten.

"Du siehst aus wie ein Lord, Zar!" rief ich aus. "Wann... wie... hast du dich verändert?"

Ich schaute auf meinen eigenen Körper herab, aber ich trug immer noch mein blaues "Nachthemd". Warum war ich nicht so irdisch gekleidet wie mein Führer?

"Ich bin ein Lord!" antwortete Zar mit einem breiten Lächeln. "Mein echter Name ist Lord Zarayan, aber ich benutze ihn selten. Ich habe mich geändert, als du tief im Gespräch mit unserem Gastgeber warst. Ich habe nicht nur meine Kleidung gewechselt, sondern auch meinen physischen, irdischen Körper!"

"Auf keinen Fall. Jetzt bin ich eifersüchtig!" rief ich aus. "Hier bin ich unsichtbar und kann keine Kekse essen, und ihr seid beide körperlich. Das ist mir zu hoch."

"Es wird bald in dein Verständnis aufgenommen." lächelte Zar. "Sowohl Djwal Khul als auch ich können dich sehen, obwohl dein Körper ätherisch ist, aber wir sind dazu ausgebildet."

Wie man sich materialisiert und entmaterialisiert

"Ich hatte einen ganz bestimmten Zweck, dich an diesen abgelegenen Ort auf der Erde zu bringen, wo mein alter Freund und Lehrer lebt", fuhr Zar fort. "Jan, es ist Zeit für dich, Materialisierung und Entmaterialisierung zu lernen. Du nennst dich selbst "tot", obwohl du in höchstem Maße am Leben bist. Es gibt einige wenige Menschen auf der Erde, die ihre Körper entmaterialisieren und unsere Welten besuchen können, aber sie sind nicht viele. Es ist schwieriger für eine natürliche Person, dies zu lernen, aber für dich hoffe ich, dass es ein Kinderspiel wird! Aber es erfordert große Selbstdisziplin und viel Übung. Für eine Weile zu materialisieren, wie ich es jetzt getan habe, ist nicht so schwer. Der Meister Djwal Khul hat mich einmal gelehrt, wie das geht, und jetzt denke ich, dass du an der Reihe bist, es auch zu lernen."

"Jetzt?" stammelte ich: "Darf ich das jetzt lernen?"

"Natürlich, mein Junge", sagte der alte Tibeter und legte seine dünnen Hände auf meine unphysikalischen Schultern. "Jetzt musst du genau zuhören, was ich sage, und genau das tun, was ich dir beibringe. Entspanne dich zunächst und sitze bequem auf dem Sofa. Wenn du einen physischen Körper entmaterialisierst, arbeitest du an deinen Zellen, sodass sie sich in eine bestimmte Lichtenergie verwandeln. Wir werden dir beibringen, genau das Gegenteil zu tun!"

Was nun folgte, ist nicht im Detail zu sagen, aber ich werde mein Bestes tun, um den tatsächlichen Verlauf der Ereignisse zu erklären. Ich hörte ständig die leise, wohlklingende Stimme von Djwal Khul, der mich ermahnte, bestimmte Gedankenhandlungen auszuführen. Es begann damit, dass ich mir vorstellen sollte, dass mein ganzer Körper, so wie er war, aus Zellen bestand, in diesem Fall aus Lichtzellen. Er zeigte mir die Zellstruktur mental, und ich wurde gebeten, sie in Gedanken zu behalten. So prägte ich die Zellstruktur meines Körpers auf meine Netzhaut. Zuerst sah ich es nur im Licht. Die Zellen waren unterschiedlich, aber dennoch bestanden sie aus nichts als leichten Teilchen. Das Licht wechselte zu rosa und dann zu hellrot. Ich sah noch immer die ganze Struktur deutlich, in Form meines eigenen Körpers. Ich wiederhole: Mein eigener bekannter Körper war wie eine kompakte, leuchtende Gestalt aus blassen roten Zellen.

Auf Wunsch des Meisters bildete ich langsam eine Aura um diesen Körper, in den üblichen Aurafarben: rot, orange, gelb, grün, blau und violett. Ich sah mich als eine Art Dummy aus Zellen, der von der Aura umgeben war. Zur gleichen Zeit war ich dieser Dummy.

Jetzt senkte ich meine Frequenz. Es fühlte sich an, als stünde ich in der Mitte eines Wirbels, der aus seiner wütenden Anfangsdrehung langsam in immer niedrigere Geschwindigkeiten zurückging, bis er zum Stillstand kam. Eine intensive Hitze ging über mich hinweg, und ich wurde gebeten, meine Hand in Zars zu stecken und dann meine Augen zu öffnen, die ich ständig geschlossen gehalten hatte. Dieser ganze Vorgang schien eine Stunde zu dauern, aber in Wirklichkeit dauerte es nur wenige Minuten. Ich starrte auf meine Hand, die sich in Zars festem Griff anders anfühlte. Ich legte die andere Hand auf mein Herz und fühlte, wie es schlug. Ich war nicht länger tot und auch nicht mehr geistig! Der physische Janne war wieder auf der Erde. Und ich fühlte mich wirklich hungrig!

Meine beiden Lehrer standen auf und halfen mir auf, und da stand ich auf zitternden Beinen. Ich wagte nicht zu fragen, wie lange diese Sache dauern würde; ich genoss es einfach. Oder was fühlte ich? Vielleicht stellte ich mir vor, dass ich es genoss, wieder ein lebendiger

Mensch zu sein. Aber könnte ich wirklich lebendiger sein. als in meinem ätherischen Körper?

Wir gingen in einen angrenzenden Raum, wo ein köstliches vegetarisches Essen angeboten wurde. Ich aß und trank mit großem Genuss, und ich bemerkte, dass meine Lehrer zufriedene Blicke austauschten und es schwer hatten, ein ernstes Gesicht zu behalten.

"Nach dem Abendessen musst du in deinen ätherischen Zustand zurückkehren", sagte Djwal Khul. "Der physische Jan muss lernen, in seine nicht-physische Existenz zurückzukehren, denn das ist dein rechtmäßiger Platz. Übrigens, wie fühlt es sich an, normal gekleidet zu sein?"

Es war mir völlig entgangen, dass ich in eine helle Hose und ein weißes Hemd gekleidet war. Außerdem trug ich eine schöne, bestickte Weste.

"Das ist gerade der Höhepunkt der Mode", sagte Zar und nickte, als er meine Überraschung sah. "Wir haben natürlich ein wenig geschummelt und dir beim Anziehen geholfen. Man kann nicht alles auf einmal lernen, aber wir waren eigentlich amüsiert, dass du nichts bemerkt hast. Das bestätigte, dass du dich sehr auf die Zellbildung konzentrierst. Jetzt wirst du bald lernen, dich so tief auf die Auflösung der Zellen zu konzentrieren."

Zuerst fühlte ich mich etwas verlegen, weil ich wusste, dass beide Meister auf meine Kosten Spaß gehabt hatten, aber dann lachten wir gemeinsam sehr herzlich. Die Zeit verging viel zu schnell in ihrer unterhaltsamen Gesellschaft, und bald war es an der Zeit für meine jetzige physische Person, sich wieder in eine entspannende Haltung auf dem Sofa zu versetzen. Ich versuchte, extra lange an der letzten Traube zu kauen, aber es half nicht.

"Jetzt wirst du dir wieder vorstellen, dass dein Körper aus blassen roten Zellen besteht, umgeben von der Aura", sagte Djwal Khul. "Es ist sehr wichtig, dass du die Aura deutlich siehst. Visualisiere die Aurafarben, aber auch das Magnetfeld, das deinem Körper am nächsten ist. Es ist wie ein Feld mit hellgelber Energie. Das Magnetfeld gehört zu deinem physischen Körper. Visualisiere ständig deine Chakren und fülle sie mit ihren jeweiligen hellen Farben. Sieh, wie deine Zellstruktur verblasst und sich in reines Licht verwandelt. Zieh dieses Licht so, wie ich es dir hier zeige: zuerst durch das Magnetfeld und dann nach oben durch die ganze Aura. Dann lenkst du es nach innen, bis die Aura die Zellen "verschlungen" hat. Jetzt bleibt nur noch dein Lichtkörper übrig. Hast du verstanden?"

Es war nicht leicht zu verstehen, aber alles geschah sehr langsam, und ich konzentrierte mich lange Zeit auf die verschiedenen Schritte. Es fühlte sich an, als würde ich nach oben oder nach innen gesaugt, aber ich fühlte mich nicht, als wäre ich verschwunden. Ich war mir bewusst, was die ganze Zeit passierte, und ich fühlte mich ständig in meinen Gliedmaßen und dem Rest meines Körpers. So war mein Körper noch da, aber er wurde immer leichter und flexibler. Wenn man stirbt, weiß man nicht, wie der Übergang vom physischen Körper zum nicht-physischen Körper verläuft. Es war schwer zu verstehen, wie mein Körper in der Erde vergraben und dann an einem geheimen Ort in Tibet wieder physisch werden konnte. Aber jetzt war ich wieder Jan — ein Engel in einem langen, blauen Hemd!

"Der Körper, den du in deiner letzten Inkarnation hattest, ist auf der Erde zerfallen", erklärte der Tibeter, als er die Fragen in meinem armen Kopf las. "Du musstest dir einen neuen physischen Körper geben. Es war natürlich für dich, einen Körper zu materialisieren, der demjenigen ähnelt, den du das letzte Mal auf der Erde hattest. Dieser war natürlich jünger und gesünder, denn die Ersatzkörper, die wir aus verschiedenen Gründen erwerben, müssen in gutem Zustand sein. Nicht jeder kann ein Aufgestiegener Meister sein, auch wenn der Aufstieg in den irdischen Mündern zu einem sehr beliebten Wort wird. Die Zeit wird kommen, in der einige Menschen die Erde verlassen und ihre Körper mitbringen dürfen. Aber das ist eine andere Geschichte."

"Mit der Zeit wirst du dich leicht in der Materie bewegen können und bei Bedarf aus deinem ätherischen Körper heraus- und in ihn hineingehen", sagte Zar. "Aber rechne nie mit einem langen Besuch in der physischen Welt; dein Ersatzkörper kann das nicht schaffen. Du wirst Missionen zu erfüllen haben, und danach kommst du zurück."

"Ich habe einmal einen Film namens *Lost Horizon* gesehen", antwortete ich. "Am Ende folgte eine ätherische Frau ihrer Liebsten zurück in die physische Welt, aber auf einmal verlor sie ihren "physischen" Körper und wurde in ein paar Minuten hundert Jahre alt. Jetzt verstehe ich, warum. Vielleicht hatte der Autor des Buches und des Films mehr Wissen, als ich mir damals vorgestellt hatte. Jetzt entscheide ich mich sicherlich dafür, für längere Zeit nicht zur Erde zurückzukehren. Ich habe so eine schöne Zeit auf der anderen Seite."

"Gut!" rief Zar mit Nachdruck aus. "Verabschiede dich von unserem Gastgeber, und wir werden nach Hause zurückkehren."

13. Zurück zu Shamballa

Als ich durch die Tunnel nach Shamballa zurückkehrte, dachte ich zuerst, dass alles, was ich mit dem Tibeter erlebt hatte, ein Traum war. Als ich Zar über meine Überlegungen informierte, lachte er nur herzlich und erzählte mir, dass meine Erfahrungen so realistisch waren, wie es sich ein Reisender in zwei Welten wünschen konnte. Ich hatte die Reiche der Träume vor langer Zeit passiert, und die Realität, die die Ätherische Welt bot, erschien mir viel lebendiger als das physische Leben auf der Erde.

Als Shala uns in Shamballa traf, umarmte ich sie besonders aufrichtig, um zu spüren, wo ich wirklich war. Lachend löste sie sich von meiner engen Umarmung und sagte: "Was ist mit dir passiert? Du warst nur für einen Moment weg!"

Hatte ich vom irdischen Jan noch so viel in mir, dass ich mich nicht an den Rhythmus der Zeit hier angepasst hatte? War meine Verwirrung vorübergehend?

"Deine Reaktion ist völlig natürlich", beruhigte mich Zar. "Du hast etwas eher Subversives erlebt, und dein Körper hat noch nicht gelernt, der Auflösung und Re-Stabilisierung der Zellstruktur zu folgen und umgekehrt. Es gibt verschiedene Stufen der Materialisierung. Du hast die erste gelernt. Es hat deinen Geist vorübergehend beeinflusst, aber du wirst bald besser werden. Du kannst eines der großen kosmischen Gesetze noch nicht perfekt beherrschen, aber es ist ein guter Anfang."

"Die DNA wohnt in den Genen, die in den Zellen leben", dachte ich nach. "Die DNA ist mein Identitätsmerkmal in meinem physischen Körper. Welches Identitätsmerkmal habe ich, einerseits in einem Körper, den ich schaffe, der aber in Wirklichkeit nicht existiert, und andererseits in diesem ätherischen Körper?"

"Hm", antwortete Zar und dachte nach. "Gute Frage. Ersatzkörper benötigen keine DNA, weil sie nicht dauerhaft sind und nicht von einer Frau geboren werden. Betrachte den Ersatzkörper als eine Art Roboter, in dem sich deine Seele vorübergehend aufhält und die physische Struktur zum Leben erweckt. Dein Identitätsmerkmal in diesem Körper ist deine Monade, dein unsterblicher Lebensfunke, den du am Anfang aller Zeiten im Kosmos schwebend gesehen hast. Das ist das wichtigste Identitätsmerkmal, das es gibt, Jan. Vergiss das nicht!"

Während wir redeten, machten wir einen Spaziergang durch die goldenen Straßen. Ich war so tief in meinen Gedanken, dass ich nicht darauf achtete, mich umzusehen, als ich plötzlich feststellte, dass wir vor einer riesigen Kathedrale standen. Wieder dachte ich, dass ich noch nie zuvor ein so schönes Gebäude gesehen hatte. Nicht einmal die Kathedrale in Chartres, die mein Ideal ist, hatte eine so klare Linie, so exquisite schöne moschenartige Dächer wie diese. Es gibt auch schöne Kirchen in Russland, aber diese hat alles übertroffen, was ich gesehen hatte.

"So eine atemberaubend schöne Kirche!" rief ich aus und machte einen Schritt zurück.

"Kirche?" fragte Shala und ließ ihr fröhliches Lachen erklingen. "Hier gibt es keine Kirchen. Das ist der Ratssaal."

"Der Ratssaal?" fragte ich mich, ein wenig überrascht. "Was für ein seltsames Rathaus."

"Nein, der Ratssaal", korrigierte Zar. "Es ist das wichtigste Gebäude in Shamballa. Wir haben weder Priester noch Kirchen. Ich wiederhole es: Wofür würden wir sie verwenden? Wir alle kommen aus dem Großen Geist. Wir sind alle seine Kinder. Wir sind alle Brüder und Schwestern. Im Ratssaal treffen wir uns, wenn wir unsere Beratungen haben. Manchmal schließt sich uns der Große Geist an, manchmal kommen die Elohim und die Erzengel hierher. Manchmal besuchen uns die Neun Ältesten von Sirius aus. Lass uns reingehen, und du wirst sehen."

Es ist unmöglich zu beschreiben, was ich sah. Man kann dieses Haus nicht mit einem Schloss vergleichen, dessen farbenfrohe Inneneinrichtung und Dekoration für ein menschliches Auge schön ist. Warum sollte ich versuchen, das erhabenste Gebäude zu beschreiben, wenn mir die Worte fehlen? Der Leser muss sich damit begnügen zu verstehen, dass Farben, Musik und Düfte zu etwas mehr vereint werden können, als man sich vorstellen kann: eine Atmosphäre, die so heilig, aber dennoch so warm und voller Liebe ist, dass ungewohnte Augen mit Tränen gefüllt werden.

Ich habe von Shamballa gelesen, ich habe es mir vorgestellt, als ich auf der Erde lebte, aber ich bin dem nie, nie auch nur annähernd nahe gekommen.

Shamballa ist nicht nur eine goldene Stadt mit schönen Gärten und schönen Häusern. Shamballa wird von den höchsten Wesen bewohnt, wenn ich mir jetzt erlauben würde, sie zu bewerten. Ich wusste, dass ich nicht in diesem Paradies bleiben durfte, aber bevor ich es verließ, erlebte ich Begegnungen, die sich für immer in meinem Kopf verankert haben, egal wie ätherisch er heutzutage ist.

Du kommst an einen Ort wie diesen mit den Überresten deiner rauen, ungeschliffenen Manieren, die du aus den groben Künstlerkreisen der Restaurants Den Gyldene Freden und Konstnärsbufén in Stockholm mitgebracht hast. Du hast in verrauchten Künstlerhöhlen gesessen und über das Leben diskutiert, ohne die geringste Ahnung zu haben, was ewiges Leben bedeutet. Du hast dich als Ladenbesitzer herumgetrieben. Du hast die Schweine für edle Herren ausgemistet, während sie ihren abendlichen Brandy und Soda tranken und auf ihre riesigen Ländereien schauten, ohne darüber nachzudenken, wer ihr Gras mäht oder ihre Blumenbeete pflegt — geschweige denn daran, wer sich um ihre Rinder auf der Weide kümmert. Wohin steuert meine schöne Heimat gerade, wenn ich in stiller Bewunderung am Altar der Schönheit auf die Knie gehe? Gibt es da draußen jemanden, der es versteht?

"Es muss ein Vermögen gekostet haben, diesen prächtigen Palast zu bauen", entfloh mir gedankenlos, als wir durch die Hallen wanderten.

"Du hättest inzwischen etwas über die Kraft des Denkens lernen sollen", warnte mich Zar streng. "Ganz Shamballa wird von Mächten erschaffen, die absolut nichts mit Wirtschaft oder Sklaverei zu tun haben. Die Stadt wird für und von den Meistern in Absprache mit dem Großen Geist erschaffen. Und es ist so lange her, dass deine Gedanken es nicht begreifen können."

Ich schämte mich ein wenig, und ich fragte mich, warum ich immer Vergleiche mit der Erde anstellen würde. Vielleicht liegt es daran, dass ich dieses Buch schreibe, und so habe ich eine gewisse Verbindung zu meinem alten Leben.

Wir hatten uns auf ein Sofa gesetzt, um uns ein wenig auszuruhen, und so gingen meine Gedanken notwendigerweise wieder in Schmutz und Neid über. Aber plötzlich stand eine große, blonde Frau vor uns. Ich erkannte sie sofort, obwohl es so lange her ist, dass wir uns trafen.

Es war Helia, die Spinnenfrau, die Erdmutter.

"Willkommen zurück in den Welten des Lichts, Jan!" begrüßte sie mich. "Du hast lange Zeit auf der Erde gekämpft, Leben um Leben, aber jetzt, da die Arbeit beendet ist. Auf deinen eigenen Wunsch hin hast du die Unsterblichkeit erhalten, von der du manchmal geträumt und dich gesehnt hast. Jetzt darfst du hier mit Hilfe deiner Gedanken und deiner Lernbereitschaft eine Zukunft gestalten. Du bist ein Kenner der Meister und gehörst zu einer Seelengruppe, die du gut kennst und mit der du gewohnt bist zu arbeiten. Du wirst das weiterhin tun, aber kein irdisches Leben mehr erwartet dich. Du trägst den tiefblauen Umhang, der diejenigen charakterisiert, die hier bleiben werden. Nur wenige deiner Freunde tragen ihn auch. Deine Lehrer haben dir Shamballa gezeigt, denn selbst wenn du im Engelsreich ansässig sein wirst, musst du den Weg hierher kennen. Es kann vorkommen, dass du deinen Ersatzkörper benutzen musst, um dich auf der Erde zu materialisieren, aber solange du ein Kenner bist, kannst du es nur unter unserer Führung tun. Zar und Shala werden dich führen und dir helfen, solange du sie brauchst. Wenn du mich brauchst, weißt du, wo du mich findest."

Mein Zuhause ist im Reich der Engel

Sie umarmte mich und verschwand so plötzlich, wie sie erschienen war. Bald darauf verließen wir den prächtigen Palast.

Ich fühlte mich im Reich der Engel mehr zu Hause als bei den Meistern. Ich hatte immer einige Schwierigkeiten, mich zu verbiegen, und selbst wenn das in Shamballa nicht nötig war, konnte ich dort nicht ganz ich selbst sein. Die Feierlichkeit fühlte sich ein wenig erstickend an. Bei den Engeln gibt es Humor, Wärme, Lachen und Tränen — all diese Dinge, an die ein Mensch gewöhnt ist. Jeder hilft jedem, und alle haben interessante Dinge zu erzählen. Du lernst so viele neue Dinge. Mein Besuch in Tibet war natürlich unglaublich aufregend, und ich habe nichts gegen einen weiteren Besuch. Der tibetische Meister versprach mir, dass wir uns wieder treffen würden, und ich freue mich darauf. Ich habe noch viele weitere Dinge von ihm zu lernen.

Aus dem Engelsreich diktiere ich dieses Buch meinem Medium. Nach irdischer Chronologie bin ich seit etwa dreißig Jahren hier, aber Tage und Nächte hier hängen nicht von Sonne und Mond ab, und wir teilen nicht Tag und Nacht, wie ihr es tut. Wir leben in der Ganzheit. Der gregorianische Kalender passt nicht zu dem Volk der Sonne und den Sternen. Sie lebten nach einer Chronologie, die eher dem Mayakalender entspricht. Das solltest du auch tun. Aber so, wie die Erde heute, nahe dem neuen Jahrhundert, aussieht, verändert man die Zeit nicht, egal wie veränderlich sie ist.

Ich verstehe, dass du mehr darüber erfahren möchtest, wie ich hier lebe. Ich werde dir jetzt davon erzählen. Wenn du mir nicht glaubst, musst du wohl warten, bis du selbst hierher kommst. Es ist jedoch nicht sicher, ob du die gleichen Dinge erleben wirst wie ich. Du kannst eine ganz andere Sichtweise auf das Ganze bekommen. In diesem Fall hoffe ich, dass es um deinetwillen eine positive Sichtweise sein wird!

Das Engelsreich ist so groß, dass es sich nicht an irdischen Maßstäben messen lässt. Hier ist alles in Ordnung, sowohl was unsere Lebensweise, die Natur als auch die Arbeitsweise betrifft. Jeder bekommt seine Aufgaben, und ich musste von Anfang an anfangen, die verschiedenen Arten, ein Engel zu sein, zu lernen. Das erste, was ich lernte, war, mich mit der Kraft des Denkens zu bewegen und Flügel zu erschaffen. Wir haben eine ätherische Form, wenn wir wollen, oder wir können als bloßes Licht auftreten. Ich persönlich bevorzuge es, einen Körper zu haben, egal wie leicht und unphysikalisch er ist. Da meine ganze mentale Aktivität erhalten bleibt, fühlt es sich dumm an, ohne

Körper herumzulaufen. Nun, das ist zumindest meine persönliche Meinung. Ich würde auch lieber die Person sehen können, mit der ich spreche. Wenn also jemand ein Gespräch beginnt, ohne dass ich etwas von ihm oder ihr sehe, kann ich ziemlich unhöflich werden. Ich sage der betreffenden Person, dass sie sich zeigen soll oder sonst etwas.... nun, ich werde nicht unwürdig sein. Manchmal packt mich meine irdische Seite — aber hier verstehen und vergeben sie sofort.

Ich lernte, richtig zu meditieren. Hier ist es einfacher, mein Gehirn ist irgendwie klarer. Auf der Erde vermischte ich oft Tagträume und Meditation, was für den Job, den ich damals machte, nachteilig war. Hier wird Meditation als Arbeit betrachtet! Könnt ihr euch vorstellen: Bequem allein oder in der Gruppe zu sitzen und sich darauf zu konzentrieren, Einzelpersonen oder der Erde zu helfen, gilt als Arbeit! Ich mag das, wenn die Konzentration unter anderem Flügel produzieren kann, mit denen man fliegen kann (wenn man will). Was für ein Glück! Ich erinnere mich an mich selbst als Kind, als ich ein Paar Flügel aus der Zeitung ausgeschnitten hatte. Ich wollte sie hinter der Scheune anprobieren, wo mich niemand sehen konnte. Ich habe nicht darauf geachtet, wo die Tür stand, ich wollte nur fliegen! Als ich unter freiem Himmel heraussprang, wo meine Flügel mich stützen würden, fiel ich stattdessen kopfüber in den Misthaufen. Ich würde lieber vergessen, was folgte!

Jetzt unterstützen mich meine Flügel, auch wenn sie nur eine Art Ersatzmotor für meinen leichten Körper sind. Eigentlich werden sie nicht gebraucht, aber da mir (unter bestimmten Bedingungen!) kreative Kraft gegeben wird, übe ich gerne, indem ich ab und zu eine Reise mache. In Wirklichkeit muss ich mich nur an einen Ort denken — und wie ein Schuss bin ich da! Es ist fast zu bequem.

Es war schwierig, mich von meinem Schutzengel Jolith zu trennen, aber sie war überglücklich. Sie war so lange an ihren Menschen — in diesem Fall Jan — gebunden, und jetzt wurde sie frei, in einem anderen Teil des Engelsreichs zu arbeiten. Man kann wählen, ob man Schutzengel bleiben will, aber auch, wenn man damit aufhören und sich in anderen Bereichen weiterentwickeln will. Welche Art von Bereichen, fragt der Leser wahrscheinlich?

Ich erfuhr bald, dass das Engelsreich die unterschiedlichsten Arbeitsfelder umfasste. Du hast den Bereich, für den du dich am meisten interessiert hast, so weit wie möglich selbst gewählt, aber dann musstest du zuerst eine Ausbildung absolvieren, die deinen persönlichen Wünschen entspricht. Wenn man zum Beispiel als Helfer auf der Erde bleiben wollte, musste man zuerst lernen, wie man im und mit dem Unsichtbaren arbeitet. Engel wandern unsichtbar herum, überall auf der Erde. Aber warum tun sie nichts, fragst du vielleicht? Warum retten sie die Menschen nicht vor Krankheiten, Unfällen, Drogen, Gewalt? Warum gibt es so viel Böses?

Die Antwort ist: wegen des "freien Willens" des Menschen! Nicht einmal Engel haben das Recht, sich dagegen zu stellen. Und noch etwas: Das Karma des Menschen. Das Gesetz von Ursache und Wirkung ist unerbittlich. Die Engel haben viele Einschränkungen, denn jeder Mensch hat seinen eigenen Weg zu erleben. Hast du jemals jemanden sagen hören: "Er hatte einen Schutzengel?" Du kannst sicher sein, dass es so war!

Ich bin wieder mit meiner Seelengruppe vereint. Außer mir gibt es nur zwei von uns, die den tiefblauen Umhang tragen — ein Mann und eine Frau. Wir drei durften als Lehrer in der Gruppe arbeiten. Wir hatten die gleiche Schule durchlaufen und von Anfang an alles gelernt. Gemeinsam sind wir als kleine Lebensfunken im Luft-Ozean geschwommen, und danach haben wir uns der großen, wunderbaren Schöpfung angeschlossen. Wir haben uns nicht in meinem letzten Leben auf der Erde in Schweden getroffen, aber wir kannten uns gut aus anderen Inkarnationen. Der Mann heißt Henry und die Frau heißt Tiri. Wir drei befinden uns alle in unterschiedlichen Entwicklungsstadien, auch als Engel, und deshalb lehren wir auf ganz unterschiedliche Weise.

Aus irdischer Sicht fühlt es sich ein wenig albern an, wenn ich mich selbst einen "Engel" nenne. Aber jeder, der im Engelsreich landet, wird Engel genannt, auch wenn er nicht wirklich dem irdischen Begriff entspricht. Engel sind kein "ätherisches Volk" oder irgendetwas anderes, das dem Standpunkt der Bibel entspricht. Engel sind Lichtarbeiter und ihre Aufgaben sind sehr unterschiedlich.

Shala gehört zum Reich der Engel. Zar kommt aus dem Meisterreich.

Ich hatte einen von jeder Art, also konnte ich mich leiten lassen und lernen, mich für meine Aufgabe als Lichtarbeiter zu entwickeln. Was diese Aufgabe ist, habe ich noch nicht ganz verstanden. Ich glaube, der Ausdruck "Du wächst mit deiner Aufgabe" passt gut zu mir. Ich glaube auch, dass man mehrere Aufgaben haben kann, die allmählich aus dem gleichen Kern herausstrahlen. Sie sind Teil des Wachstums, das so lange dauert, wie du willst. Aber bisher passt mein Job sehr gut zu mir.

Ich erzähle meinen Lesern von den verschiedenen Welten und ihren Reichen. Viele Autoren haben dies bereits getan. Es gibt Autoren, die über einen Kanal ihr Leben nach dem Tod beschrieben haben. Diese Beschreibungen haben keine Ähnlichkeit mit dem, was ich dir gesagt habe. Deshalb muss der Leser zu dem, was ich beschreibe, selbst Stellung beziehen und die Dinge aufnehmen, die sich richtig anfühlen. Jeder Autor hat seine eigene Art von Welt auf dieser Seite besucht. Jedes Empfangsmedium denkt auf seine Weise, interpretiert auf seine Weise und hat seine eigenen Ambitionen. Wichtig für uns alle, die wir Botschaften aus der Welt des Lichts vermitteln, ist es, unser Licht und unsere Liebe für unsere Leser lebendig werden zu lassen.

Ich halte es auch für wichtig, dass jede Seelengruppe ihr Wissen in anderen Worten vermittelt, denn Menschen sind so verschieden, assimilieren Dinge auf unterschiedliche Weise, wünschen und denken anders. Diese Unterschiede sind verwirrend. Wegen ihnen gibt es so viele religiöse Ansichten, wenn eigentlich ein einziger Gott genügt, eine einzige Liebeslehre. So war es von Anfang an gemeint. Damals war alles noch einfacher. Heutzutage herrscht eine enorme Verwirrung. Dies ist in der Kunst, in der Musik — in der Tat in der gesamten heutigen Gesellschaft — vertreten.

Die Erde ist das Hauptanliegen der Engel. Es gibt auch andere Planeten, die Hilfe brauchen, aber keine in solchen Schwierigkeiten wie Mutter Erde. Deshalb möchte ich, dass dieses Buch eine Antwort auf viele Hilferufe ist, eine Antwort, die Trost spenden und Gedanken an Verzweiflung erleichtern kann. Leider ist es nur möglich, diejenigen, die wirklich zuhören, zu lehren, so zu denken, dass die Macht den richtigen Weg findet.

14. Ungehorsam wird bestraft

Es gibt ein Wort namens "Überstürzung". Es wird verwendet, um zu beschreiben, wie ein Gedankenwunsch realisiert wird. Ich habe mich immer gefragt, wie es funktioniert. Jetzt weiß ich es, aber ich habe dieses Wissen nicht ohne Schmerzen erworben. Vielleicht passt das Wort Schmerz nicht so gut in das Engelsreich, aber man kann auch hier dumme Dinge tun. Ich könnte es trotzdem!

Was ich dir jetzt sagen werde, klingt vielleicht wie ein Märchen. Ich verspreche jedoch, dass mir das hier "wirklich" passiert ist. Es ist eine der Lektionen, die mich danach sehr zum Lachen brachte — aber damals habe ich nicht gelacht.

Ich wohne jetzt in einem wunderschönen kleinen Haus. Ich wollte keinen großen, eleganten Ort zum Leben. Ich würde lieber so etwas wie mein altes Bauernhaus nachbauen, das schließlich das Sommerhaus unserer Familie wurde. Ich konnte dort schreiben — meine Vorstellungskraft floss dahin, und ich genoss jede Minute in dieser Umgebung. Es war mit mir zusammengewachsen. Das war es, was ich auch hier wollte, denn das Engelsreich ist das Land der Möglichkeiten, in dem man das schafft, was man sich wünscht. Aber am Anfang war es gerade die Wohnung, die mir viel Ärger bereitete.

Als Shala und Zar mich nach der Reise nach Shamballa mit meiner Seelengruppe zurückließen, fragte mich Henry, wo ich wohne. Wenn ich keine Wohnung hätte, könnte ich gerne in seinem Haus schlafen. Er ist ein fröhlicher, gelassener Mensch, der überbordende Güte ausstrahlt. Ich entschied mich, sein Angebot anzunehmen, weil ich vergessen hatte, Shala nach einer Wohnung zu fragen. Vielleicht folgte ein Test, obwohl ich nichts davon wusste.

Ich folgte Henry zu seinem Haus. Es erwies sich als im Schlossstil gebaut, und als er meine Überraschung sah, fragte er mich, ob ich mich nicht daran erinnere, dass sein Name in Italien Enrico war und dass wir uns zusammen in einem ähnlichen Haus verkörpert hatten. Der Palast war cremeweiß, und auf der Vorderseite war er wie eine Croquembouche verziert. Im Inneren war es ein riesiger Alptraum. Henry liebte offensichtlich den extravaganten Rokokostil, mit Gold und Schleifen überall. Ich wollte die Gefühle meines alten Freundes nicht verletzen, also schenkte ich ihm ein freundliches Lächeln, als er mir zeigte, wo ich schlafen sollte: ein Raum von blendendem Luxus, ein Himmelbett mit goldenen Ornamenten und "inspirierende" Gemälde von Schlafzimmerszenen.

"Wie hast du das zusammengesetzt?" fragte ich vorsichtig.

"Es ist alles überstürzt", antwortete er stolz. "Hast du das noch nicht gelernt?"

"Nein", antwortete ich, "nur meinen eigenen Körper zu materialisieren und zu entmaterialisieren."

"Oh mein Gott!" rief Henry aus und starrte mich überrascht an. "Das habe ich noch nicht gelernt. Du musst eine hoch entwickelte Seele sein!"

"Lass uns keine Vergleiche anstellen", warnte ich. "Die Engel wenden für uns verschiedene Lehrmethoden an, weil wir so verschieden sind. Aber meinst du damit, dass diese Art von Palast durch den bloßen Gedanken hervorgerufen werden kann?"

"Nicht nur Paläste", antwortete Henry zufrieden. "Alles, einfach alles! Ich kann es dir beibringen. Es ist sehr einfach."

"Glaubst du, das dürfen wir?" fragte ich, um auf der sicheren Seite zu sein. Es klang aufregend, und außerdem hatte ich keine Lust, lange in diesem Marzipankuchen zu leben.

"Natürlich", war seine ruhige Antwort. "Wir gehören zur gleichen Seelengruppe, und wir sollen uns gegenseitig helfen und lehren. Es wäre seltsam, es nicht zu tun!"

Henry hatte Recht. Das Überstürzen war viel einfacher als das Materialisieren und Entmaterialisieren. Es dauerte nicht lange, bis ich verstanden hatte, wie man es macht, denn ich hatte gelernt, mich tief zu konzentrieren. Es war eines der ersten Dinge, die man in der

Engelsschule gelernt hat. Überstürzen bedeutet tiefe Konzentration. Man konzentriert sich stark auf das Objekt, das man manifestieren möchte. Jedes Detail davon muss in den Gedanken bereit sein, wenn man anfängt. Wir begannen mit einigen kleinen Objekten. Ich wünschte mir ein Paar weiße Socken. Es muss ein Bedürfnis vorhanden sein, damit das Experiment erfolgreich ist. Ich blickte auf meine nackten Füße in den Sandalen, winkte mit den Zehen ein wenig und spürte wirklich, wie gefroren sie waren. Nach ein paar Augenblicken lag ein Paar dünner weißer Socken in meiner Hand. Es hat funktioniert!

Das nächste Objekt, das ich mir für mich selbst wünschte, war ein Fahrrad. Henry brüllte vor Lachen.

"Es passt nicht gut in diese Umgebung", schrie er, als ich aufgeregt von ihm wegradelte. "Hier werden keine Fahrräder benutzt."

Ich lehnte mein Fahrrad an einen Baum und fuhr mit meiner ganz eigenen Magie fort. Nach einer Weile stand ein großer Tisch in Henrys Garten. Darauf befanden sich ein Haufen Karotten, eine Taschenlampe, ein Brotlaib und ein Becher Butter, ein Paar Unterhosen und ein Nachttopf.

"Was für eine seltsame Mischung", murmelte Henry. "Was wirst du mit all diesen Dingen machen?"

"Du hast mir gesagt, ich soll kleine Dinge erschaffen, bevor ich mit dem Haus losleg, nicht wahr?" rrinnerte ich ihn. "Ich werde mit den Möbeln weitermachen. Das war ein Riesenspaß! Ich könnte ewig weitermachen." Das tat ich auch. Es dauerte nicht lange, bis ich halb vergraben in Hausrat, Kleidung, Teppichen, Vorhängen, Möbeln und Werkzeugen stand.

Hinter Henrys Sahne-Kuchen-Haus befand sich ein Garten mit einer riesigen Rasenfläche. Dort befanden wir uns. Stell dir meine Überraschung vor, als Shala plötzlich auftauchte. Henry und ich waren in vollem Gange und kreierten ausgefallene Waren. Er war sehr geschickt. Nicht einmal der Urheber von Meissener Porzellan hätte den Unterschied zwischen seinem eigenen Werk und dem von Henry erkennen können.

"Was machst du da?" weinte Shala. "Bist du verrückt? Überstürzt ihr zum Spaß, ihr großen erwachsenen Engeljungen? Hast du vergessen, wo du bist? Wenn Zar das herausfindet, weiß ich nicht, was er mit dir machen wird. Witze zu machen ist eine Sache, aber das ist kein Witz, das ist Verschwendung der Gaben des Großen Geistes. Jetzt seht mir zu!"

In einem einzigen Moment wurde alles, was wir geschaffen hatten, ausgelöscht, einschließlich Henrys Kuchenburg und des Gartens.

"Ich bin hergekommen, um mich um dich zu kümmern und zu sehen, ob unser Neuling Jan ein Bett zum Schlafen hat. Was finde ich heraus? Zwei kleine Jungen, die mit der Schöpfung spielen. Dies sind die Art von Spielen, die im Begriff sind, deine geliebte Erde zu beenden. Machtmissbrauch ist ein weiterer Begriff dafür."

Ich fiel vor Shala auf die Knie. Ich schämte mich so sehr, dass ich ihr nicht in die Augen sehen konnte. Sie stand lange Zeit still und sah uns an. Henry hatte sich auf den Boden gesetzt, mit den Händen, die sein Gesicht bedeckten. Wir waren am Boden zerstört.

"Steh auf!" befahl Shala. "Ich denke, der bloße Schrecken ist eine Strafe genug für dich. Jan, du musst mir versprechen, kein einziges Objekt mehr zu überstürzen, bevor du in der Engelsschule mehr darüber erfahren hast. Das war eine blasse Nachahmung des realen Verfahrens, und was ihr erschaffen habt, könnte genauso leicht verschwinden. Henry, du musst eine geeignetere Wohnung schaffen. Dein Schloss war zu auffällig. Ich kann nicht glauben, dass solche dummen Talente noch in dir sind. Wir müssen sie loswerden, bevor du weitermachen kannst. Ich werde mit deinen Lehrern sprechen."

Sie verschwand, und Henry und ich sahen uns leer an. Wir hatten keinen Schaden gewollt oder bewusst etwas falsch gemacht; vielleicht wurde uns deshalb mehr Strafe erspart. Henry mochte Schnickschnack, und ich war, wie immer, neugierig auf meine eigenen Fähigkeiten. Als wir zum ersten Mal in die Engelsschule kamen, hatten wir Selbstbeherrschung und Einfachheit gelernt. Ich war ein Meister des Letzteren, aber ersteres war eine Eigenschaft, die mir immer gefehlt hatte, und Henry auch.

Als wir zur Schule zurückkehrten, wurden wir mit einem Spaziergang durch die verschiedenen Reiche des Niemandslandes bestraft, um herauszufinden, was unsere Schwächen bewirken können. Ich versichere dir, dass es kein angenehmer Spaziergang war! Wir mussten die Wohnstätte der unseligen Seelen, das Fegefeuer oder die Hölle, wie auch immer sie genannt wird, besuchen und das selbst auferlegte Leiden beobachten, das zu nichts führt. Danach kehrten wir nach Hause zurück und meditierten über den Kontakt mit unserem eigenen Inneren Selbst. Ich weiß nicht, wie lange diese Bestrafung dauerte. Es schien für uns beide eine sehr lange Zeit zu sein, obwohl es vielleicht nur ein paar Stunden waren. In der Zwischenzeit arbeitete Tiri an viel aufregenderen Dingen. Gelegentlich kam sie vorbei und erzählte es uns, um uns eine Vorstellung davon zu geben, welche Freuden auf uns warten. Tiri ist ein sehr faszinierender Mensch.

Ich war noch nie besonders gehorsam. Ein wenig Rebellion lebt in meiner Brust, die ich auch hier nur schwer im Griff habe. Zar weiß natürlich davon. Es dauerte lange nach unserem Streich, bis ich ihn wieder treffen durfte, und es fühlte sich leer an. Auch Shala erschien nicht. Zuerst fühlte ich mich beleidigt und dachte, dass Freunde sich nicht gegenseitig verlassen dürfen. Dann untersuchte ich mein inneres Selbst. Ich erkannte, dass es absolut rein sein muss, wenn ich von meinen Leitern unterrichtet wurde.

Ich habe in dieser Zeit hart gearbeitet. Ich lernte Verwandte und Lieben kennen, die die Grenze überschritten hatten, aber noch nicht wieder inkarniert waren. Als sie "hinuntergehen" sollten, wurde ich zu ihnen gerufen und erklärte ihnen, wie wichtig es ist, ein reines Bewusstsein zu bewahren und ihre Gedanken mit Liebe zu erfüllen, wenn sie wiedergeboren wurden. Jeder von ihnen brachte ein Geschenk für die Erde mit, eine positive Qualität, um es auf die beste Weise zu managen und zu entwickeln. Einige von ihnen hatten Angst vor einer Wiedergeburt, verstanden aber, dass es notwendig war, da sie ihr Karma noch nicht beendet hatten. Ich beruhigte sie und gab ihnen gute Aufgaben, an die sie sich hoffentlich irgendwann auf der Erde erinnern würden. Ich verteilte Kraft und positive Energien, ich unterstützte und ermutigte sie. Diese Erfahrungen fanden in vielen verschiedenen Welten statt, wo ich berufen war, mich um die Seelen in verschiedenen

Entwicklungsstadien zu kümmern. Nach einer interessanten und lehrreichen Zeit hatte ich diese Arbeit beendet, und schließlich durfte ich Shala und Zar wieder treffen.

15. Das Ashtar Kommando

"Mein lieber Freund!" rief Zar aus und umarmte mich. "Als du auf der Erde gelebt hast, war es für dich wichtig zu verstehen, dass du für dein eigenes Leben verantwortlich bist. Du warst dir selbst gegenüber verantwortlich, als du deinen Weg gewählt hattest — nicht gegenüber jemand anderem. Du warst für deine Familie verantwortlich, aber nur vorübergehend. Du konntest nie andere beschuldigen, wenn du selbst etwas Dummes getan hattest. Die Schuld auf andere zu schieben, wird hier nicht akzeptiert. Du wurdest für genau diese Sache verantwortlich gemacht. Als du es überstürzt hast, hast du Henry die ganze Zeit in dir selbst die Schuld gegeben. Er war derjenige, der dich gelehrt hatte, er war derjenige, der für deine Übertreibung verantwortlich war, indem er daran teilnahm. Aber hier, im Engelsreich, muss man die Verantwortung für sein eigenes Handeln übernehmen. Wenn man das nicht kann, muss man in eine Welt ziehen, in der man lernt, diese Wahrheit zu verstehen. Das musst du nicht tun. Wir haben in dein Herz geschaut und wir kennen den inneren Jan. Du wirst lernen, wer du bist, etwas, das sich jeder Einzelne irgendwann einmal fragt. Wer bin ich? Warum bin ich ich ich? Werde ich immer ich bleiben?"

"Oh ja", unterbrach ich eifrig, "das sind sicherlich Fragen, die ich mir oft gestellt habe."

"Die Antwort ist einfacher, als du denkst", sagte Zar lächelnd. "Ich schätze, du wirst es allmählich herausfinden; ich werde es nicht zum Tee servieren. Jetzt werden wir deine Ausbildung auf einer anderen Ebene fortsetzen, und Shala und ich werden dich die ganze Zeit begleiten. Erstens werden wir wieder zusammen reisen. Du wirst unsere Militäranlagen besuchen, die sich am Rande der ätherischen Welt befinden."

"Ich war nie mehr als ein Lanzenkorporal", murmelte ich.

"Bald wirst du mehrere Generäle treffen", sagte Shala und lachte.

"Ich muss Jan über eine Sache informieren", unterbrach Zar. "Es gibt eine galaktische Konföderation, die die Erde bewacht, um einschreiten zu können, wenn nukleare Störungen bedrohen sowohl den Planeten als auch den umgebenden Äther. Die verantwortliche Raumflotte ist unter dem Namen Ashtar Kommando bekannt. Es hat Teilnehmer sowohl aus den Meistern und den Engelsreichen, als auch aus anderen Planeten, Galaxien und Universen."

Ich weiß nicht, ob ich das, was sich mir jetzt gezeigt hat, als Militärbasis mit einer länglichen Zitadelle oder als Flugplatz anderer Art beschreiben soll. Es ging um die ganze ätherische Welt und enthielt Hangars, Behausungen für die verschiedenen Truppeneinheiten, große digitale Einrichtungen (wie es meinen ignoranten Augen erschien) und vieles, vieles mehr. Es gab viele andere Gebäude, weitläufige Parks und Gärten, Badeanstalten, Trainingsplätze und riesige Landeplätze überall.

Ich bekam Wesen zu sehen, die nicht besonders menschlich erschienen. Es war, als würde man direkt in eine Science-Fiction-Geschichte einsteigen. Einige von ihnen erinnerten an Tiere, andere glichen dem traditionellen Bild der Humanoide, mit spindelförmigen Körpern und großen Köpfen, riesigen Augen und rudimentären Nasen, Mündern und Ohren. All diese Wesen strahlten Liebe aus. Es gab hektische Aktivitäten, aber mitten in ihrer Arbeit brachen diese Wesen ab, um aufzutauchen und uns auf die unmilitärischste Weise zu umarmen. Zu meiner Überraschung entdeckte ich, dass ich mit ihnen kommunizieren konnte. Sie schienen intelligent und schlagfertig zu sein. Ich fragte sie nach ihren Maschinen und anderen technischen Einrichtungen. Als ich so weit gekommen war, unterbrach mich Zar.

"Shala und ich gehen jetzt", sagte er. "Wir lassen dich für einige Zeit hier. Es ist ein Teil deiner Ausbildung als Kenner, mit allem vertraut zu sein, was in der ätherischen Welt wie auch in den anderen Welten vor sich geht. Wenn du eine Weile mit dem Ashtar Kommando arbeitest, wirst du wirklich lernen, wie man selbstlos und liebevoll arbeitet. Wir werden kommen und dich abholen, wenn du damit fertig bist."

Er war weg wie ein Blitz, und ich wurde dort stehen gelassen. Aber ich hatte nicht einmal Zeit, über meine Situation nachzudenken, bevor mir ein junger Mann in weißer Uniform freundlich auf die Schulter klopfte.

"Mein Name ist Tone, und ich wurde beauftragt, dir den Weg hier herum zu zeigen", sagte er. "Komm mit mir, bitte!" Er brachte mich zu meiner Unterkunft, einem gemütlichen und komfortablen Zimmer in einer der Häuserzeilen, die ich während unseres Fluges gesehen hatte.

"Jetzt bringe ich dich zuerst zur Basis", fuhr Tone fort. "Der Oberbefehlshaber will dich sehen, um dir deine erste Aufgabe zu geben."

Der Oberbefehlshaber sah aus wie ein Indianer. Es ist wahr, dass er in die gleiche weiße Uniform gekleidet war wie Tone, aber sein Kopfschmuck war anders. Es bestand aus einem enorm hohen, kunstvoll verzierten und mit Juwelen geschmückten Diadem, mit langen Tropfen an den Seiten und einem Busch aus bunten Federn, die sanft in der leichten Brise schwangen.

"Ja, ich war ein Indianerhäuptling in meiner letzten irdischen Inkarnation", sagte er mit einem Lächeln (natürlich hatte er meine Gedanken gelesen). "Hier vertrete ich das Volk der Sonne und die Sterne von Zio. Wie du verstehst, komme ich aus dem Umland dieser Galaxie, weit weg. Aber ich bin gut informiert über alles, was diese Galaxie betrifft und in welchem schlechten Zustand sich die Erde befindet. Du wirst für einige Zeit als leichter Krieger Teil meiner Armee sein. Interpretiere das Wort "Krieger" nicht falsch. Wir sind friedliche Kämpfer, und unsere wichtigste Waffe ist die Liebe. Ist das klar, Kämpfer?"

Puh, dachte ich, als meine Erinnerungen an die Zeit als Soldat zu mir zurückkamen. Aber ich streckte meine leichten Beine aus und salutierte. Der Indianerhäuptling, der, wie ich später erfahren habe, General Kualli hieß, sah mich freundlich an.

"Hier hast du nichts zu befürchten", sagte er. "Du kannst mein Regiment nicht mit einem irdischen Gegenstück vergleichen. Sklaverei ist etwas für den Menschen. Hier erfüllt jeder seine Pflicht und wir haben eine schöne Zeit zusammen. So einfach ist das. Du gehorchst deiner inneren Stimme, die wiederum vom Großen Geist kommt. Das ist die Art von Gehorsam, die wir von dir erwarten."

Zu meiner großen Überraschung umarmte er mich zuerst und später Tone, der noch an meiner Seite stand. Später, als ich Tone nach meiner Aufgabe fragte, antwortete er mit einem breiten Lächeln: "Du wirst einfach zu meiner Einheit gehören. Zuerst bekommst du besser geeignete Kleidung und danach triffst du die Kollegen."

Die Kleidung bestand aus einem weißen, engen, silbrig schimmernden Anzug in zwei Teilen. Ein kurzer weißer Umhang war dabei. Eine kreisförmige Scheibe mit Symbolen darauf wurde auf die Brust aufgebracht. Es war sehr schön gestaltet, und ich betastete es mit Interesse. Tone entfernte schnell meine Finger vom Schmuck.

"Die Scheibe ist eine Art Alarmanlage", erklärte er. "Das konntest du nicht wissen. Man soll hier und da mit verschiedenen Codes drücken, die man lernen muss. Hier ist ein Gürtel mit Taschen drin. Dort hältst du einen Kristall, der als Kommunikation dient, wenn du sehr weit weg bist. Es gibt auch ein Holster für Waffen, über das du später Informationen erhalten wirst. Manchmal braucht man sie. Dies ist ein Amethystgerät, das den Kurs steuert, wenn es auf den Pfadfinder-Modus eingestellt ist. Radar ist das nächste Wort, um seine Funktionen zu erklären. Es löst bei Bedarf Warnungen aus und findet jeden Weg in der ganzen Galaxie."

Ich war wieder in der Schule. Aber ich wurde sofort in die Gang aufgenommen, und zu meiner großen Überraschung wurde Tiri dort aufgenommen. Dies ist offensichtlich keine von Männern dominierte Gesellschaft, dachte ich fröhlich, als ich sie umarmte.

"Nein, es sind mehrere Frauen hier, wie du sehen kannst", sagte sie lachend."Aber niemand ist so schön wie du!" flüsterte ich in ihr rosiges Ohr, wo eine Kaskade von rot-goldenen Locken gerade von der obligatorischen Kapuze befreit worden war, die wir alle trugen. Es war das gleiche Material wie die Anzüge. Es lag eng um den Kopf und ließ nicht das geringste Büschel locker. Alle von uns hatten unterschiedliche Embleme auf unseren Mützen. Sie waren wahrscheinlich auch kodiert. Zu meiner großen Freude war ein Adler auf meinem Emblem. Es ist der Vogel, den ich am meisten bewundere. Er symbolisiert Kühnheit und Freiheit, zwei Eigenschaften, von denen ich glaube, dass ich sie immer in mir getragen habe.

Was haben wir in dieser andersartigen "Kadettenschule" gelernt? Antwort: Alles! Wir haben uns auf irdische Besuche vorbereitet, wir haben Materialisierung und Entmaterialisierung gelernt — obwohl ich das schon wusste. Wir haben gelernt, alle denkbaren Situationen anzugehen, die im Zusammenhang mit unseren Überwachungsaufgaben auftreten können. Wir haben gelernt, giftige Gase zu eliminieren, alle anderen giftigen Emissionen, die überall in der Atmosphäre um die Erde herum existieren und die die nächstgelegenen Planeten und Sterne zu schädigen drohen, auszulöschen. Die Löcher in der Ozonschicht müssen repariert werden, sonst töten die Sonnenstrahlen, anstatt Wärme zu geben. An vielen Orten, sowohl auf der Erde als auch in der Atmosphäre um sie herum, muss es Wächter geben, die im Falle eines dringenden Ausnahmezustands eingreifen können.

Mission Nordamerika

Nach all der Lebensphilosophie, die ich mir bisher angeeignet hatte, war es fast ein angenehmes Gefühl, mehr praktische Aufgaben zu bekommen. Noch angenehmer war es, als ich zusammen mit Tiri auf eine wichtige Mission geschickt wurde. Wir gingen in unserem ätherischen Körper auf die Erde, und es war uns nicht erlaubt, uns zu verwirklichen, es sei denn, es war absolut notwendig. Die Mission betraf ein Kernkraftwerk in Nordamerika. Es war eine sehr ernste Situation, denn es bestand die Gefahr einer Kernschmelze. Wir mussten sicherstellen, dass ein solches Szenario verhindert wird. Wenn es eine Kernschmelze gäbe, würde sie mehr Elend verursachen, als wir uns je vorstellen könnten. Wir wurden zu General Kualli gerufen, um Anweisungen zu erhalten, wie man sich zu verhalten hat.

"Kualli bedeutet im Indianischen gut", flüsterte mir Tiri zu, bevor wir das Zimmer des Generals betraten.

"Ein verbindlicher Name", flüsterte ich zurück.

"Er ist der Beste!" antwortete Tiri, und ich fühlte mich sehr neugierig. Tone war auch da. Zu meiner großen Überraschung wollte uns der General selbst begleiten. "Ich werde mit dir kommen, um die Arbeit zu überwachen", erklärte er. "Tone hat in seinem Leben auf der Erde mit atomaren Explosionen gearbeitet. Jan kennt die Erde besser als wir alle, und außerdem hat er sowohl Sinn als auch Vorstellungskraft. Tiri repräsentiert Yin, und außerdem ist sie mutig und genial. Aber zuerst werde ich die strategische Situation erklären. Ein Lehrer wird bald kommen und dir sagen, wie du es machen sollst, und danach werden wir uns im Hangar Tellus treffen, wenn du bereit bist zu gehen."

Es geht hier nicht um Stunden und Minuten. Was passiert, geschieht in der Regel sehr schnell, und unser Instruktor für die Reise zur Erde war sowohl schnell als auch effizient. Wir erhielten viele Informationen, die wir in einer Art Mikrochip mitbrachten. Bald hatten wir uns in einem Schiff installiert, das meiner Meinung nach einem UFO ähnelte. Ich fragte, warum wir nicht durch die unterirdischen Tunnel fahren könnten, wie ich es mit Zar getan hatte. Kualli antwortete, dass das Ashtar-Kommando nur Raumschiffe benutzt und dass die Tunnel hauptsächlich von den Meistern benutzt wurden. Ich fühlte mich etwas nervös, als ich mit dieser Art von Schiff zur Mutter Erde zurückkehrte und zusätzlich "ins Ausland" ging. Ich war nicht gerade ein gewohnter Amerika-Reisender. Das Leuchtfeuer "Großer Jan" aus dem guten alten Schweden war nun ein Leuchtfeuer im doppelten Sinne. Ich habe Schweden immer für das schönste Land der Welt gehalten — aber natürlich habe ich nicht viele andere Orte erlebt, mit denen ich es vergleichen könnte. Tiri kam aus Neuseeland, aber ich wagte es nicht einmal, so weit weg zu denken. Dennoch hatte sie das Aussehen eines schwedischen Mädchens. Ja, sie erinnerte mich tatsächlich an eines der Mädchen, die als ich ein Junge war, in der Villa waren — die, die als Auszubildende bekannt waren und die man heimlich anstarrte.

Es war Nacht, als wir in einer Wüste landeten. Unsere ätherischen Körper konnten natürlich nicht von der hochgefährlichen Emission betroffen sein, falls dies der Fall sein sollte. Ohne größere Schwierigkeiten ist es uns gelungen, den Zugang zum Kernkraftwerk zu erhalten. Da waren wir also!

Wir alle vier standen Hand in Hand in dem riesigen Gebäude. Solche Kraftwerke standen in meinem letzten Jahrzehnt auf der Erde noch in den Kinderschuhen. Also befand ich mich jetzt inmitten dieses gefährlichen Gebäudes und rate, ob ich neugierig war! Wir haben die Atmosphäre dort nicht so erlebt wie die physischen Menschen, aber wir haben wirklich erfahren, wie sich die menschliche Natur auf verschiedene Weise ausdrückt. Einige Leute arbeiteten schweigend und intensiv und versuchten, den Zusammenbruch zu verhindern, andere waren einfach nur hysterisch. Einige schrien nur. Die Katastrophe stand unmittelbar bevor, als wir eingriffen.

Die Leckage hatte begonnen, auch wenn sie nur in kleinem Umfang vorhanden war.

Ich werde meine Leser nicht ermüden, indem ich ausführlich beschreibe, was wir getan haben, denn mein technisches Wissen ist sehr schlecht. Wir wollen auch nicht die Anerkennung für die Rettung des Kernkraftwerks erhalten, während kompetente Menschen ihr Leben riskierten, um das Leben anderer zu retten. Tiri und ich arbeiteten an der Zerstörung des gefährlichen Giftes, bevor es Zeit hatte, die Menschen zu durchdringen. Wir schützten sie mit sauberen Luftschleiern und betteten sie in Wolken aus ätherischen Tinkturen von Balsam ein, die in ihre Körper eindrangen und als Abwehrmechanismen dienten. Kualli und Tone traten direkt in den Zusammenbruch ein. Ich wage mir nicht vorzustellen, was sie dort getan haben, aber die Leckage hörte sehr schnell auf.

Irgendwann würde es schief gehen. Tiri war so begierig auf Rettung und Hilfe, dass sie ihre Unsichtbarkeit vergaß. Es kann jedem von uns passieren, wenn wir aufgeregt sind — das ist auch mir passiert. Tiri war dabei, einer hysterischen Frau zu helfen, die nur weinte und weinte. Sie versuchte, die Frau mental zu beeinflussen, aber nichts half. Tiris liebevolle Versuche, mit beruhigenden Vibrationen in das Heulen der Frau einzudringen, führten dazu, dass sie unbewusst begann, sich wegen der Belastung zu materialisieren. Ich war in einem anderen Viertel beschäftigt, aber ich entdeckte Tiris beginnende körperliche Form und eilte zu ihr. Es gelang mir, die Materialisierung abzuwenden, sodass meine ahnungslose Kollegin ihren ätherischen Körper wiedererlangte. Dann stürzte ich die schreiende Frau in einen tiefen Schlaf. Da es solche Turbulenzen gab und alle in der Nähe waren, hatte niemand entdeckt, was vor sich ging. Jemand ergriff die schlafende Frau und schleppte sie aus dem Gebäude. Tiri weinte vor Erleichterung.

Kualli lobte mich danach, aber Tiri schämte sich vor mir. Sie hielt sich während der Heimreise in der Nähe von Tone auf, und ich unterhielt mich mit Kualli. Ich habe diesen bemerkenswerten Mann zunehmend bewundert und respektiert. Er behauptete, bevor die Menschen auf der Erde verstehen, dass sie versuchen müssen, ihren Weg zurück zu ihrem Ursprung, zur alten Art des Zusammenlebens in Gemeinschaft und Frieden zu finden — bis dahin gibt es keine Lösung für die Probleme der Neuzeit. Er veranschaulichte die Situation der Indianer auf eine andere Weise als das, was ich zuvor gehört hatte. Die ersten Menschen wurden die letzten ihrer Art. Heutzutage bestimmt die Farbe Ihrer Haut, ob Sie Bürgerrechte haben oder nicht. Die weiße Hautfarbe fühlt sich allen anderen überlegen; der weißhäutige Adam ist nach der Bibel der erste Mann auf Erden, und die Frau ist nur ein Produkt von ihm. Sie ist die Verführerin und die Sklavin.

"Aber Adam war nicht der erste Mensch auf Erden", sagte Kualli. "Unter dem Volk der Sonne und den Sternen gab es sowohl Männer als auch Frauen. Die Hautfarbe der Menschen aus Zio war das Ergebnis von Pigmenten, kein Grund, sich gegenseitig zu bewerten. Alle Menschen haben den gleichen Wert. Die Liebe zum Schöpfer und zu deinem Nächsten ist die einzige Religion, der wir folgen sollten."

Das und noch viel mehr erzählte uns der gutaussehende Indianer. Er hatte nur eine Mission vor Augen: den Planeten, der dem Volk der Sonne und den Sternen gehört hatte, von Anfang an zu retten. Jeder Mensch ist von ihnen abstammend. "Du kannst das Alte nicht wiederherstellen, aber du kannst etwas Neues und Wertvolles bauen, das von einer ganzen Erde akzeptiert wird", dachte er. Ich hörte aufmerksam zu.

"Was ist mit dem Bösen, General, wohin führt es?" fragte ich.

"Diejenigen, die ihr Böses, ihre Gewalt, ihren Missbrauch und vor allem ihren Wunsch nach Macht nach außen tragen, die darin und dafür leben, werden nicht in neuen Leben auf der Erde bleiben. Wir haben für sie Orte auf anderen Planeten eingerichtet, an denen sie neue Lebensweisen lernen und für ihre Verbrechen — vor allem die Gewalt gegen ihr eigenes Selbst — büßen können."

"Was ist die Zukunft für die Erde?" fragte ich mich.

"Du hast von den "Veränderungen" gehört, nicht wahr?", antwortete er mit einem schnellen Lächeln. "Du hast von Katastrophen, Hungersnöten, Kriegen und Bürgerkriegen, Überschwemmungen und Erdbeben gehört, richtig? Ist das nicht genug, um zu erklären, dass Mutter Erde nicht nur genug hat, sondern auch ihr Schöpfer? Aber jetzt führen wir die Erde zu einem helleren Tag. Wir stehen unter dem Befehl des Großen Geistes, obwohl wir das Ashtar-Kommando genannt werden. Ashtar nimmt nur Befehle vom Schöpfer selbst entgegen, und er ist unsere Verbindung zum Großen Geist. Das lebendige Herz der Erde schlägt in unseren Händen, und ihre Tränen sind unsere Energiequelle. Wir sind die Ritter des Weltraums und die geistigen Krieger der Erde. Mit Stolz, Freude und Demut danke ich euch, meinen qualifizierten Mitarbeitern, für euren heutigen Beitrag. Diesmal wird es keine so verheerenden Folgen für Erde und Meer geben, aber wir müssen die Kernkraftwerke im Auge behalten. Das Risiko von Unfällen durch menschliches Versagen lauert immer im Hintergrund."

Vielleicht denken meine Leser, dass ich einen Vortrag halte? Seid so, tut das, und ihr werdet ein würdiges Mitglied der Weide unseres Herrn sein. Aber versuche zu verstehen, dass ich nicht die Absicht habe, ein Weiser zu sein oder dich davon zu überzeugen, was richtig oder falsch ist. Ich vertraue voll und ganz darauf, dass ihr das am besten selbst wisst. Ich möchte dir nur von all den wunderbaren und fantastischen Dingen erzählen, die ich erlebt habe, und dir gleichzeitig zeigen, dass ich noch viele menschliche Schwächen habe. Ich werde dir nun von einem davon erzählen.

Über irdische Emotionen und Alles-Liebe

Als wir in unsere schönen Kasernen zurückkehrten, erwartete uns ein Festessen. Feste kommen hier häufig vor, aber sie sind nicht die Trinkgelage, die es auf der Erde gibt. Wir treffen uns und essen und trinken auf kosmische Weise, und das bedeutet, dass unsere Nahrung ganz anders ist als alles, was sich meine Leser vorstellen können. Es ist nicht möglich, es näher zu beschreiben. Wir hören Musik und erleben Kleintheater. Es ist auch schwierig, unsere Unterhaltung in Worte zu fassen. Lichttheater könnte die Formatierung von Engeln zur Musik sein, es könnten Bilder in außergewöhnlichen Farben und Mustern sein, es könnte Gesang, Sprache und nicht zuletzt Tanz sein.

Ich rannte, um mich neben die schöne Tiri zu setzen, bevor es jemand anderes tat. Sie hatte mich die ganze Zeit gemieden. "Was ist los mit dir?" fragte ich, in einem eher empörten Tonfall. "Zuerst rette ich dir das Leben, und dann distanzierst du dich von mir. Weißt du nicht, wie sehr ich dich mag?"

"Ja, das ist genau das, was ich weiß", antwortete sie und fing an zu lachen. "Mir das Leben gerettet — bist du nicht lustig! Aber als du mir dort drüben geholfen hast, kam deine Seele meiner so nahe, dass ich nicht umhin konnte, ihre Strahlung zu spüren. Das war auch eine gefährliche Strahlung, Jan. Nun, du weißt, dass ich dankbar bin, und ich mag dich auch. Aber unter den ersten Dingen, die wir in der Engelsschule gelernt haben, war es, so viel wie möglich aus unseren persönlichen Ego-Emotionen zu eliminieren, um in das Gesetz der göttlichen, bedingungslosen Liebe aufgenommen zu werden. Hast du das vergessen? Es ist uns nicht erlaubt, die persönliche, individuelle Liebe zwischen Mann und Frau zu empfinden, Jan. Nicht die Art, wie ich sie von dir empfangen habe. Verlangen gehört auf die Erde. Wir dürfen einander lieben und hier in vollkommener Seelenliebe zusammenleben, aber das ist eine ganz andere Sache."

"Ja, ich weiß, und ich verstehe", antwortete ich irritiert. "Aber ich konnte meine Emotionen nicht kontrollieren, die entstehen, wenn ich dich sehe. Außerdem gehörst du zu meiner Seelengruppe, also ist ein herrliches Chaos in mir."

"Dieses Chaos ist deine Verantwortung", sagte sie lächelnd. "Darüber hinaus hat jede Seele ihren Dual, und zu ihm gehört sie. Es lohnt sich also nicht, loszulaufen, während deine Flamme auf der Erde inkarniert ist, wie es sowohl deine als auch meine sind. Aber warte einfach, bis wir sie treffen! Vielleicht können wir sie überreden, bei uns zu bleiben, um solche herzzerreißenden Szenen zu vermeiden."

Herzzerreißende Szenen, dachte ich. Offensichtlich habe ich immer noch viel zu viele Janne-Emotionen der einen und der anderen Art. Als ich aufblickte, sah ich, wie Zars Augen auf mich gerichtet waren. Er hob seinen Kelch, und ich sah einen schurkischen Schimmer in seinen Augen.

"Es wird alles klarer!" rief er, direkt über den Tisch. "Du und ich müssen über Emotionen reden!" Das ist genau das, was wir taten. Etwas später saßen wir zusammen in einer blumigen Laube im Garten.

"Das Wichtigste, was ein Mensch hat, sind Emotionen", begann mein lieber Führer. "Ich bin kein Moralist, und hier geht es nicht um diese Art von Gedanken, aber die Emotionen müssen in die richtige Richtung geleitet werden. Das weißt du doch! Sich in Liebe, Begierde und Sex zu verlieben, ist alles Teil des Leidens und des Glücks des Lebens auf Erden.

"Wir bringen hier Teile von allem mit, aber hier ist es an der Zeit zu lernen, diese Emotionen zu unterdrücken. Das bedeutet nicht, dass uns langweilig werden wird, oder? Hier gibt es alle Arten von positiver Freude, Tanzen, Spielen und Singen — aber keine Liebesspiele. Wir haben so viel Liebe und leben darin, dass sie uns Energien gibt, die stärker sind als die Strahlen der Sonne. Die Energien, die wir ausstrahlen, sind komprimierte Liebe. Wir strahlen sie zu uns selbst aus, zu einander, zur Erde, zu unserem gesamten Universum. Diese Energien sind enorm aktiv. Mit ihrer Hilfe sind wir in der Lage zu atmen und uns zu bewegen. Von ihnen leiten wir alle Talente ab, die wir besitzen. Hast du verstanden?"

"Ich versuche es jedenfalls", antwortete ich.

"Deine Emotionen müssen Teil der Ganzheit sein", fuhr Zar fort.

"Von dort aus strahlen sie mit der unendlichen Kraft der universellen Liebe in den ganzen Kosmos. So arbeiten wir alle. Andererseits, wenn deine Emotionen überfließen und zu emotionalen Händlern werden, die ihre Waren zum Verkaufspreis anbieten, wirst du die Macht der Energien zerstören, die du ausstrahlst."

"Das ist ein bisschen hart, nur weil ich jemanden ein wenig mehr mag als andere", protestierte ich.

"Du kannst so viele Leute mögen, wie du willst", widersprach Zar. "Du, ich und Shala mögen einander sehr. Es sind eure irdischen körperlichen Emotionen, die ihr noch nicht ganz verarbeitet habt. Diese Emotionen sind auch nach dem Übertritt bei den meisten Menschen noch vorhanden, aber viele von ihnen bleiben im Niemandsland oder in der Astralwelt. Wir brauchen dich hier, in der ätherischen Welt. Aber wenn du es vorziehst, dich deinen Wünschen zu widmen, musst du zurück in das Niemandsland gehen, wo es so etwas gibt. Wenn du mit den Engeln und mit uns arbeiten willst, musst du lernen, solche Emotionen zu kontrollieren und stattdessen mit deiner Alles-Liebe zu arbeiten. Es ist deine Entscheidung!"

"Natürlich bleibe ich hier", murmelte ich. Ich fühlte mich sehr verzweifelt über die harten Worte, aber ich konnte später verstehen, wie wichtig es ist, zu lernen, "den richtigen Weg zu finden". Emotionen sind wichtig, aber sie zu kontrollieren, ist umso wichtiger. Die Emotionen zu sublimieren, geschieht nicht durch das Schlagen eines Engelsflügels!

"Du durftest die Erinnerung an dein letztes Leben auf der Erde bewahren. Dies war für verschiedene Aufgaben notwendig, einschließlich der Zusammenarbeit mit deinem Medium. Aber jetzt kehrst du nach Kualli zurück, weil du deine "militärische" Ausbildung noch nicht abgeschlossen hast."

Ich war froh, noch eine Weile bei Kualli zu bleiben. Ich dachte, Tiri würde versetzt, aber das war nicht der Fall. Sie gehörte nach wie vor zu Kuallis Schützlingen. Ich kann uns nicht Soldaten nennen, denn nichts könnte weniger soldatisch sein als das Leben, das wir in der Kaserne des Ashtar-Kommandos führten. Es gab jedoch eine sehr strenge Disziplin, nicht wegen der strengen Vorschriften, sondern weil wir selbst sie wollten. Henry befand sich in einem ganz anderen Teil der gigantischen Raumflotte. Da sich die Regionen des Ashtar-Kommandos über die gesamte ätherische Welt erstreckten, gab es dort unzählige Abteilungen, Militäreinheiten, Lager und andere Operationen.

Wenn ich noch auf der Erde gelebt und mich in einen Kollegen verliebt hätte, wäre es in einer Beziehung oder Trennung geendet, mit Umzug in getrennte Abteilungen. Hier war es das Gegenteil. Du wurdest mit dem Problem konfrontiert, bis es behoben war. Harte emotionale Anforderungen wurden an mich gestellt, aber ich selbst habe sie dort gestellt. Ich war der einzige, der in mich hineingehen und das Höhere Selbst kontaktieren konnte, und das war es, was von mir erwartet wurde. Als Tiri in der Nähe war, war alles doppelt so hart, aber nach und nach lernte ich, eine andere Beziehung zu ihr zu erlernen. Sie wurde eine sehr gute und treue Freundin. Ich erkannte, dass dies die beste Lösung war. Keiner von uns würde sich täuschen lassen, wenn unsere Emotionen überhand nahmen. Am Anfang haben sie das geschafft. Aber sie wurde einfach die beste Lehrerin für mich in emotionaler Kontrolle.

Der Ausdruck "emotionale Kontrolle" mag für menschliche Ohren hart erscheinen, aber die Worte haben hier nicht die gleiche Bedeutung wie auf der Erde. Hier ist alles ein Verschmelzen mit der Ganzheit und ein selbstloses, unbegrenztes Gefühl der Liebe, das einem Erdling schwer zu erklären ist. Da habe ich gerade ein gutes Wort erfunden! Für dich sind Ashtar und andere Besucher von anderen Planeten Außerirdische. Für uns seid ihr, liebe Weltbewohner, Erdlinge. Das ist ein verbindliches Wort, denn man muss richtig geerdet sein, solange man auf Tellus lebt.

Meine Missionen waren vielfältig und weitreichend, und Tiri und ich wurden oft zusammen ausgesandt. Manchmal ging Tone mit uns. Tone war eine Seele, die ich nicht verstanden habe. Es gab ein kleines Unbehagen zwischen uns Engeln! Er war so ausweichend; ich konnte ihn nicht erreichen. Er lächelte oft, anstatt zu antworten, und als wir zusammen auf einer Mission waren, verschwand er plötzlich ohne ein Wort. Er war wahrscheinlich clever in seinem Bereich, aber er wirkte schüchtern. Er war ruhig und freundlich. Einmal sagte er uns jedoch, dass er an Krebs gestorben sei, als Folge der Arbeit in einem Kernkraftwerk in Russland. Meine anderen Freunde waren fröhlich, und einige von ihnen gehörten zu meiner Seelengruppe. Die Feste, die wir nach jeder erfolgreichen Mission hatten, waren etwas, worauf man sich freuen konnte. Wir tanzten und sangen und genossen das Zusammensein — und natürlich tun wir es immer noch.

Ich habe dir vom Kernkraftwerk erzählt. Es gab noch weitere Missionen, darunter die Verhinderung der Ausbreitung von Überschwemmungen, die Kanalisierung von Wasser und die gleichzeitige Reinigung. Als sich schwere Eisenbahn- und Autounfälle ereigneten und viele Menschen starben, mussten wir sicherstellen, dass die richtigen Menschen überleben und ihnen Mut und Kraft geben. Am liebsten habe ich an Aufgaben mit dem dunklen, aromatischen Boden gearbeitet, den ich seit meiner Kindheit immer geliebt habe. Ich schwebte gerne in den Wäldern herum und bereitete die Natur auf alle Arten von Umweltbelastungen vor und half ihr bei der Reinigung von Luft, Wind, Wasser und vielem mehr.

Aber es war nur für kurze Zeit, dass ich auf solche Missionen geschickt wurde. Es waren "kleine Kartoffeln", wie Tiri sie nannte. Zu den Hauptaufgaben gehörte die Prävention oder zumindest die Reduzierung von Gewalt, Hass und Bösem, insbesondere in den Großstädten. Ich mochte keine großen Städte — vielleicht wurde ich deshalb nach Hongkong, New York, London, Paris, Rom und in viele andere Städte geschickt. Große Städte sind für einen Geist genauso unangenehm wie für einen Erdling, aber ich habe viel gelernt. Ich durfte mich an diesen Orten nie materialisieren. Ich war Luft in der Luft, auch wenn die Stadtluft so dick war, dass es sich anfühlte wie Pfannkuchenteig.

Mein erster Schüler

Bei einer Gelegenheit, als Kualli mich anrief, war ich gerade aus dem Irak gekommen. Es war eine unangenehme Erfahrung gewesen, auch wenn ich als Helfer und Vorbeuger da war, weil dort eine moralische Abrüstung stattfand, durchsetzt mit einer bedrohlichen kriegerischen Aufrüstung.

"Du machst das schon seit geraumer Zeit gut", waren Kuallis Grußworte, die mich stolz und glücklich machten. "Deine Missionen haben sich mit Mutter Erde beschäftigt, weil du eine so besondere Affinität zu ihr hast. Ich weiß das zu schätzen, denn der alte Indianer bleibt so sehr in mir wie der Bauernjunge in dir. Mein ganzes irdisches Leben war eine Einweihung in die Natur. Leider wird es nicht mehr viel Natur geben, wenn sich auf der Erde bald keine Veränderungen ergeben.

"Ich habe einen Traum, Jan! Ich träume von neuem, frischem Gras, das auf der Erde wächst, und neuen, frischen Blumen, die ihre bunten Köpfe überall dort hochstecken, wo es freies Land gibt. Ich habe einen Traum, dass das Wasser in Seen, Flüssen und Meeren frei von Gift sein wird und dass Lachse und Forellen in den Bächen tanzen. Ich träume davon, dass Menschen in Gemeinschaft in kleinen Gemeinschaften leben, mit friedlichem Austausch von Worten und Taten. Ich träume von anmutigen Weidenbäumen, die ihre Äste ins Wasser tauchen, während kleine glückliche Kinder an den Stränden mit dem Spielzeug der Natur spielen: Steine, Kiefernzapfen und Stöcke. Ich sehe einen alten Mann, der inmitten von ihnen sitzt. Er schnitzt ein schönes Boot, während er Märchen und Legenden aus längst vergangenen Zeiten erzählt. Die Kinder hören zu, denn Kinder können immer zuhören, solange die Erwachsenen ihnen das Hören nicht wegnehmen.

"Ich träume von den positiv eingesetzten Massenmedien, um den Menschen zu helfen, zu lehren und zu erfreuen und auch das Wissen über alte Kulturen mit längst vergessenen Bräuchen und Ritualen zu vermitteln. All das möchte ich der Erde geben. Nicht nur ich, sondern die ganze ätherische Welt will eine neue Erde sehen. Darauf arbeiten wir hin, was wir uns erhoffen und was wir umsetzen wollen.

"Jan, ich habe eine neue Mission für dich. Ich möchte, dass du dich um einen kleinen Jungen kümmerst, der kürzlich hier angekommen ist. Er stammt aus einer schwedischen Inkarnation und wird Lasse genannt. Er starb bei einem Motorradunfall, der von seiner eigenen

Bande arrangiert wurde, die sich Hell's Angels nennt. Tone, bring den Jungen hierher!"

Der General schrie den letzten Satz in die Luft, und hey, Tone war mit einem jungen Mann da, der sehr verloren aussah. Er war groß und etwas schlaksig, mit hellem, unordentlichem Haar bis zu den Schultern, und sein dünnes, blasses Gesicht war kaum freundlich. Er presste die Zähne zusammen und sah mich heimlich an. Doch um den Jungen herum war ein ziemlich starkes Licht. Sein Gesicht wäre schön gewesen, wenn es ein schwaches Lächeln gezeigt hätte. Seine schlanken Hände mit langen, gut geformten Fingern verrieten die Kunstfertigkeit. Ich umarmte ihn. Er war so steif wie ein Schürhaken.

"Komm mit mir", schlug ich vor. "und ich werde dich herumführen." Drinnen fragte ich mich, wie ein solcher Junge in die ätherische Welt gekommen sein könnte und ob er mir wirklich zuhören würde.

"Wie kommt es, dass du ermordet wurdest?" fragte ich ihn, während wir im Park spazieren gingen.

"Sie mochten mich nicht", war seine einfache Antwort. "Ich meine, meine Freunde! Ich interessierte mich für Dinge, die sie nicht verstanden: Astrologie, Alchemie, Esoterik und solche Dinge."

Die Worte des Jungen überraschten mich. Ich hatte kein Wissen über solche Dinge erwartet. Aber natürlich muss es einen Grund dafür geben, dass er hier ist.

"Und jetzt willst du hier bleiben?" war meine freundliche Frage.

"Nein! Das dachte ich zuerst, aber jetzt sehne ich mich danach, zur Erde zurückzukehren. Ich dachte, ich würde mich rächen, an diesen Bast...." Er hörte beim Fluchen auf und lächelte ein wenig verlegen. "Das ist ein Anfang", dachte ich.

"Also, du willst mit Drogen, Gewalt und Bösem weitermachen?" fragte ich ihn kalt.

"Das habe ich nie gesagt." Er drehte zwei große, dunkelblaue und überraschte Augen auf mich, und plötzlich brach das mürrische Gesicht in ein großes, freundliches Lächeln aus. Wie schön er wurde!

"Du willst Rache für deine Morde nehmen, nicht wahr?" rief ich aus. "Das hast du gesagt."

176

"Man kann sich auf verschiedene Weise rächen", antwortete er und lächelte immer noch. "Ich werde mich mit der Liebe rächen. Ich werde ihnen beibringen, worum es im Leben wirklich geht. Sie nannten mich "den schwarzen Messias", weil ihre schwarzen Seelen dunkle Epitheta für alles hatten."

"Du redest, als hättest du viele Bücher gelesen", sagte ich erstaunt.

"Ich habe letztes Jahr die Oberstufe abgeschlossen", antwortete er. "Ich habe ein Motorrad von meinem alten Herrn, eine Harley Davidson. Dann war es klar: Entweder ich schließe mich ihren Höllenengeln an oder lasse mich jedes Mal von ihnen belästigen, wenn ich mit dem Motorrad unterwegs bin. Also schloss ich mich ihnen an. Aber als ich sah, was sie taten, versuchte ich, mit ihnen zu reden. Ich war eigentlich wirklich in ein Mädchen verliebt, das auch mit ihnen zusammen war. Um ihretwillen spielte ich das Spiel weiter, aber am Ende konnte ich es nicht einhalten. Dann war es stattdessen Abschied. Fünf von ihnen fuhren in mich hinein, draußen in der Wildnis. Was mich am meisten verletzte, war, dass mein Mädchen bei mir war. Es ist irgendwie sinnlos, in eine Art Missionar geboren zu werden und nicht die Zeit zu haben, einer zu sein."

"Und so bist du hier hochgekommen?" fragte ich weiter.

"Hoch, nun... zuerst dachte ich, ich würde runtergehen. Aber es waren viele Engel um mich herum. Ich habe immer an Engel geglaubt, ohne die Hölle, ha-ha! So schätze ich, dass mir klar wurde, dass ich endlich in die richtige Richtung gekommen war. Was sollen wir jetzt tun?"

Jetzt lachte ich. Was für ein wunderbarer Junge! Ich mochte ihn wirklich.

"Bist du sicher, dass du nicht hier bleiben wirst?" fragte ich. "Es ist jetzt hart auf der Erde. Wer weiß, was mit dir passieren wird, wenn du wieder dort landest."

"Es ist nicht so schlimm", antwortete er glücklich. "Jetzt weiß ich natürlich, wohin ich kommen werde, wenn ich ins Gras beiße. Hier scheint es absolut gut zu sein, aber nein, ich muss zurück. Schande über den, der aufgibt!"

"Dann musst du eine Weile von mir unterrichtet werden", warnte ich ihn scherzhaft. "Wenn du darauf bestehst, zur Erde zurückzukehren, musst du etwas zurückbringen. Du musst eine Aufgabe haben, eine Mission!"

"Das klingt gut", antwortete er und pfiff. "Wo fangen wir an?"

"Hier und jetzt!" erklärte ich in einem entschlossenen Ton. "Du befindest dich jetzt auf einem Marinestützpunkt, der unter der Kontrolle des Ashtar-Kommandos steht. Ashtar ist ...."

"Ich weiß, wer Ashtar ist", unterbrach Lasse. "Er ist der Boss der ganzen Weltraumbande. Ich nehme an, ich habe eine Menge über diese Typen gelesen. Aber nichts über dich oder von dir geschrieben."

"Das hatte ich auch nicht erwartet", sagte ich. "Du wurdest lange nach der Zeit der armen Landarbeiter geboren. Aber jetzt wirst du dir Wissen aneignen, das du auf die Erde bringen wirst. Es wird in deinem Unterbewusstsein gespeichert. Möchtest du zurück nach Schweden?"

"Auf jeden Fall!" antwortete er mit Überzeugung. "Am liebsten an die gleiche Mutter. Und mein alter Herr auch. Mit ihm war alles in Ordnung, außer dass er nie Zeit für mich hatte, denn er war ein Politiker mit Fallschirmverträgen. Also hat er sein Leben so ziemlich vergeudet. Mama liebte es, Zukunftsromane und Neuzeitsbücher zu lesen. Ich möchte in Schweden geboren werden, und später möchte ich in die USA gehen und die Indianer studieren. Ich mag sie!"

"Das klingt gut, Lasse", antwortete ich. "Indianer sind dein Ursprung. Aber du musst noch eine ganze Menge lernen, bevor wir dich gehen lassen. Zum Beispiel musst du lernen, für dein eigenes Leben verantwortlich zu sein. Du bist ein einzigartiges Individuum, wie jeder Mensch. Du hast deine Aura, dein Karma und deine Träume. Vergiss nie, wer du bist, dass du jetzt hier bist und dass du deinen eigenen freien Willen hast. In der Kindheit braucht man Führung und Liebe. Wenn du erwachsen bist, bekommst du deine eigene Integrität und musst für dein Handeln verantwortlich sein. Wir entscheiden jetzt nicht, welche Eltern du diesmal haben wirst. Das ist meine Grundlage, um dich zu unterrichten, und wenn es dir gefällt, werden wir jetzt anfangen."

Es gefiel ihm. Und ich hatte meinen ersten Schüler in der großen, unendlichen Schule!

Ich blicke auf meine Zeit mit Lasse zurück, die für uns beide etwas bereichernd und lehrreich ist. Manchmal kam Tiri hinzu, und sie brachte etwas ganz Besonderes in unsere Gespräche. Lasse verehrte den Boden, auf dem sie schwebte, und ich lachte mir über die Sehnsucht des Jungen in den Ärmel. Ich fühlte mich sogar mit ihm verbunden. Ich begann, mich selbst immer mehr zu verstehen, und das verdanke ich Lasse. Ich verstand auch, warum Kualli mir diesen speziellen Jungen als Schüler gegeben hatte. Ich informierte den lieben Indianerhäuptling etwas später darüber und fügte hinzu, dass ich wirklich glücklich war, dass Henrys und mein Streich mich hierher gebracht hatten.

"Hast du das wirklich gedacht?" rief Kualli aus und lachte herzlich. "Glaubst du, dass das eine Art Verurteilungsvereinbarung ist? Mein lieber Freund, es ist eine Ehre und eine Auszeichnung, am Ashtar-Kommando teilzunehmen. Jan, wir bestrafen nie, wir restrukturieren. Wir wussten die ganze Zeit, dass du viel Schneid hast und dass du einer unserer begabtesten Schüler bist. Wir freuen uns, dass du gerne hier dienst, bis es Zeit für eine neue Beförderung ist."

"Aber ich will hier bleiben", stammelte ich. "Kualli, du bist wie ein Vater für mich geworden und ein bester Freund. Du bist mein Ideal, ein Vorbild, das ich immer in mir tragen will."

"Komm, komm, mein Junge", unterbrach Kualli und streichelte meine Schulter. "Lasst uns nicht übertreiben. Wir sind alle Teile der Ganzheit. Ich werde nicht aufhören, nach deinem Umzug dein Freund zu sein. Du kannst mich sehen, wann immer du willst, und ich melde mich freiwillig als dein Berater, wenn du diese Art von Hilfe brauchst."

Das war natürlich ein Trost. Ich kehrte zu meiner Aufgabe mit Lasse zurück. Er hatte einen scharfen Verstand, und er speicherte alles Wissen auf die richtige Weise, damit es auf die Erde gebracht werden konnte. In diesem Zusammenhang möchte ich dem Leser sagen, dass die Kinder, die jetzt, in den letzten Jahren des alten Jahrhunderts und von nun an, in die Welt hineingeboren werden, Wissen aus unseren Welten mitbringen und es so speichern, dass es oberflächennah liegt und nur ein wenig Nahrung braucht, um ans Licht zu kommen.

Lasse entschied sich endlich, in seine eigene kleine Schwester geboren zu werden, die vierzehn Jahre alt war, als er starb. Jetzt war sie frisch verheiratet und träumte von einem Kind. Wir hatten viele und lange Diskussionen darüber, wie er das von ihm mitgebrachte "Gepäck" am besten verwenden würde. Die alte Kultur der Indianer war ein wichtiger Teil seiner Zukunftspläne.

Schließlich kam der Moment, als ich ihn in den Teil des Engelsreiches begleitete, wo sich die "Geburtskammer" befand. Es gibt Geburtskammern im Niemandsland, im Astralland und im Ätherischen Land, denn in all diesen Welten gibt es Seelen, die entweder zur Erde zurückkehren wollen oder müssen. Eine letzte Umarmung, und danach brachten liebevolle Engel Lasse in die schöne Kammer, die die Endstation oder die Anfangsstation war — welche Bedeutung auch immer man dem Wort beimisst. Schweren Herzens kehrte ich in das Reich der Engel zurück. Aber dort erwartete mich eine angenehme Überraschung.

16. Helia und Sananda

Die Hütte des Landarbeiters, die ich so sehr liebte, als ich auf der Erde lebte, stand dort, grau und in ihrer einfachen Schönheit getragen, zwischen Birken, die gerade erst Laub bekommen hatten, mächtigen Eichen mit anschwellenden Knospen und einem Duft von frisch gemähten Gras. Der Boden unter den Bäumen war mit wilden blauen Windröschen, weißen Windblumen und ein paar Kuhfladen bedeckt. Shala und Zar kamen aus dem Haus und begrüßten mich. Das war meine Belohnung für eine lange Zeit fleißiger Arbeit an Kuallis Seite — für wie lange, weiß ich eigentlich nicht. Meine ganze Seelengruppe kam auch dorthin, und wir hatten eine Eröffnungsfeier, die die glücklichste war, die ich je erlebt hatte. Nun begann die "höhere" Ausbildung für den erfahrenen Jan, und ich war dankbar, dass ich mich gelegentlich in meine Hütte einschleichen und genießen konnte, in einer Existenz zu existieren, die weit über die menschliche Denkfähigkeit hinausgeht.

Die Göttin Helia: Die Jungfrau Maria

Es war nicht nur Zar, der mir das Wissen vermittelte, das ich nun genießen durfte. Zu meiner unaussprechlichen Freude besuchten wir den Meister Djwal Khul mehrmals und trafen auch seine Kollegen. Ich durfte Zar zu den Neun Ältesten begleiten, und ich traf den Meister Sananda, alias Jesus Christus. Vielleicht klingt das bombastisch und beeinflussend für die Ohren des Lesers, aber das war nicht der Fall. Alle diese Treffen waren glücklich und gemütlich. Ich kann dir nicht alles sagen, was ich zu sehen und zu hören bekam; es wäre zu umfangreich. Aber ich möchte ein wenig über die Welt der Elohim, die Welt der Seraphim und die zentrale Welt der Strahlen des Großen Geistes erzählen.

Manchmal war ich bei meiner Seelengruppe, manchmal allein. Die Welten, die man auf der Kosmischen Karte sehen kann, waren nicht alles, was wir erlebt haben. Wir reisten auch zu fremden Planeten und besuchten andere Sternensysteme in anderen Galaxien.

Helia war diejenige, die mir von den Elohim erzählt hatte. Es war eine recht kurze Zusammenfassung, denn was diese Meister leisten, geschieht auf so vielen Ebenen und in einem Ausmaß, dass ein irdisches Gehirn es unmöglich begreifen kann. Ihr Tätigkeitsbereich umfasst unser gesamtes Universum.

"Aber zuerst möchte ich über die Göttin sprechen", sagte sie. "Du weißt nicht viel über sie, obwohl du in mehreren deiner Leben ein echter Frauenheld warst. Ich bin die Göttin. Ich trage in mir die Energien der Sonne und des Mondes, des Tages und der Nacht und der Jahreszeiten. Aber ich bin auch die Mutter in allem. Ich bin Yin, Sananda ist Yang, und wenn er der Sohn Gottes ist, dann bin ich die Tochter Gottes. Gemeinsam sind wir die Liebe!

"Ihr Männer habt nie etwas über die Göttin erfahren, und deshalb hat der Mann die Oberhand auf Erden gewonnen. Die Position der Frau ist untergeordnet. Aber es war nicht immer so. Es ist weitgehend die Schuld des Alten Testaments, dass die Verachtung der Frauen eine so wichtige Rolle gespielt hat. In früheren Zeiten wurden Frauen auf der ganzen Welt respektiert. Die Frau in Gewahrsam, die Mutter und die Herrin wurden als Ideale unter mehr Menschen verherrlicht, als du dir vorstellen kannst.

"Danach kam das Neue Testament, mit dem Frauenhasser Paulus. Es ist leicht, Dinge zu verachten, von denen man so wenig weiß! Du wirst die Wahrheit nirgendwo beschrieben finden, aber das ist die Wahrheit: Sananda und ich sind Bruder und Schwester, geboren von der gleichen Mutter-Vater. Wenn dieses Wissen irgendwo aufgeschrieben wurde, wie es auf Atlantis der Fall war, wurde es ausgelöscht und vergessen. Dennoch hast du das Symbol der Yin-Yang-Sphäre, in der Schwarz und Weiß in einer einheitlichen und ewigen Symmetrie miteinander verflochten sind. Wo ist die Grundbedeutung davon geblieben? Als wir erschaffen wurden, mein Bruder und ich, ging es nicht um die

Starken und die Schwachen. Es gab eine absolute Gleichheit zwischen Stärke und Schwäche, wo das eine das andere ausgleicht und wo die Zusammenarbeit nicht nur ein Bild, sondern auch eine Handlung ist. Aber die männliche Dominanz wurde zu einer Tatsache, die mit der Zeit Flügel bekam.

"So war es die Göttin, die verschwand, und sie muss im laufenden Jahrhundert wieder auf der Erde erscheinen. Der Mann ist dabei, Mutter Erde zu zerstören. Einige Frauen folgen ihm, um seine Gunst zu genießen, andere sind machtlos, als Beobachter der bevorstehenden Katastrophe. Aber es gibt Göttinnen, sowohl hier als auch auf der Erde. Sie können nicht ohne die Hilfe der Frauen erscheinen. Bringt die Göttin in euch heraus, bitte ich meine Schwestern. Bringt die Göttin hervor, denn sie existiert dort, tief in euch, auch wenn ihr es nicht wagt, sie zu erkennen.

"Ich habe viele Leben auf der Erde gelebt. In einem von ihnen war ich die Jungfrau Maria, als ich in menschlicher Gestalt meinen Bruder Sananda für die notwendige Tat gebar, die er übernommen hatte. Dann wurde ich die Mutter — vorher war ich nur die Schwester und der Dual. Aber ich war auch Inanna bei den Sumerern und Isis bei den Ägyptern. Meine letzte "Aufführung" auf der Erde war als Jeanne d'Arc, die tapfere Kriegerin in Frankreich. Dort offenbarte ich einen weiteren Aspekt: die Frau als Kriegerin.

"Am Anfang gab es nur sieben Elohim, aber jetzt gibt es viele von ihnen. Sie arbeiten nicht sehr viel mit dem Planeten Erde, außer dass sie am Galaktischen Rat teilnehmen, der normalerweise auf der Zentralsonne versammelt ist. Die Zentralsonne befindet sich seit langem auf Sirius A. Aus irdisch-wissenschaftlicher Sicht ist dieser Stern absolut unbewohnbar und besteht nur aus Gasfeldern. Der Leser muss in diesem Zusammenhang die Tatsache akzeptieren, dass, wenn das menschliche Auge kosmische Funktionen erhält und an neue Dimensionen angepasst ist, die ganze "Realität", von der man glaubt in der man lebt, sich verändert. Viele spirituell aktive Menschen behaupten, dass sie die Zentralsonne besucht haben. Der physische menschliche Körper würde dort sofort verbrennen, aber wenn jemand seinen Körper verlässt, um andere Dimensionen zu besuchen, kann er oder sie auf verschiedene Weise programmiert sein.

"Jeder kennt die Silberkordel, von Jan meist Hundeleine genannt, die weit reicht, aber nicht so weit, dass der Besitzer einen Ort wie die Zentralsonne oder Shamballa besuchen darf. Es reicht eigentlich nicht in die ätherische Welt, auch wenn es so gesagt wird. Wenn man Nahtoderfahrungen untersucht, wird man feststellen, dass niemand weiter kommt als das Licht oder möglicherweise die Akashic Aufzeichnungen im Niemandsland. Menschen, die ernsthafte Botschaften aus der ätherischen Welt erhalten, können jedoch in bestimmte Bereiche kommen, die von den Reichen der Engel und Meister überwacht werden. Wenn du dich von der Silberkordel reißt und wegläufst, musst du auf dieser Seite bleiben. Aber das passiert selten. Wenn jemand behauptet, die Meister in Shamballa oder auf der Zentralsonne getroffen zu haben, hat er wahrscheinlich die Namen für diese Orte falsch gewählt. Nicht einmal ich habe Zugang zu den großen Geheimnissen erhalten."

Bis jetzt Helia. Bei mehreren Gelegenheiten habe ich dir gesagt, wie groß es hier ist. Ich kann dir nur meine persönlichen Erfahrungen nach meiner Überfahrt mitteilen. Ich sage nicht definitiv und rechthaberisch: So ist es nun mal! Es gibt endlose Variationen. Deshalb bitte ich den Leser noch einmal, das aufzunehmen, was sich richtig und wahr anfühlt, wenn ich euch weiterhin über die Elohim und die Seraphim erzähle.

Elohim sind Lichtwesen jenseits unseres konzeptionellen Bereichs. Helia teilte mir mit, dass sie sehr viele hoch entwickelte Wesen und Engel in ihrem Reich versammelt haben. Die Engel, die sich den Elohim angeschlossen haben, haben sich freiwillig entschieden, in großen Gruppen mit dem gesamten Kosmos zu arbeiten. Wenn ich an den Namen Elohim denke, habe ich diese Vision: "gigantisch", "unbegrenzt", "undefinierbar" und "aus Licht in verschiedenen Formen". Als ich sie fragte, ob das Reich der Elohim der ätherischen Welt gleicht, lächelte sie nur und schüttelte den Kopf.

"Alles ist Licht", sagte sie, "aber es ist organisiertes Licht. Es gibt eine unglaubliche Ordnung in ihrer Welt. Es ist nicht in Reiche unterteilt, wie hier. Ich kann keine Landschaften oder Gebäude beschreiben, die denen ähneln, die hier existieren. Doch die Elohim sind mit dem ganzen Universum in Kontakt, und ihr galaktisches Netzwerk ist mit Kontakt- und Kommunikationsstrahlen ausgestattet, die selbst für uns zu fortgeschritten sind.

"Die einzigen Wesen, von denen ich dir sagen kann, dass sie etwas robuster sind, sind die Cherubim. Sie existieren sowohl dort als auch im Engelsreich. Die Cherubim im Engelsreich sind eine spielerische Gruppe, die ihren Weg in den Himmel der Liebe und Freude finden. Bei den Elohim sind dieselben Cherubim Botschafter, Designer und Konnektoren. Sie verbinden alles, was Verbindung, Gemeinschaft und Einheit braucht. Sie bewegen sich wie glitzernde Luftmassen, managen die Energien und korrigieren Unrecht. Auch hier können Fehler auftreten."

Ich dachte an all die Fehler, die ich gemacht habe und nickte ihr zu. Auf der Erde sprechen wir normalerweise über den menschlichen Faktor. Hier schätze ich, dass wir es den "unerwarteten Faktor" nennen könnten. Man erwartet keine Fehler, weder in der Astralwelt noch im Ätherischen — noch bei den Elohim. Aber solange es denkende Gehirne gibt, kann es zu einer gewissen Überhitzung oder Überschlag kommen. Es passiert nicht oft, aber es passiert.

Stellen wir uns vor, die Welt der Elohims erhebt sich über alle anderen wie ein riesiger Brunnen in einem Feuerwerk aus Farbe und Ton. Das Wort "Ton" stellt eine Verbindung zur nächsten Welt, der Welt der Seraphim, her.

Eine Gelegenheit, Meister Sananda Fragen zu stellen

"Was anderes als Töne können existieren, die dem Großen Geist am nächsten sind, seine Strahlenwelt umgeben und mit Klängen von wunderbarer Schönheit seine Sonnenwelt verkünden?" fragte ich mich.

"Wenn wir über die Seraphen — die Seraphim — sprechen, sprechen wir gleichzeitig über den Mutter-Vater", antwortete Sananda. "Um es dir leichter zu machen, werde ich es mit einer Metapher demonstrieren: Stell dir einen Stern mit vielen Punkten vor. In der Mitte befindet sich der Große Geist, und die Seraphim sind die Punkte ringsum. Die Seraphim sind die äußersten Punkte des Willens des Großen Geistes. Sie leiten seine Wünsche und Gesetze weiter, und das geschieht immer durch Töne, Klänge und Musik. Der Ton war der erste Klang in einem ruhigen und leeren Universum. Der Ton ist eine kreative Kraft, ebenso wie der Gedanke. Aber auch der Ton muss kontrolliert werden. Der Große Geist kontrolliert die Seraphim, und sie geben seine Botschaft an alle seine Welten weiter."

"Kann sich der Große Geist oder Gott persönlich zeigen?" wagte ich zu fragen. "Hat er irgendeine Form oder Gestalt?"

"Ja", antwortete Sananda. "Er ist der Schöpfer. Warum sollte er nicht in der Lage sein, sich bei Bedarf eine Form zu schaffen? Wer ist Gott? So viele Leute haben diese Frage gestellt. Was denkst du denn?"

"Wenn ich mutig bin", antwortete ich, "glaube ich, dass Gott ein sehr vielseitiges Wesen ist. Das muss er sein, um seine Schöpfung erfassen zu können. Ich glaube, dass Gottes Auge im Wind und in der ganzen Natur und in unseren eigenen Herzen ist. Ich glaube, er ist überall dort zu finden, wo er geliebt wird. Ich glaube, er beklagt diejenigen, die ihn hassen oder nicht akzeptieren wollen, so sehr wie er um diejenigen trauert, die in seinem Namen Krieg führen, weil er Liebe ist. Ich glaube, er ist der Hüter und Mittelpunkt der Ganzheit. Seine Strahlkraft ist überall und in jedem zu finden. Dann liegt es an uns allen, sowohl den physischen als auch den nicht-physischen, seiner Macht mit unserer eigenen zu begegnen und zu sagen: "Mein Wille ist dein Wille"! Nur dann wird sich unsere Seele freuen, denn dann wird sie Zugang zu den göttlichen Tönen erhalten, und dann werden wir unseren eigenen Willen loslassen, der uns die ganze Zeit in seinem eisernen Griff gefangen gehalten hat."

Sananda schenkte mir ein warmes Lächeln und nahm meine Hand.

"Du hast so Recht, Jan", sagte er. "Der Vater kann jede Form annehmen, die er will. Er ist in der Regel immer Teil des Galaktischen Rates. Aber er ist auch genau derjenige, den du beschreibst: ein dauerhaftes Zentrum für die Universelle Liebe in der Ganzheit. Damit sollten wir uns zufrieden geben. Wir wissen, dass er kein Fremder ist, der hoch über uns steht; er ist einer von uns, wenn wir es wünschen und wenn er es für richtig hält. Er nimmt unsere Gebete und Wünsche an, und er antwortet, wenn wir mit ihm reden, wenn er denkt, dass wir eine Antwort brauchen. Für denjenigen, der ihm sein absolutes Vertrauen schenkt, ist er ein Fels in der Brandung. Was kann ich noch sagen?"

"Der strenge Richter und blutrünstige Despot, der im Alten Testament Gott oder Herr genannt wird, glaube ich, hat nie existiert", antwortete ich nachdenklich. "Oder hat er das?"

"Ja, er ist eine sehr greifbare Macht aus einer Welt, die ich nicht gut nennen will", lautete die Antwort, die ich erhielt, "und sein Name ist Godonda."

"Aber es gibt eine Sache, die ich gerne wissen würde, Meister", fragte ich. "Wie kannst du dich den Menschen an verschiedenen Orten gleichzeitig offenbaren? Wird das auch durch die Kraft des Denkens erreicht?"

"In gewisser Weise, mein Freund", antwortete er. "Ich werde deutlicher werden. Zu Recht dreht sich alles um die Projektion. Ich habe die Gabe, mich an verschiedenen Orten gleichzeitig zu präsentieren. So bin ich hier, in der ätherischen Welt. Meine Projektion geht von meiner Aura in Form einer Art Hologramm aus, aber nicht genau das, was man ein Hologramm nennt. Wenn ich es ein "Denk-Hologramm" nenne — wie interpretiert man das?"

"Es ist undenkbar!" rief ich aus. Sananda lachte.

"Siehst du!", sagte er. "Noch gibt es in Jan viele irdische Vorstellungen, aber das Undenkbare kann sehr denkbar sein das kann ich dir versichern. Es ist sogar ein sprechendes Hologramm, das ich aussende. Impulse aus meinem Gehirn gehen in die Hologramme ein, die zeigen, dass es sich um Formen in kompakter Form handelt, die aber vollständig auflösbar sind. Wenn ich meine Arbeit beendet habe, löse ich die Projektion mit der Kraft des Denkens auf. Es ist ein Wunder für den Menschen, aber für mich ist es nur ein technisches Know-how. Ich wusste es schon, als ich Jesus war."

"Also warst du damals ein Hologramm?"

"Sicherlich nicht. Ich ließ mich von einer Frau gebären, also war ich absolut substantiell. Aber schon als Kind hatte ich dieses Wissen in meinem Gehirn verankert, und es gab einen offenen Kanal zu meinem Mutter-Vater im "Himmel". Ich nannte es "Himmel", weil es unmöglich war, den abergläubischen Menschen dieser Zeit alle verschiedenen Welten im Kosmos zu erklären. Im Moment sprechen Sie mit dem Kern von Sananda. Wir nennen den ursprünglichen monadischen Individuumskern "den Kern", was es dir leichter macht, ihn zu verstehen."

"Was bin ich dann? Ein Geist?"

"Du gehörst zur Engelswelt, und du bist einer von ihnen. Das weißt du doch. Deine gegenwärtige Realität ist genauso real wie damals, als du auf der Erde gelebt hast. Aber hier ist dein Leben erstens ewig, zweitens hat es eine viel breitere Perspektive, und drittens bist du immer noch "du". Dein Ehrgeiz, zu den Meistern zu gehören, bedeutet ein Noviziat von etwa tausend Jahren in der Erdzeit. Hast du Angst davor?"

"Es kann so viele tausend Jahre dauern, wie es will", antwortete ich glücklich. "Ich bin bereit, immer wieder vor Gericht gestellt zu werden. Meine Seelengruppe schenkt mir jedes Mal Mut und Geduld, wenn ich sie treffe — was oft der Fall ist. Wir werden jetzt zu einem Team, das sich nicht wieder inkarnieren will. Wir sind eng verbunden und teilen alles miteinander."

"Aber bedenke, dass es noch lange dauern wird, bis du bereit bist für ein 'denkendes Hologramm'", warnte Sananda. "Wir sind eine besondere Gruppe, die von unserem großen Lehrer Melchisedek, dem Meister über die Meister, diese magische Kunst gelernt hat. Sein Name wurde in vielen Kontexten auf der Erde verwendet, aber das spielt keine Rolle, denn er hat viele andere Namen. Er war der Herrscher auf Zio, als der Planet vom Kometen getroffen wurde, und auf Atlantis, lange vor seinem Untergang. Heute gehört er auch dem Galaktischen Rat an, und er ist derjenige von uns, der die schwierige Kunst der

Projektion vollkommen beherrscht. Er kann wahrscheinlich an zwanzig Orten gleichzeitig sein und scheint völlig körperlich zu sein, aber sein Kernwesen ist in der Welt der Elohim."

"Gehört er zu den Neun Ältesten?" fragte ich neugierig.

"Selbst wenn er es wäre, darf ich es dir nicht sagen", antwortete Sananda kryptisch. "Viele bezeichnen die Meister als die Hierarchie. Wir sind nicht besonders glücklich über diesen Ausdruck, da wir Diener der Welt sind. Wir sind kosmische Diener; wir dienen dem Großen Geist und seinem engsten Rat, der von großer Heiligkeit ist."

"Das klingt für meine Ohren sehr kompliziert, fast religiös", widersprach ich.

"Wie soll es klingen, wenn man über den Schöpfer und seine Schöpfung spricht", fragte Sananda lächelnd. "Ehrerbietung und Demut sind Tugenden, die dir noch fehlen, lieber Freund. Keine Widerrede, ich meine es nicht als Kritik, es ist nur ein freundlicher Klaps auf die Schulter. Deine Neugierde ist gut, deine Lust auf Entdeckungen noch besser, und wir nehmen deine Respektlosigkeit nicht ernst. Eine faire Kritik räumt die Übertreibungen auf. Aber jetzt ist es an der Zeit, dich auf ein neues Abenteuer zu schicken! Man kann nicht nur durch Reden Fakten bekommen, man muss sie erleben."

"Es gibt noch etwas, das ich wissen möchte, bevor wir uns trennen", sagte ich eilig. "Was ist einer, der an all das Gerede vom Aufstieg in die fünfte Dimension glaubt?"

"Das Wort "Aufstieg" ist vielleicht ein wenig trügerisch", sagte derjenige, der die Antwort auf meine Frage wirklich kennen sollte, mit einem Lächeln. "Es klingt, als würde die Erde wie eine Rakete in den Kosmos geschossen und die gesamte Umgebung plötzlich in perfekte Harmonie und Schönheit verwandelt werden. Die Menschen würden, so schnell wie ich mit der Hand wedle, zu Engelswesen werden. Alle Gewalt, alles Böse, Kriege, schlimme plötzliche Todesfälle in allen Formen, Drogen, Genmanipulationen und Umweltzerstörung — kurz gesagt, alles, was Geld verdient — würde im Handumdrehen verschwinden. Nicht einmal ich, der einst wegen des fehlenden Glaubens der Menschen gekreuzigt wurde, glaube an so etwas. Oh nein, die Welt zu verändern, dauert länger. Sie wird sich sicherlich ändern. Der Plan ist, dass sie zusammen mit ihren Bewohnern verwandelt wird, aber diese Veränderung wird nicht schmerzfrei sein. Und bitte sag mir, Jan, was würden die Menschen aus einer so schnellen Transformation lernen? Die Erde ist ihre Schule, und keine Schule erlaubt es ihren Schülern, ohne Prüfung zu absolvieren. Es darf nicht so einfach sein, denn dann würde der tiefste Sinn von allem verloren gehen."

"Der Aufstieg umfasst nicht nur die Erde", widersprach ich. "Davor werden die Menschen nach den modernen "Propheten" in Handarbeit zu riesigen Mutterschiffen gebracht, wo ihr und andere wohnt. Dort oben werden sie ihr weiteres Schicksal wählen oder auf einen Planeten geschickt, der die Reste aufnimmt und aufzieht."

Sananda lachte lautstark. "Jetzt übertreibst du!", rief er aus. "Es ist nicht im Voraus entschieden, wohin die Menschen, einschließlich der Bösewichte, gehen werden. Es ist eine ganz individuelle Frage. Ich weiß alles über diese Erhöhungen, die von einigen als Auferstehungen bezeichnet werden. Von unserer Seite aus ist es ein freiwilliges Projekt. Darüber hinaus ist ein gewisses Maß an Training erforderlich, da es sonst zu schweren Erschütterungen kommen kann. Ich leugne keineswegs, dass es bereits zu Erhöhungen gekommen ist und in Zukunft kommen wird. Außerdem können Gruppen-Erhöhungen auftreten. Aber es geschieht weder durch Selbstmord, wie einige zu glauben scheinen, noch durch Massenlandungen von UFOs, die riesige Menschenmassen mit sich führen. Es geschieht durch Stille, Gebet und bestimmte Übungen, die den Übergang mildern.

"Einige Menschen haben sich bereits entschieden, dass sie aufgenommen werden, und sie könnten es von klein auf gewollt haben. Wir helfen ihnen, denn sie stehen schon jetzt mit einem Fuß auf der anderen Seite der Grenze. Aber auch sie werden nicht hierher kommen, bis sie ihr Karma erfüllt haben. Viele unserer Schwestern und Brüder wurden auf die Erde gesandt, um eine Mission zu erfüllen oder ihre eigene Entwicklung zu beenden und vor allem zu lernen, ihr Bewusstsein in den Situationen zu erhöhen, in denen es nötig ist. Sie wissen, dass es ihre letzte Inkarnation auf Erden ist, und wenn sie hierher zurückkehren, sind sie wieder mit ihren Arbeitsgruppen oder Seelengruppen vereint."

"Es werden viele Bücher darüber geschrieben, wie diese Erhöhungen stattfinden werden, einschließlich der Zeitpunkte dafür", widersprach ich erneut. "Soweit ich weiß, ist noch kein Datum korrekt."

"Lass das Universum seine Geheimnisse bewahren! Möge die Gegenwart die führende Kraft der Ereignisse sein. Pass auf dich auf, mein Freund, und denk nicht mehr über die Zukunft nach. Lass die Menschen planen und den Schöpfer regieren, oder vielleicht eher direkt."

Eine schnelle Umarmung und der große Meister war verschwunden. Ich fühlte mich ein wenig benommen, saß in der großen, schimmernden Engel-Pyramide, wo ich einen Großteil meines Unterrichts hatte. Es war wie ein riesiges Puzzle, aber einige der Teile fingen an, sich anzupassen, obwohl viele von ihnen noch fehlten. Würden sie jemals an ihren Platz kommen?

17. Alien-Kontakt

Die fliegenden Schiffe hatten viele verschiedene Namen. Sie wurden Vimanas, Merkabahs und UFOs genannt. Es war auf einer Reise mit einem von denen, auf die ich das Abenteuer erlebte, auf das mich Sananda vorbereitet hatte.

Ich war in allen Welten, ich habe andere Planeten besucht, ich habe meine geliebte Mutter Erde ab und zu besucht, und ich habe gelernt, mich an das Leben anzupassen, das ich hier und jetzt lebe. Ich kann es unter keinen Umständen "Tod" nennen, denn dieses Wort bedeutet ein kaltes und steifes Nichts, das in die Erde gelegt oder in den Flammen des Feuers verbrannt wird. Der unerbittliche Tod, den der Mensch ständig fürchtet, existiert nicht. Was bedeutet die Schale, die man beiseite legt, wenn man die Frucht isst? Was bedeuten die alten, zerfetzten Kleider, die für den Müll bereit sind? Du willst sie nicht mehr benutzen und vermisst sie nicht mehr. Du bist in der Tat glücklich, sie loszuwerden, damit du die neuen, leichteren Kleidungsstücke tragen kannst. Diejenigen in deiner Umgebung, die es gewohnt waren, dich in deinen alten Kleidern zu sehen, kommen nicht darüber hinweg, dass du sie weggeworfen hast. Es ist in der Tat eine Art Kleinlichkeit von ihrer Seite.

Ich dachte schon während meines irdischen Lebens in diese Richtung, als ich über den alten Soldaten schrieb, der so glücklich war, als er seine kürzlich erworbene Freiheit auf dem Kirchturm mit dem Hahn entdeckte. Ich sehnte mich damals nicht nach dem Tod, aber ich dachte darüber nach, was es bedeuten könnte. Ich hatte keine Angst vor dem Tod — wie immer war ich neugierig. Ich hatte in diesem Leben nie eine akademische Ausbildung, aber es gibt etwas, das man "Ausbildung des Herzens" nennt. Sie war tief in mir verwurzelt, denn sie enthält Wahrheit, Gerechtigkeit und Weisheit.

Vielleicht habe ich mich deshalb im Engelsreich schon von Anfang an nicht im Geringsten fremd gefühlt. Auch nicht in Shamballa. Als mein Zuhause auf Mutter Erde war, galt ich als eher benebelt, besonders gegen Ende, als ich den Leuten offen von meinem Glauben an ein Leben nach dem Tod erzählte. Ich behauptete, dass mein irdisches Leben ausgeliehen war und dass mein wahres Zuhause "in höheren Lagen" lag. Solche Worte ärgern immer die Gelehrten, die alles wissen und an nichts glauben.

Shala, Zar und ich wurden auf eine Mission geschickt. Wir wussten unser Ziel noch nicht, als wir in dem Schiff saßen, das uns zur Erde brachte. Eine vierte Person war zu uns gekommen, ein Mann, den ich nicht kannte. Er gehörte zu den "Außerirdischen". Er hatte einen großen Kopf und große Augen, rudimentäre Merkmale, einen dünnen Körper mittlerer Größe und nur vier Finger an jeder Hand. Er war ein sehr freundlicher und angenehmer Typ, und ich mochte ihn sofort. Er wurde Moos genannt. Er war die Hauptfigur in dieser Mission. Sein Körper wurde materialisiert, weil er eine Verbindung zwischen uns und der Erde sein sollte. Mit seiner Persönlichkeit und seinem Aussehen könnte er für die Erdlinge ein Beweis dafür werden, dass Außerirdische nicht gefährlich sind und dass sie mit den Menschen zusammenarbeiten wollen.

Moos war sehr sachkundig. Er verfügte über Ressourcen, die die Erde vor der Zerstörung durch ihr eigenes Volk retten konnten. Er war bereit, den Kampf gegen die Herren aufzunehmen, die die Erde regieren — kein schlechter Kampf, sondern die Herausforderung eines Liebeskriegers. Genau wie wir war er unverwundbar, aber wenn er schlecht behandelt wurde, mussten wir zurückkehren. Wir würden unsichtbar an seiner Seite stehen.

Dies war eine Mission der Spitzenpolitik. Unser Schiff würde in einem kleinen Ort in Kanada in der Nähe einer kleinen Stadt landen, in der Treffen auf höchstem Niveau stattfinden. Für mich war das neu und spannend, zumal ich seit meinem Übergang vor so vielen Jahren die aktuellen Ereignisse auf der Erde nicht mehr verfolgt hatte. Politik war nie mein Ding, aber ich konnte trotzdem einen berechtigten Zorn gegen den Nutzen und die Selbstversorgung der Machthaber von Jan, dem Bauernjungen, vorbringen. Als unser Schiff landete, trat ich auf einen fremden Teil der Erde mit der Mission zurück, die Katastrophen zu verhindern, die möglicherweise auf uns gewartet haben.

Erschrockene Menschen näherten sich dem Schiff. Moos stand davor und legte seine Hände in einer warnenden Geste nach oben. Die Menschen hielten sofort an. Es gab drei Erwachsene und drei Kinder. Sie wussten offensichtlich, dass die Strahlung eines UFOs schädlich sein kann. Shala, Zar und ich kamen hinzu und sahen uns die verängstigten Menschen genauer an. Ein kleines Mädchen mit braunen Locken erinnerte mich an jemanden, den ich auf der Erde schätzte, und ich setzte mich auf meine Fersen neben sie und streichelte ihr Haar.

"Hab keine Angst, Kleines", flüsterte ich ihr ins Ohr. "Wir wollen dir nichts Böses."

Das Mädchen sah und hörte mich nicht. Manchmal ist es bequem, unsichtbar zu sein, manchmal ist es hart. Unser Plan war, dass Moos versuchen würde, Kontakt mit diesen Menschen aufzunehmen, auch wenn sie misstrauisch wirkten. Er sprach ausgezeichnetes Englisch, und mit einem freundlichen Lächeln und ausgestreckter Hand ging er zu einem der Männer. Es waren zwei Männer und eine Frau. Er erklärte, dass es ein kleines technisches Problem mit dem Schiff gab, das repariert werden musste. Der Ältere der Männer blieb stehen, als Moos ihm nahe kam, aber er schüttelte nicht die Hand. Eines der Kinder, ein kleiner Junge von etwa acht Jahren, warf sich nach vorne und ergriff Moos. Der Außerirdische lächelte und hob den Jungen hoch. Dann kam der Vater des Jungen und fragte, ob Moos ihr Haus für eine Weile besuchen und darüber sprechen möchte, woher er kam und was mit dem Schiff passiert war. Sie lebten in der Nähe.

Inzwischen bemerkte ich, dass der ältere Mann zur Seite trat und ein kleines schwarzes Gerät benutzte, das er sich ans Ohr legte. Er redete verärgert, in sich hinein. Später erfuhr ich, dass es heutzutage auf der Erde Mobiltelefone gibt. Moos setzte sich auf den Boden und sprach freundlich mit dem Jungen und dem braunhaarigen Mädchen. Die Mutter umklammerte das kleinste Kind fest in ihren Armen.

Eine Weile lang passierte nichts. Beide Männer sprachen mit Moos, aber plötzlich jammerten Sirenen, und vier Polizeiautos kamen mit Höchstgeschwindigkeit an. Sechs Polizisten traten aus dem ersten hervor und griffen Moos hart an. Er drehte sich um und zwinkerte mir zu, bevor es zwei Polizisten gelang, ihm einen Sack über den Kopf zu ziehen. Die anderen eilten zu dem Ort, an dem sich das Schiff gerade befunden hatte. Es war verschwunden. Shala begann unkontrolliert zu lachen.

"Hast du ihre Gesichter gesehen?", fragte sie mich. Aber ich machte mir Sorgen um meinen kürzlich erworbenen Freund Moos, also schaute ich resigniert auf das verschwindende Polizeiauto. Die Polizisten in den anderen Autos sprachen eine Weile mit dem Mann, der nach ihnen gerufen hatte, und danach gingen sowohl die Erwachsenen als auch die Kinder mit der Polizei. Wir blieben außerhalb unseres Schiffes stehen, das unsichtbar geworden war. Hallo, Leser, das ist weder eine Science-Fiction-Geschichte noch eine Episode von Superman! Fahrzeuge können sowohl in der Luft als auch am Boden unsichtbar werden. Es ist einfacher für sie, sich zu entmaterialisieren als für uns.

Eine politische Weltkonferenz erhält einen kosmischen Besuch

"Jetzt sind wir an der Reihe, uns zu bewegen", befahl Zar. Wir nahmen uns gegenseitig die Hände und schlossen die Augen. Zar murmelte etwas, das uns zu einem großen Gebäude im Vorort der kanadischen Kleinstadt führte. Unsichtbar setzten wir uns auf ein Sofa in einem Raum, der aussah wie ein Wartezimmer.

Es dauerte nicht lange, bis Moos zu uns kam. Inzwischen hatte sich ein Wächter vor eine große Doppeltür im Raum gestellt. Moos zog den Kragen seines Mantels hoch und zog seinen Hut über die Stirn. Er ging auf die Wache zu und bat ihn, die Tür zu öffnen. Die Wache antwortete, dass im Inneren eine Konferenz stattfand. Dann entdeckte er wahrscheinlich, dass Moos seltsam aussah und fing an, nach seiner Waffe zu tasten. Aber er konnte sie nicht erreichen, bevor Moos ihn in einen tiefen Schlaf versetzte. Danach trat unser Raumfahrer in den Konferenzraum, dicht gefolgt von uns dreien.

Die Menschen um den langen Tisch herum schwiegen, und alle Augen wandten sich Moos zu, der Hut und Mantel ausgezogen hatte und in seinem glänzenden Raumanzug dort stand.

"Ich grüße euch!" sagte Moos in seinem tadellosen Englisch. "Ich bin hergekommen, um euch, Politikern aus vielen Ländern, zu helfen, die Erde zu retten."

Ein Mann stand auf und schrie wütend: "Ist das eine Art Maskerade? Bist du der einzige Bandit, oder gibt es mehr wie dich? Wo ist die Wache? Runter, Leute, er hat vielleicht eine Schusswaffe!"

Alle anderen, etwa fünfundzwanzig Menschen, lagen flach auf dem Boden. Wie lächerlich das aussah! Ich hatte es schwer, mich vom Lachen abzuhalten. Erwachsene, die Angst vor einem kleinen, freundlichen Außerirdischen hatten.

"Ich versichere dir, dass ich aus dem All komme", schrie Moos und hielt seine Hände mit vier Fingern hoch. "Ich bin hergekommen, um euch zu helfen. Ich bitte um die Teilnahme an diesem Treffen."

"Es ist eine Verschwörung!" rief jemand.

"Ruf die Polizei!" schrie jemand anderes.

Während die Polizei dachte, sie hätten Moos in Gewahrsam, war er ruhig aus dem Gefängnis gekommen. Er stand leibhaftig im Konferenzraum, und doch wollte niemand glauben, was er sagte.

"Ich möchte euch helfen zu verstehen, wie schlecht die Dinge mit eurer Erde sind", fuhr er fort. "Ihr nennt euch selbst Umweltschützer, aber ihr tut nichts für die Umwelt. Alles, was geschrieben wird, sind nur leere Worte. Gab es nach den Atomtests irgendwelche Untersuchungen der Ozeane? Habt ihr Proben von der Luftverschmutzung auf der ganzen Welt genommen? Wird die Ozonschicht regelmäßig überprüft und eine aktive Veränderung der verursachenden Emissionen eingeleitet? Könnt ihr die Wetterveränderungen erklären? Habt ihr aufgehört, Waffen an einander zu verkaufen? Habt ihr euch um die Probleme des weltweiten

Drogenhandels gekümmert oder haltet ihr sie für ein notwendiges Mittel zur Vernichtung? Wollt ihr die aufstrebende Jugend ausrotten? Wollt ihr Teile der Bevölkerung in Entwicklungsländern aushungern?"

In meinem Bestreben, Moos zu helfen, materialisierte ich mich. Ich hörte Leute aus einem Viertel des Raumes schwedisch sprechen, und ich dachte, dass ich meinen Landsleuten vielleicht erklären könnte, warum wir dort waren. Ich vergaß, wer ich war und verwandelte mich schnell in den irdischen Janne.

"Schau, da ist noch einer!" schrie jemand. "Wo kommt er her?"

"Er hat vergessen, sein Nachthemd auszuziehen", schrie ein scharfsinniger Kerl im Hintergrund.

Ich sah auf mich selbst herab. Ich hatte vergessen, ein Hemd und eine Hose zu materialisieren, also war ich da in meinem blauen Kaftan. Was noch schlimmer war: Darunter wurden meine nackten Beine und Füße gesehen, und meine Zehen spreizten sich wie glückliche Narren auf dem weichen Teppich.

"Weiß jemand, ob es in der Stadt einen Karneval gibt?", fragte ein älterer Mann. "Und wie sind diese seltsamen Kerle, gelinde gesagt, reingekommen?"

"Woher weißt du, dass es nicht das FBI ist?" rief eine ängstliche Frauenstimme. Kleine schwarze Telefone wurden schnell an viele Ohren geklemmt, aber dann hob Moos seine Hand in die Luft. Die Hauptleuchten des Konferenzraums erloschen, ebenso wie alle anderen Leuchten. Er hatte einen Kurzschluss des gesamten Gebäudes durchgeführt. Drinnen jubelte ich ihn an. Shala flüsterte mir zu, ich solle sofort entmaterialisieren, da meine Stimme nicht zu hören war.

Hinter mir hörte ich Zars leises Kichern. "Wir arbeiten effektiver, wenn wir unsichtbar sind", versicherte er mir, aus der Dunkelheit heraus. Einige Leute auf der Sonnenseite hatten bemerkt, dass es über dem großen offenen Kamin Kerzenleuchter gab, und sie versuchten, sie anzuzünden — aber vergeblich. Moos machte allen Arten von Beleuchtung ein Ende, sowohl innen als auch außen. Die Polizeiwagen, die auf dem Weg waren, ihren entflohenen Gefangenen zu fangen, blieben gerade stehen. Sie kamen nicht weiter. Diejenigen, die versuchten, in das Gebäude zu gelangen, wurden durch eine unsichtbare Wand behindert.

Aufgeregte Stimmen waren zu hören. Moos rief zum Schweigen auf und schrie seine Botschaft laut und deutlich aus.

"Ich bin nicht verkleidet!", versicherte er. "Ich bin Moos, ein Besucher von einem anderen Planeten in dieser Galaxie. In Schrecken sehen wir, dass die Erde nicht nur sich selbst zerstört, sondern die Zerstörung weit in den Weltraum hinausreicht und auch dort auf unschuldiges Leben trifft. Unsichtbare Arbeiter aus einer außerirdischen Raumflotte arbeiten Tag und Nacht und versuchen, die Kontamination und Vergiftung zu begrenzen. Ich wurde hierher geschickt, um euch darüber zu informieren und euch zu bitten, dass die Erde unseren Appell beantwortet. Es gibt noch Möglichkeiten für euch, zu überleben und zumindest einen Teil der Schäden zu beheben. Wir wollen Zusammenarbeit. Wir wollen all das Böse auf eurer Erde beseitigen, all die Zerstörung und Genmanipulation, von der ihr glaubt, dass sie euch eine Führungsrolle im Universum gibt. Stattdessen seid ihr im Vergleich zu den meisten anderen bewohnten Planeten auf einem niedrigen Niveau.

"Wenn das Licht zurückkehrt, wird keiner von uns Fremden hier bleiben. Ihr, die ihr an diesem Tisch sitzt, habt Macht und Einfluss in euren Ländern. Ihr plant in diesem Gebäude für die wirtschaftliche und strategische Weltsituation. Dieses Gebäude wird streng bewacht, aber ihr seht, dass ich nur meine Hand heben muss, um das zu ändern. Widmet euch stattdessen dem kulturellen Erbe, das ihr alle bewahren solltet. Gebt euren alten Kulturen die Möglichkeit, die Zukunft im Einklang mit der neuen zu gestalten. Wenn ihr mit uns zusammenarbeiten wollt, steht euch unser Wissen und unsere praktische Hilfe zur Verfügung — aber nicht durch Zwang oder Gefangenschaft, wie es jetzt bei bestimmten ausländischen Besuchern der Fall ist. Lasst eure Liebe unserer begegnen! Denkt sorgfältig darüber nach, dass die Erde euch nie Schaden zugefügt hat. Ihr seid es, die sie verletzt haben. Sie hat ihre Fülle mit euch geteilt. Ihr habt es ausgenutzt, um in euren jeweiligen Ländern Macht zu erlangen.

"Es tut mir leid, dass ich jetzt im Dunkeln mit euch sprechen muss, aber das Licht hat meiner Botschaft nicht geholfen. Wenn ihr die Vorteile einer Zusammenarbeit bewertet habt, müsst ihr nur noch gemeinsam auf meinen Namen Moos eingehen."

Als der Strom kurz darauf in die Gegend zurückkehrte, befanden wir uns in unserem Raumschiff. Als die Polizei in das Konferenzgebäude eintrat, war im Wesentlichen nichts anderes passiert, als dass das Licht erloschen war und die Politiker irritiert waren. Später hörten wir, dass die Konferenzteilnehmer beschlossen, das außerirdische Zwischenspiel nicht zur Kenntnis zu nehmen und die Medien nicht darüber informiert haben. Ich glaube, sie betrachteten uns als Witzbolde in Kostümen. Die Wahrheit und die Ernsthaftigkeit der Worte von Moos mag bei einigen der Teilnehmer in das Bewusstsein gekommen sein, aber das Ergebnis war ungewiss.

Es ist ein ernster Zustand, wenn die Menschen nicht glauben können, was sie selbst gesehen und gehört haben. Die Politiker wagten es nicht zu glauben. Sie wagten es nicht, an einen Besuch eines anderen Planeten zu glauben, dass es Hilfe für die Erde jenseits des Physischen geben könnte, dass sie Moos um Hilfe bitten können. Sie wagen es nur, in ihrer physischen Realität zu leben. Wenn nur einer von ihnen ein Gramm Mitgefühl zeigen oder die Gefahren erkennen könnte, die um die Ecke lauern, oder noch besser, über sie sprechen könnte, dann könnte vielleicht ein neues Denken beginnen. Aber Angst ist mit Macht verbunden, die mit viel Geld verbunden ist, und da kommt es zu einem plötzlichen Stillstand. Es gibt keinen Platz für außerirdische Gedankengänge. Sie verstehen nicht, dass sie keine Hilfe bekommen, bis sie darum bitten.

Wir hatten Moos bei dem Stromausfall und der unsichtbaren Wand vor dem Konferenzgebäude geholfen. Das war das erste Mal, dass ich an einem so kraftvollen gemeinsamen Denkprozess teilnahm, und es fühlte sich gut an zu wissen, wie stark wir zusammen waren, ohne unseren physischen Körper. Dies war jedoch nicht das letzte Mal, dass wir an so etwas teilnahmen. Was ihr, liebe Leser, die Zukunft nennt, ist voller Versuche, den Menschen neue und positive Erkenntnisse zu ermöglichen.

18. Über die Aura und die Chakren

Bei einer Gelegenheit, als ich zusammen mit Zar Djwal Khul in Tibet besuchte, erhielt ich einen sehr gründlichen Vortrag über die Aura und unsere Chakren. Ich bin sicher, dass viele meiner Leser diese Dinge studiert haben, aber die Lehre des kleinen Tibeters kann sich immer noch von den allgemein bekannten Theorien unterscheiden. Ich vermische meine eigenen Abenteuer meines kosmischen Lebens mit dem alten Wissen der Weisheitslehrer, damit diese Weisheit nicht zu schwer zu verstehen ist. Auf die gleiche Weise vermische ich altes Wissen mit neuem. Nun werde ich kurz auf die Aura und die Chakren für diejenigen eingehen, die nichts über sie wissen.

Die Aurafarben, die von innen nach außen — nach oben gezählt werden, sind rot, orange, gelb, grün, blau, indigo und violett. Natürlich gibt es unzählige Nuancen in jeder Farbe. Rot steht für das Physische, Orange für das Psychische und Gelb für den Intellekt. Diese drei sind sehr stark miteinander verbunden. Die grüne Farbe steht für Natur, für Talente und Wege. Die beiden Blauen und das Violette zeigen eine steigende Kurve der Spiritualität.

Diese sieben Grundfarben sind in jedem Menschen mehr oder weniger entwickelt. Sie können ganz oder teilweise durch Krankheiten und Probleme verborgen sein, aber sie sind da und variieren je nach den verschiedenen Zuständen, Fähigkeiten und Erfahrungen des Menschen. Während der Schwangerschaft wird ein fächerförmiges Feld in die Aura der Mutter eingestreut. Dies deutet auf den heranwachsenden Embryo hin, und er verlässt die Mutter bei der Geburt.

Die Chakren sind Machtzentren im Körper, die aus Energieformationen bestehen. Das Wort "Chakra" selbst ist Sanskrit und bedeutet Rad. So sehen wir diese Energieansammlungen in Form von Rädern, die sich drehen und verschiedene Farben ausstrahlen, die in direktem Zusammenhang mit der Aura stehen. Es gibt sieben bekannte Chakren:

Das Wurzel-Chakra, das durch eine rote Farbe gekennzeichnet ist, befindet sich am unteren Ende der Wirbelsäule. Es leitet den physischen und kreativen Teil des Menschen.

Das Milz-Chakra ist durch orange gekennzeichnet. Es befindet sich in der Milz und steuert die Verdauungs- und Assimilationsprozesse.

Der Solarplexus ist gelb und leitet die Nebennieren, die Bauchspeicheldrüse und die Leber.

Die Farbe des *Herzchakras* ist grün. Es leitet den Blutkreislauf und das Herz.

Das Hals- oder Nackenchakra hat eine blaue Farbe. Es wird zurück in den Hals gelegt und leitet die Atmung, Halskrankheiten und die Schilddrüse.

Das vordere Chakra oder das dritte Auge, ist indigofarben. Es führt die Zirbeldrüse und steuert in vielerlei Hinsicht den psychischen Geist.

Das Kronenchakra ist violett. Es ist stark mit der kosmischen Welt verbunden.

Das weißt du wahrscheinlich schon alles. Wenn nicht, lohnt es sich, genauer hinzuschauen. Der Tibeter hat seine eigene Version über die Zusammenarbeit zwischen der Aura und den Chakren.

Als ich mit Djwal Khul und Zar in dem schönen kleinen Haus in Tibet saß und seinen Weisheitsworten zuhörte, die im gleichen gleichmäßigen Fluss wie das Wasser im Talsee draußen vorwärts schwebten, war ich beeindruckt von der Einfachheit seiner Lehre. Seine direkten Antworten waren nicht in zu viele Worte oder Verzierungen gepackt. Sie gingen direkt auf den psychischen Teil zu. Menschen machen unnötige Schwierigkeiten. Wenn ein weiser Mann spricht, gibt es einen anderen, der weiser sein und seine eigenen Ideen zur ersten Weisheit hinzufügen will, dann kommt der nächste, und das Ergebnis ist ein so hohes Gebäude, dass die Fundamente es nicht tragen können, und alles bricht zusammen. Viel Weisheit hat diesen Weg eingeschlagen.

"Du weißt über die Aura Bescheid", sagte der Tibeter, "und du weißt über deine Chakren Bescheid. Viele haben darüber nachgedacht, wie man diese beiden Teile des Wissens an das richtige System bindet. Dann sage ich dir, dass es kein solches System gibt. Alle Chakren haben direkten Kontakt mit der Aura, und die Strahlung zwischen ihnen erfolgt automatisch, wenn ein Mensch gesund ist. Andererseits, wenn sie die geringste Störung in ihrer Aura oder in einem Chakra hat, ist das eine andere Situation. Ich werde erklären, wie und warum.

"Ein Chakra ist ein Rad, das sich dreht. Aber nicht nur das, jedes Chakra hat seine Farben, verbunden in einem Muster mit verschiedenen Feldern, die den Kreisen auf der Kosmischen Karte ähneln. Das Wurzelchakra hat die geringste Anzahl von Feldern, und das Kronenchakra hat die meisten. Die Felder drehen sich und zeigen eine Vielzahl von Farben an. Die Farben fließen ineinander, aber man sieht immer noch, dass die untersten Chakren dunklere Nuancen haben als die höchsten.

"Wenn wir von den Farben ausgehen, die ich dir anfangs gegeben habe — die es von Anfang an gab, obwohl so viele Leute versuchen, sie zu ändern — bilden die Farben verschiedene Muster in den Rädern. Jede Farbe entspricht der gleichen Farbe in der Aura. Bei der Betrachtung von Krankheiten muss man zunächst bedenken, dass die Strahlung zwischen Chakra und Aura in entsprechenden Farben erfolgen muss. Ein Chakra ist nicht nur ein "Farbball", sondern enthält auch sehr starke Energieströme. Es wird einfach mit Energie aufgeladen. Dementsprechend, wenn eine Farbe aus dem Chakra auf eine Farbe in der Aura trifft, wird eine bestimmte Menge an Quantenenergie übertragen.

Diese geladene Energie wird komprimiert. Man stelle sich vor, dass zwei Farben, die nicht zusammenpassen, aus Versehen zusammengeführt werden. Dies wird zu einem schlechten, vielleicht katastrophalen Ergebnis führen. Aus diesem Grund ist es wichtig zu wissen, ob die Krankheit vollständig physisch ist oder ob sie von den psychologischen Auswirkungen betroffen ist oder mental.

"Wenn du bei guter Gesundheit bist, drehen sich die Chakren schnell, aber wenn du krank bist, drehen sie sich langsamer oder werden ganz gestoppt. Wenn Energiestrahlung stattfinden soll, muss man das betreffende Chakra stoppen. Es darf nicht länger stehen bleiben als die Zeit, die es (mit viel Gedankenkonzentration) braucht, um einen Energiestrahl der gewünschten Farbe zu lösen und ihn an der richtigen Stelle in der Aura aufzutragen. Indem wir diese gespeicherte Energie in unseren Chakren haben, ob wir nun krank oder gesund sind, gibt es immer Möglichkeiten zur Heilung. Der Energiespeicher ist nicht krank. Man kann die Chakren als die Motoren des Körpers sehen, die die Schwingungsrate im Körper erhöhen oder verringern.

"Wie heilt man dann mit Energiestrahlen der richtigen Farbe? Zunächst muss man wissen, welche Krankheiten mit welchen Farben geheilt werden. Danach findet man das Chakra, das dem kranken Ort am nächsten ist. Danach wird untersucht, ob dieses Chakra im Gleichgewicht ist, d.h. sich so dreht, wie es sollte. Es ist nicht möglich, es zu verwenden, wenn es stillsteht. Die Heilung wird durch eine Zusammenarbeit zwischen dem Chakra, der Aura und den Gedanken erreicht, sodass man mit dem Chakra beginnt. Während es sich dreht, zieht man eine Spirale aus ihr heraus. Die Spitze der Spirale muss den kürzesten Weg zu dem Teil der Aura finden, der behandelt werden soll. Der Gedanke muss während des gesamten Prozesses mitwirken, das Geschehen leiten und verfolgen. Wenn die Spitze der Spirale ihr Ziel in der Aura erreicht hat und der Gedanke auf die Heilung der betreffenden Krankheit abgestimmt ist, spürt der Patient Wärme an dieser bestimmten Stelle.

Wenn es kein Gefühl von intensiver Hitze gibt, hat die Spirale ihr Ziel nicht erreicht. Dann musst du es noch einmal versuchen und sicherstellen, dass sich das Chakra bewegt. (Wenn es sich um eine psychische Störung handelt, tritt die Hitze immer um den ganzen Kopf herum auf, meistens auf der Krone.) Es ist nicht schwierig, aber es ist eine intensive Konzentration erforderlich.

"Der Energiespeicher existiert immer in allen Menschen, egal wie uninteressiert sie an alternativer Heilung sind. Es ist fest im Inneren des Chakra-Rades verpackt, und deshalb musst du vorsichtig sein, wenn du die Spirale herausziehst. Die Spirale enthält Energie, die in Form von Strahlung freigesetzt wird. Die gesamte Spirale wird auf die Aura aufgebracht, um dort nach Abschluss der Strahlung absorbiert zu werden. Daher musst du jedes Mal, wenn du jemanden bestrahlst, eine Spirale "extrahieren". Bitte bedenke, dass die Strahlung so stark ist wie radioaktive Strahlung, aber sie ist völlig harmlos, da sie eine reine Ansammlung von Energie im Chakra ist und aus dieser Energie oder Stärke eine ebenso reine Strahlung freigesetzt wird."

"Stell dir vor", rief ich bewundernd aus, "dass wir alle kleine Speicherzentren reiner Kraft in unseren Chakren haben, ohne zu verstehen, wie man sie benutzt! Wenn ich als Janne nur etwas davon gewusst hätte, hätte ich eine Lawine gestartet."

"Die Zeit war damals nicht reif dafür", antwortete der Tibeter leise. "Jetzt ist es an der Zeit, eine Lawine zu erzeugen. Das beste Ergebnis einer Chakra-Behandlung erhältst du, wenn die Arbeit in Liebe und aus Liebe, ohne Einsatz von Geld, ausgeführt wird. Aber leider ist der Tag, an dem der Mensch das erkennt, noch weit entfernt. Der Gewinn ist heutzutage typisch, und er wird immer schlechter. Wann werden die Menschen lernen, nach den Gesetzen der Liebe zu leben?"

"Nicht, solange ein Haufen professioneller Politiker sie regiert", antwortete ich verärgert. "Ich glaube, die meisten Politiker wählen diesen Beruf, um Geld zu verdienen. So ein Gefühl habe ich in Kanada."

"Aber sie mochten deine nackten Füße wirklich!" neckte mich Zar. "Bald ist es wahrscheinlich an der Zeit, dass wir in der Arena konkreter auftreten. Es hat keinen Sinn, über Politiker, Priester, dumme Gesetze und Vorschriften zu klagen. Wir müssen handeln. Wir senden Warnungen durch Bücher wie dieses und andere, aber wenn die Warnungen nicht beachtet werden, muss der Galaktische Rat Maßnahmen ergreifen."

"Wir haben über die Chakren und die Aura gesprochen", erinnerte ich ihn vorsichtig. "Wurde mir gesagt, was ich wissen muss?"

"Ja, ich glaube schon", antwortete der Tibeter. "Was in diesem Zusammenhang vergessen wurde, ist die Verbindung der heiligen

Dreifaltigkeit. Ich habe meinen eigenen Namen dafür, nämlich die Dreifache Allianz: die Aura, die Chakren und das Denken, in Symbiose. Es gibt viele gute Chakra-Übungen, aber das Wichtigste ist, sicherzustellen, dass sich die Chakren drehen. Jeder mit empfindlichen Fingerspitzen kann das tun. Für die vier unteren Chakren benutzt du deine ganze Hand. Die drei oberen sind am besten mit dem Zeige- oder Mittelfinger zu spüren. Eine vibrierende Bewegung in der Fingerkuppe ist zu spüren, manchmal in der ganzen Hand, wenn das Chakra richtig funktioniert."

"Kann es jemals rückwärts drehen?" fragte ich interessiert.

Der Tibeter lächelte. "Deines macht es wahrscheinlich gerade", scherzte er. "Ja, mein Junge, natürlich kann es sich rückwärts drehen. Das ist überhaupt nicht gut und muss geregelt werden. Dies geschieht mit Hilfe einer konzentrierten Visualisierung des "rechten Drehs" und der Bewegungen der Hand oder der Finger im Uhrzeigersinn auf dem jeweiligen Chakra. Ein Mensch kann leicht mit Chakren leben, die sich rückwärts drehen, aber es wird kein gutes Leben werden."

"Ich habe über das Erwachen verschiedener Chakren gelesen", bemerkte ich. "In vielen irdischen Büchern wird berichtet, dass alle unsere Chakren noch nicht wach sind. Das bedeutet, dass sie sich nicht drehen, oder?"

"Sicher", antwortete Djwal Khul. "Ich habe bereits über erwachte Chakren gesprochen, die zusammen mit der Aura und dem Gedanken verwendet werden: die Dreifache Allianz. Schlafende Chakren sind auch bei so genannten Alltagsmenschen sehr verbreitet, die überhaupt keine spirituellen Erkenntnisse haben."

"Erwachen die Chakren von selbst, wenn du spirituell interessiert bist?" fragte ich.

"In gewisser Weise", antwortete der Tibeter. "Die Chakren sind Energielieferanten und Energieverteiler im Körper, aber manchmal brauchen sie eine Erinnerung, um sich ihrer Aufgabe bewusst zu werden."

"Wir haben noch unsere Chakren, Jan", kommentierte Zar. "In unserem ätherischen Körper sind sie Energiequellen, die immer in Kontakt mit der Aura stehen."

"Wie?"

"Sie signalisieren sich gegenseitig!" schrie Zar auf. "Sie kooperieren. Es besteht keine Gefahr von Krankheiten unter uns, denn Reinheit des Denkens ist eine Voraussetzung in der ätherischen Welt."

"Das wäre auf der Erde wahrscheinlich nicht machbar", murmelte ich. "Danke für eine interessante Lektion!"

19. Über Gebet und Meditation

Das Gebet ist ein Kapitel für sich. Ich war nie sehr interessiert an Gebet oder Meditation. Natürlich konnte ich in schwierigen Momenten beten, tief in den dunklen Kammern. Als ich das erste Mal hierher kam, war das ein Problem für mich. Ich war es nicht gewohnt zu meditieren, sondern ruhig zu sitzen und nachzudenken. Ich war sehr gut darin, zumindest hat meine Frau das immer gesagt. Meditation ist etwas, das in den letzten Jahren groß geworden ist, etwas, das begonnen hat, zu blühen und Samen zu verbreiten. Sein Ursprung liegt im Fernen Osten, aber es war auch unter dem Volk der Sonne und den Sternen verbreitet. Da hat es angefangen. Transzendentale Meditation verbreitete sich in meinen letzten Jahren auf der Erde, aber ich war nie besonders an Nabelschau interessiert. Nun, ich weiß, dass es mehr als das ist, und dass es ein Wort namens "Mantra" beinhaltet, an das man denken sollte. Es gefällt mir nicht so sehr. Wenn ich meditiere, möchte ich an etwas Schönes denken, am liebsten in der Natur. Ich kann nur mit Worten malen, aber ich habe immer gute Kunst bewundert. Ich kann lange Zeit sitzen und ein schönes Kunstwerk genießen — ist das nicht Meditation?

Als ich hierher kam, war die Meditation das erste, was ich in der Engelsschule lernen durfte. Was für eine Tortur! Aber unsere Lehrer hier sind sowohl humorvoll als auch geduldig, und das ist genau das, was ich brauchte. Ich lernte zu meditieren, indem ich erkannte, dass es viel einfacher ist, als man denkt. Wenn deine Gedanken wie kopflose Hühner herumlaufen, ist dir vergeben. Nach und nach lernt man, sie abzuschotten und in eine Art Vakuum zu gehen, einen blau-weißen, schimmernden Nebel, von dem aus man dann leichter zu dem Schluss kommt, worüber man meditieren soll. Es ging überhaupt nicht um den Nabel. Wir meditierten über Liebe,

Freundschaft, Freude, Schönheit, Gemeinschaft, Geduld und so weiter. Wir durften uns über diese positiven Eigenschaften ausdenken, was immer wir wollten, und danach durften wir gerne Fragen stellen. Es hat wirklich Spaß gemacht.

Der nächste Schritt war die Meditation über die Natur. Wir konnten frei wählen, über welche Teile der Natur wir nachdenken wollten: Blumen, Bäume, Sonne, Wind oder Wasser — was auch immer wir uns ausdenken konnten. Danach müssen wir Meditationsreisen machen, und das ist das Lustigste von allem. Ich mache sie immer noch so oft ich kann. Heutzutage muss ich mich nur noch in Ruhe hinsetzen und mich entscheiden zu reisen — und ich reise! Die Reise führt mich an viele verschiedene Orte und Situationen, immer genauso spannend und lehrreich. Mit Hilfe der Meditation kann man auch anderen helfen. Das machen wir oft in einer Gruppe. Die "breite" Liebe hat langsam, aber stetig an Bedeutung in meinem Denken und in meinen Gefühlen gewonnen, und dort ist sie als intensiver Teil meines ätherischen Selbst geblieben. Und Meditation ist immer in diese breite Liebe eingeschlossen, mit Dankbarkeit für alles Geschaffene und seinen Schöpfer.

Jetzt kommen wir zum Gebet. Das Gebet kann in die Meditation integriert werden, aber die Meditation kann auch aus dem Gebet bestehen. Die Kraft des Gebets ist enorm stark. Es ist natürlich mit unserem Denken verbunden, aber nur wenige Menschen denken daran, ob wir unser Gebet laut aussprechen oder es in unsere Herzen flüstern, es schießt wie ein Pfeil direkt zum Ziel. Tatsächlich handelt es sich um eine kombinierte Licht- und Klangenergie, die mit unterschiedlichen Schwingungsleistungen ausgestattet ist. Wenn sie ihr Ziel erreicht hat, wird ihr Inhalt auf verschiedene Weise oder in verschiedenen Formen aktiviert. Das Gebet wird erhört. Aber manchmal ist die Antwort nicht das, was sich der Betende gewünscht hat, oder sie kann nicht als Antwort wahrgenommen werden. Wie ist das möglich?

Wir werden auf den freien Willen des Menschen zurückkommen. Der Wille ist im Gebet enthalten, und er hat unterschiedliche Kräfte. Man kann keinen Schuss abgeben, ohne ein Gewehr zu haben. Der

Wille ist das Gewehr. Eine Kugel kann abprallen. Das kann dein Gebet auch, wenn die falsche Emotion dahinter steckt. Hass, Neid, Egoismus, Geiz, Eifersucht, Liebe zum Gewinn, etc. verursachen den Querschläger. Ein Gebet muss mit einer guten Absicht oder als Bedürfnis nach Hilfe beschleunigt werden. Wenn das Gebet erfüllt ist, musst du für die Hilfe danken. Wenn du es nicht tust, aber egozentrisch weitermachst, werden die gleichen Probleme zurückkehren. Meine Leser wissen wahrscheinlich alles darüber — aber denkst du jemals darüber nach?

Das Gebet von Mutter Marta

In diesem Zusammenhang möchte ich dir eine Geschichte erzählen, die eigentlich eine Erinnerung aus meiner Kindheit als Jan ist.

Die alte Mutter Marta war gerade Witwe geworden. Sie war nicht so schrecklich alt, nur neunundsechzig. Aber sie war durch harte Arbeit erschöpft und lebte nun allein in ihrem kleinen roten Häuschen zwischen flüsternden Birken und dem Duft von Maiglöckchenhainen. Es war Frühsommer, und alles erwachte aus seinem späten Winterschlaf, begann zu knospen und lächelte der Sonne zu. Der Tau tränkte das Gras, das, blassgrün und schläfrig, aus dem Boden aufblickte und für den Betrachter Augenfreuden bildete. Auf dem Hügel, in der Nähe des Flusses, wo die Eichen eine begrünte Säulenhalle bildeten, hatten die gelben Windröschen ein leuchtendes Rennen mit der Sonne. Mutter Marta hatte weder Wasser noch Strom in ihrem Haus. Sie las ihre Bibel im hellen Licht einer Paraffinlampe.

Sie trug ihr Brennholz und Wasser nun allein. Als sie zur kleinen Außentoilette ging, sah eines der Löcher leer und schwarz aus. Der Deckel war meistens auf, und manchmal saß die alte Frau in Gedanken da und klopfte diskret auf den anderen Deckel. Ihr Bedauern über den Verlust ihres Mannes Anders war so tief empfunden, dass sie sich nur wünschte, sie würde bald sterben.

Ihr Wunsch wurde zum Gebet. Ihre Witwenrente war damals nicht viel, aber es reichte ihr, Nahrung für sich, die Katze und die anderen Tiere zu kaufen. Anders hatte den Holzschuppen voller Holz hinterlassen, und ihre freundliche Nachbarin Per half ihr, es zu hacken, als der Rheumatismus in ihren Beinen schmerzte.

Marta wollte nur sterben. Ihr Sohn war nach Amerika aufgebrochen, und sicherlich hatte sie ein oder zwei Briefe von ihm, aber sie waren schwer zu lesen. Sie musste den Geistlichen um Hilfe bitten. Das gefiel ihr nicht, denn der Geistliche sagte ihr immer, wie schön es wäre, wenn sie in das Altersheim einziehen würde. Aber sie wollte überhaupt nicht dorthin gehen, sie wollte zu Hause in ihrer Hütte sterben, wie es ihr Mann Anders getan hatte. Sie zog es vor, nicht weit weg von zu Hause zu sein, denn man stelle sich nur vor, dass der Tod kommt und sie nicht da ist!

Marta hatte lange Gespräche mit dem Tod. Sie hatte gehofft, dass Anders ihr einen Besuch abstatten würde; sie hatte keine Angst vor Geistern oder Phantomen. Sicherlich schien sie manchmal seine Nähe zu spüren, aber sie konnte ihn nicht sehen. Vielleicht wartete er darauf, sichtbar zu werden, bis er kam, um sie abzuholen.

Natürlich musste sie sich um die Katze und die Hühner und das Schwein und die alte Stute kümmern, und außerdem hatte sie eine alte Kuh, die ihr die schönste Milch gab. Auf dem zum Ferienhaus gehörenden Land gab es viel Weide. Ihr Nachbar Per, der ebenfalls alt und einsam war, half ihr mit den Tieren. Aber ihre Tochter, die in Skåne (im Süden Schwedens) lebte und mit einem Bankmanager verheiratet war, kam selten in Kontakt mit ihr. Sie schämte sich wahrscheinlich für ihre alten Eltern. Sie schrieb und beschwerte sich manchmal über das alte Häuschen, das ihr Mann geerbt hatte.

"Wie kannst du dich über eine alte Hütte beschweren? dachte Mutter Marta. Ihr Haus war ihr liebstes Eigentum, jetzt, da Anders unter der Erde begraben war.

Es war ein kleiner Spaziergang zum Friedhof, aber sie ging jeden Sonntag nach der Predigt dorthin. Sie kümmerte sich nicht um den Kaffee nach der Kirche; die Dorfbewohner waren nur neugierig, wie sie ohne Anders auskommen würde. Sie wollten ihre Trauer zu einer dörflichen Angelegenheit machen, die im Altenheim enden sollte. Aber

Marta war nicht allein. Der alte Per kam oft zu ihr, um eine Tasse Kaffee zu trinken, und sie hatte auch alle Tiere.

Mutter Marta betete und betete, dass sie sterben möge.

"So schnell wie möglich", sagte sie zu unserem Herrn. "Dann kann Per sich um das Haus kümmern, bis meine Kinder kommen und um ihr Erbe bitten. Ich habe ein Testament geschrieben. Siehst du, Herr, ich wünsche meinem Mädchen nichts Schlechtes, aber sie hat bereits alles, was sie braucht. Mein Sohn kann die Hütte haben, wenn er will. Alles andere geht an Per. Ich bin mit diesem Leben völlig fertig, weißt du. Ich will in den Himmel, zu meinem Anders, und ich will sofort gehen!"

Ihr Gebet erhob sich immer wieder zu den Balken auf dem Dach des alten Hauses. Es stieg direkt durch Holz und Rasen und bis in die kühle Abenddämmerung des Frühlingsabends. Nebelschleier umschlossen die Wiesen in einer süßen Feuchtigkeit, und die alte Kuh muhte draußen im Stall. Sie wollte gemolken werden. Aber das Gebet tanzte in den Himmel, der dunkel und schwer direkt über den Baumkronen hing, und es trug eine Melodie wie Kirchenglocken weit weg, die deutlich durch die dünne Luft klang.

Diesmal erreichte das Gebet sein Ziel. Es wurde von einer Gruppe fröhlicher Engel empfangen, die es weiter zu seinem Ziel trugen. Aber die Engel hatten auf dem Weg dorthin viel zu tun. Sie sollten auf der himmlischen Wiese tanzen und im himmlischen Saal Lauten und Streichinstrumente spielen. Sie sollten glückliche Frühlingsgedanken auf den Boden sprühen, wo junge Paare gingen. Sie mussten sich um die Vögel kümmern, sicherstellen, dass sie an die richtigen Orte geflogen sind, und sich um all die neuen Tiere kümmern, die im Wald geboren wurden. Sie flogen zwischen Himmel und Erde auf und ab, und die ganze Zeit trugen sie das Gebet von Mutter Marta auf ihren Flügeln. Am Ende hat es es nur knapp geschafft, sich festzuhalten!

Mutter Marta ging zum Kuhstall und melkte ihre Kuh. Die Katze bekam einen Schuss Milch, und dann kochte sie einen Topf voller Milchreis. Anders hatte Milchreis geliebt, und sie dachte, dass sie jetzt, da sie bald dieses Leben auf der Erde verlassen würde, genauso gut etwas wirklich Schönes essen könnte, sodass sie mit vollem Magen gehen würde. Anders saß wahrscheinlich gerade bei den Engeln und aß den weißesten aller Reispuddings. Was wäre, wenn er sich so gut amüsieren würde, dass er seine alte Frau vergessen hätte?

Aber der Tod kam nicht. Sie beschwerte sich bei Per, als er vorbeikam, um sie zu besuchen. Stell dir vor, ihr Gebet hat nicht geholfen! War sie so alt, dass die Menschen in den Höhen des Himmels sich nicht um sie kümmerten? Möchte Per ihren letzten Reispudding probieren?

Per lächelte, tätschelte ihre Wange und nannte sie eine alberne alte Dame. Du kannst nicht beten, um zu sterben, oder? Unser Herr nimmt, was Er will, wann Er will, nicht wann Wir wollen. Sie muss Geduld haben, und in der Zwischenzeit muss ihr kleiner Hof gepflegt werden. Marta wurde klar, dass er Recht hatte. Mit einem Seufzer beobachtete sie, wie der reichlich vorhandene Rest des zarten Puddings in Per's zufriedenem Mund verschwand.

Auf den schönen Frühlingsabend folgten schöne Frühsommer- und Hochsommerabende. Es war Erntezeit, und Per schnitt das Gras der Wiese vor Martas Hütte, um Winterfutter für die Tiere zu bekommen. Marta wirbelte Butter und machte Käse und wusch ihr Leinen im Fluss und genoss die klare Sonne Gottes. Vielleicht schwächte sich ihr Gebet um den Tod im Laufe der Zeit etwas ab. Per hatte einen Stier, und der Stier hatte ihre Kuh besucht, und obwohl sie nie gedacht hätte, dass die Kuh noch kalben könnte, erwartete sie nun eine Ergänzung im Kuhstall. Die Katze war auch auf eine unerlaubte Reise gegangen. Eines Tages wimmelte es in der Küche von Mutter Marta von Kätzchen.

"Willst du, dass ich sie töte?" fragte Per, ein wenig vorsichtig.

"Oh nein", antwortete die alte Dame. "Wenn ich nicht sterben darf, werden sie dieses Vergnügen auch nicht haben. Hier ist Platz für ein oder zwei und ich gebe die anderen weg."

In der Zwischenzeit geschah etwas an der Himmelsfront. Die kleinen Engel, die das Gebet von Mutter Marta auf ihren Flügeln trugen, hatten eine Besorgung bis zur höchsten Instanz. Dort wurden sie dafür geschimpft, dass sie vergessen hatten, das Gebet zu sprechen, aber die Schelte wurde von einem warmen Lächeln begleitet. Es war nicht Zeit für Mutter Marta gewesen, und es war immer noch nicht Zeit.

Zwei Jahre waren seit Anders' Tod vergangen. Die Sehnsucht von Mutter Marta nach dem Tod hatte sich abgekühlt, vielleicht weil sie von so vielen gebraucht wurde. Sie hatte jeden Tag alle Hände voll zu tun, denn der alte Per hatte sich mit der Axt in ihrem Holzschuppen das Bein aufgeschlitzt. Zum Glück ist er nicht gestorben, dachte die alte Dame und hatte Angst vor ihren Gedanken. Unser Herr rettete Per für mich, dachte sie weiter, denn ohne ihn wäre ich am Ende angelangt. Ich habe wahrscheinlich gerade keine Zeit zu sterben.

Jetzt bat sie stattdessen um Vergebung, weil sie sich wegen ihres Treffens mit Anders etwas verspätet hatte, da oben in den gesegneten Gefilden. Sie wollte wirklich dorthin und sehnte sich nach ihrem Mann, aber jetzt wurde sie sowohl zu Hause als auch in Per's Hütte gebraucht. Sie hatte ihr ganzes Leben lang gearbeitet, also lief es wie geschmiert und half ihrem verkrüppelten Nachbarn. So drehte sich ihr Gebet in ihren Gedanken um und wurde zu einer höflichen Bitte, wenn sie vielleicht noch ein wenig länger leben könnte, um ihren Teil dazu beizutragen.

Per erholte sich. Dann wollte er Marta heiraten. Er dachte, sie wären ein passendes Paar. Die alte Dame war verängstigt. Das war etwas, das Anders nie verzeihen würde! Nein, es muss so bleiben, wie es war, auch wenn die Dorfbewohner tuschelten und der Geistliche beide Sünder nannte.

Es dauerte zehn Jahre, bis Marta starb. In der Zwischenzeit waren ihre Hände mit Arbeit in Hütten und Ställen beschäftigt. Wenn jemand das Wort "Altenheim" erwähnte, wurde sie wirklich ausfallend. Sie hatte ihre Todesgedanken und ihre dringenden Gebete fast vergessen. Inzwischen war sie wirklich lebenslustig. Sie hatte ihre Liebe nicht auf Per übertragen, auch wenn sie so gut miteinander auskamen — aber sie hatte ihre Liebe auf das Leben übertragen!

Es war ein bewölkter Tag im September, als die Blätter rot und golden auf dem Boden außerhalb des Hauses lagen. Es war ein mühsamer Tag gewesen, umso mehr, als sich Mutter Marta unwohl fühlte und überall schmerzte. Als Per mit einem Bauch voller cremefarbener Petersilie und Barsch, den er gefangen hatte, nach Hause zurückkehrte, fühlte sie sich so müde, dass sie sich auf ihr Bett legte, bevor sie mit dem Abwasch begann. Als sie dort mit geschlossenen Augen lag, kam sie auf die Idee, nach oben zu schauen — und da war Anders! Er lächelte und streckte seine Hände nach ihr aus, und es gab ein seltsames Licht um ihn herum.

"Ich habe vergessen, mir den Tod zu wünschen", dachte sie, während das Licht um ihren Mann verblasste und sich mit dem Licht der Dämmerung in der Hütte verband.

"Ich bin so müde", sagte sie laut zu Anders, weil sie ihn in ihrer Nähe fühlte. "Ich bin so müde, dass ich vor allem sterben will."

Die kleinen Engel, die um sie herumflogen, sammelten Geschwindigkeit mit ihren Flügeln. Es gab wieder den Wunsch der alten Dame, und diesmal würde er richtig ausgesprochen werden. Im Handumdrehen waren sie bei Unserem Lieben Herrgott. Nun nickte er zufrieden und erfüllte sofort das Marta-Gebet, das sie mitgebracht hatten.

So kam es, dass das Gebet von Mutter Marta endlich erfüllt wurde, als sie an diesem Herbsttag im Licht der Dämmerung endgültig einschlief. Ich, Jan, kannte sie. Sie machte den besten Käse der Welt. Aber in dieser Geschichte ging es um das Gebet. Es ist eine Geschichte darüber, wie ein Gebet dir viele Jahre lang folgen kann, und du denkst, dass Unser Lieber Herrgott es nicht gehört hat. Eines Tages betest du es aus der Tiefe deines Herzens, und dann ist es erfüllt, wenn die Zeit reif ist. Alles geschieht, wenn es geschehen soll, aber nicht immer, wenn wir es wollen!

Die schöpferische Kraft der Gedanken

Wir sind unsere Gedanken! Wenn es um Meditation geht, musst du dich von Gedanken befreien. Wenn es um das Gebet geht, musst du die Gedanken im Auge behalten, sie kontrollieren, fühlen, dass sie rein und stark sind, und ihnen Erguss und Kraft geben.

Als ich Zar fragte, wie man seine Gedanken klar halten könne, antwortete er: "Du musst den Garten der Gedanken betreten. Dort lernst du, wie man zwischen positiven und negativen Gedanken unterscheidet. Wichtig ist, dass man schlechten Gedanken keine Macht gibt. Wenn du dich in deine Gedanken vertiefst, gibst du ihnen Kraft, egal welcher Art sie sind. Da hast du die Gefahr mit den Massenmedien. Sie beeinflussen Gedanken, die nicht in Frage gestellt wurden. Viele Menschen sind der Meinung, dass positives Denken ein Modeklischee ist. Gedanken sind kreativ. Wir sind uns nicht bewusst, dass wir negative Gedankenformen schaffen können, die andauern und sich in unserem Unterbewusstsein verankern, nur um dann plötzlich wie ein Geist in einer Flasche aufzutauchen, wenn wir sie am wenigsten brauchen. Das kann zerstörerisch werden."

"Wie kannst du die Leute das verstehen lassen?" fragte ich mich.

"Auf die harte Tour, tut mir leid das zu sagen", antwortete Shala. "Schlechte Erfahrungen, die sich übereinander stapeln, haben einen Grund. Der Grund dafür sind negative Gedanken, die in Handlungen freigesetzt wurden. Man kann positives Denken üben. Das heißt nicht, dass du nur positiv sein musst. Hast du verstanden?"

Ich schüttelte den Kopf. Ich dachte an die freundliche alte Mutter Marta und ihre Gebete. Wenn du dich negativ fühlst, kannst du jederzeit um Hilfe bitten. Wenn der Mensch wüsste, wie viele unsichtbare Engel es um ihn herum in der Luft, im Raum, in der Natur gibt, würde er sich vielleicht schämen und seine Gedanken mehr bewachen. Es ist in Ordnung, die Engel um Hilfe zu bitten; dafür sind sie da. Sie hören immer zu, und es ist ihre Aufgabe, das Gebet weiterzuführen, wenn nötig. Wenn du ungeduldig bist, musst du länger auf die Erfüllung warten. Um sicher zu sein, gibt es auch etwas, das Karma genannt wird, das Gesetz von Ursache und Wirkung. Um eine gute Bindung herzustellen, sind viele Fäden erforderlich.

"Wenn du beten kannst, kannst du meditieren", sagt Zar normalerweise. "Wenn du keines von beiden machen kannst, dann bleib einfach so. Am Ende wird das Wissen zu dir kommen; wenn nicht früher, dann an dem Tag, an dem du an der Schwelle zum Unbekannten stehst."

20. Wer bin ich? Eine existenzielle Frage

Wer bin ich? Warum bin ich ich? Werde ich immer ich selbst bleiben? Was passiert danach?

Diese Fragen haben mich mein ganzes Leben als Janne und alle früheren Leben begleitet. Sie haben in der Luft gesungen, sie haben in den Bäumen gepfiffen, sie haben sich in den Wellen auf dem See gewälzt. Sie liegen wie ein stumpfes Flüstern in meinen Ohren, immer und überall. Sie haben die Grundlage für meine Bücher gebildet, sie haben Hand in Hand in den Gedanken des Dichters Jan getanzt.

Noch immer ist viel vor meinen Augen verborgen, aber dennoch ist mir so viel offenbart worden, dass ich mich benommen, stolz und demütig fühle, auf einmal. Ich kämpfe auch hier, aber es ist der Kampf des spirituellen Kriegers und es ist heilig und liebevoll — nicht glorreich. Ich habe noch viel zu lernen, und ich genieße jeden Moment des Wissens und der Einsicht, den ich noch in Form von Worten weitergeben kann — Worte an diejenigen, die zuhören wollen, Worte an diejenigen, die sich fragen. In der Vergangenheit waren Worte nur Worte. Jetzt sind es Perlen, die Teil des Schmucks sind, den ich denen präsentiere, die meine Worte lesen wollen.

Aber wer bin ich? Es war mein lieber Freund Kualli, der das erste Fluttor öffnete. Wir waren zusammen auf einer Mission unterwegs gewesen und saßen in seinem Garten und plauderten. Dann brabbelte ich plötzlich und sehr laut heraus: "Wer bin ich?"

"Das ist deine Frage, aber auch deine Antwort", sagte Kualli ernsthaft. "Wenn du die Antwort noch nicht hast, musst du dein Herz untersuchen. Warum hast du keine Antwort bekommen?"

"Vielleicht habe ich Angst, zu erfahren, wer ich wirklich bin", antwortete ich nachdenklich. "Vielleicht haben alle Menschen davor Angst. Aber ich bin schon so lange hier, und es sind so viele wunderbare

Dinge passiert, dass ich es wissen sollte. Warum fühle ich immer noch eine solche Unsicherheit?"

"Wir, die Indianer, stellen uns manchmal die gleiche Frage", antwortete Kualli. "Aber unsere Antwort ist offensichtlich: Wir sind die Kinder des Großen Geistes. Wir sind in der Liebe geboren, und zur Liebe werden wir zurückkehren. Wir sind der Samen, der zu einer Blume herangewachsen ist, und wir sind die Blume, die ihren Samen ausstreuen wird. Wir sind der Kreislauf der Natur und die Augen des Großen Geistes."

"Wie schön das klingt", sagte ich. "Aber es sagt mir nicht, wer ich bin. Ich kenne meinen Ursprung — aber danach? Wer bin ich jetzt?"

"Der Samen existierte im Ursprung", antwortete Kualli geduldig, "aber er entwickelte sich zu dem, was du bist, hier und jetzt. Hier ist immer jetzt. Kannst du dann herausfinden, wer du bist?"

"Ich kreise zwischen den Reichen der Engel und der Meister, und ich bin Geist. Meine Existenz ist ewig und unvergänglich. Ich bin einzigartig. Wie kann ich ein einzigartiges Individuum sein und gleichzeitig einen ätherischen Körper haben? Ich habe den kleinen Funken erlebt, der im Weltraum herumflog und der später durch den Großen Geist zu einem physischen Wesen erschaffen wurde. Bin ich dann oder später zu mir geworden? Ich frage noch einmal: Wer bin ich?"

"Du bist derjenige, der du sein willst", antwortete Kualli in einem festen Ton. "Wenn du aufhörst, dich zu fragen, wer du bist, und stattdessen akzeptierst, dass du jetzt gerade bist, wirst du das Problem lösen. Du kannst dir unzählige Epitheta geben, und du kannst sie alle gleichzeitig sein. Gut, glücklich, warm, kalt, freundlich, weise, etc. Du kannst einer von ihnen auf einmal oder alle gleichzeitig sein. Dann bist du du. Du trägst die Erfahrungen aus deinem ganzen Leben als kleiner Energie-Rucksack auf deinem Rücken. Sie alle haben zum wachsenden Saatgut beigetragen. Sie gehören dir, sonst niemand. Du bist die Summe von allem, was du warst: vom Funken im Weltraum bis jetzt. Ist das so schwer zu verstehen?"

"Hm", murmelte ich nachdenklich. "Vielleicht hast du Recht. Ja, ich glaube nicht, dass ich dir widersprechen kann. Aber dann kommen wir zur nächsten großen und schwierigen Frage: Warum bin ich ich? Warum bin ich nicht du oder jemand anderes? Warum habe nur ich meine eigenen Lebenserfahrungen gemacht?"

"Dumme Frage", schnaubte Kualli. "Warum solltest du die Summe der Erfahrungen eines anderen sein? Jeder ist er selbst und ist in sich selbst. Jede Seele, die durch den Großen Geist geschaffen wurde, hatte von Anfang an ihr Muster. Als sich die Seelen vermehrten, war es bereits von Anfang an so klug angeordnet, dass die Muster nicht kopiert, sondern individuell charakterisiert wurden. Menschen haben sehr unterschiedliche Schwingungen und bilden ein besonderes Schwingungsmuster. Das ist eine Art subtile und verfeinerte Aura, die konstant ist und den Menschen von Leben zu Leben begleitet. Wir nannten es früher "das ätherische ursprüngliche Lebensmuster"."

"Wie sieht es dann mit Babys aus?" fragte ich. "Sie haben kaum eine Aura, und noch weniger ein geprägtes Lebensmuster, nicht wahr?"

"Sicher haben sie das", antwortete Kualli und lächelte. "Das Lebensmuster ist in die Seele eingebettet, und selbst wenn ein Baby keine vollwertige Aura hat, ist sie auch da. Die Grundfarben sind da, auch wenn sie schwach sind, und auch verschiedene Talente. Der Moment, in dem die Seele in das Kind eintritt, ist von Person zu Person sehr unterschiedlich. Wenn dies der Fall ist, wird auch das Lebensmuster um die Aura herum charakterisiert."

"Könnte es irgendwie gezeichnet werden?" fragte ich mich.

"Du meinst, so wie zum Beispiel der Priester Edward Warner Chakren illustriert und gemalt hat? Seine Gemälde wurden zu Modellen für die heute verfügbaren Chakrenbilder. Aber es ist nicht so einfach, das Lebensmuster zu reproduzieren. Es vibriert und strahlt Schwingungen aus. Außerdem ist es Teil des Höheren Selbst, und deshalb ist es in einer Art Schutzzone enthalten. Warum bin ich ich? Fragst du dich. Es liegt daran, dass du allein bist, wenn du dein ätherisches ursprüngliches Lebensmuster hast. Es ist ein Stammmuster, das erklärt, dass du du bist. Da hast du die Antwort auf deine beiden Fragen."

"Aber ich habe noch eine", betonte ich schnell. "Werde ich immer ich bleiben, wo immer ich auch lande, auch wenn ich auf einen anderen Planeten komme?"

"Diese Frage ist Teil der anderen, mein Freund", antwortete Kualli. "Das ursprüngliche Muster oder Stammmuster ist für die Ewigkeit charakteristisch. Du kannst die Ewigkeit nicht unterbrechen. Du kannst mit dem Licht des Großen Ewigen Geistes verschmolzen werden — aber auch dann wirst du deine Identität nicht verlieren. Denn dein Stammmuster hat ein Gedächtnis. Es kann ausgeschaltet, aber nicht gelöscht werden. Wenn du an einem Ort lebst und an einen anderen ziehst, bist du die gleiche Person, nicht wahr? Verwechsle nicht das Äußere mit dem Inneren. In deinem ursprünglichen Muster ist dieser Lebensfunke, der von den einen die Monade und von den anderen der Samen genannt wird. Da es nie verloren gehen kann, bist du für immer du selbst. Bist du jetzt glücklich?"

"Nicht schlecht", antwortete ich etwas zögerlich. "Ich nehme an, ich kann keine bessere Antwort bekommen. Ich verstehe es fast, weißt du. Aber was passiert danach?"

Jetzt brüllte Kualli vor Lachen. "Du bist ziemlich unmöglich, Junge", schnaubte er, "ziemlich unmöglich! Es gibt kein Danach. Es gibt nur das Jetzt."

"Man muss vorausplanen", protestierte ich.

"Der Große Geist und der Galaktische Rat machen die Planung. Was in der hinduistischen und buddhistischen Philosophie als "Nirvana" bezeichnet wird, ist die Verschmelzung der Seele mit dem All — dem Jetzt — der Ewigkeit, parallele Ausdrücke für die letzte Lichterfahrung, von der jeder glaubt, dass sie Auslöschung und völlige Verschmelzung ist — ja, mit was?".

"Das Ganze?" schlug ich vor. "Oder vielleicht Gott?"

"Oder der Übergang in eine Parallelwelt", seufzte Kualli. "Es gibt kein totales Nichts für die Indianer. Unsere unsterbliche Seele ist in vielen Welten aktiv und entwickelt sich ständig weiter."

"Kann man sich zu einer beliebigen Länge entwickeln?" fragte ich.

"Kann die göttliche Schöpfung durch irgendeinen Prozess zerstört werden?" war seine Gegenfrage. "Wenn das Nirvana die endgültige

Existenz des Nichts ist, gibt es kein logisches Axiom mehr für die Existenz eines Schöpfers, denn wenn der Große Geist tief im Kern unserer Kosmischen Karte existiert, würde er sicherlich nicht an der Zerstörung der Seelen beteiligt sein. Jan, nichts ist endgültig. Was du danach nennst, ist ein aktiver Ablauf auf hohem Niveau. Danach kommt Macht, Liebe, Weisheit — drei Worte, die zusammen gehören."

"Danke, Kualli, jetzt verstehe ich es endlich!" rief ich und umarmte ihn. Und so wurden meine schwierigsten Fragen beantwortet.

Heute, das ist Jetzt und das alle Zeit und keine Zeit beinhaltet, arbeite und studiere ich in der ätherischen Welt. Meine Seelengruppe ist immer präsent und wir erwerben gemeinsam Wissen, das wir später diskutieren und manchmal hinterfragen. Wir haben eine sehr gute Zeit, aber wir sorgen uns um unsere geliebte Mutter Erde. Einige von uns arbeiten dort weiter, und sie senden uns keine guten Nachrichten. Wir wollen, dass die Erde gedeiht und vor Leben und Freude erstrahlt.

Ich habe dieses Buch für einen normalen Menschen diktiert, der sich bemüht, die Erde so gut wie möglich zu schützen. Ich möchte dir die Augen öffnen, wie die Dinge auf der anderen Seite dessen sind — oder sein können, was du Tod nennst. Aber Ich möchte dich auch über all die Hilfe informieren, die in Zeiten, in denen die Erde in echter Gefahr ist, in deiner Reichweite ist. Diejenigen, die die Welt regieren, haben nur Macht und Gewinn im Sinn, und sie zeigen keine Rücksicht auf den gewöhnlichen Menschen. Er wird in vielen Situationen geopfert. Und der gewöhnliche Mensch hat Angst. Er wagt es nicht, die Wächter der Macht zu stören. Krieg, Gewalt und Krankheit breiten sich auf der schönen Oberfläche der Erde aus. Niemand wagt es, das Böse zu ersticken.

Ihr, die ihr wollt, könnt uns durch Gebet und Meditation erreichen. Wir haben kein Recht, gegen deinen freien Willen vorzugehen, und solange du dich nicht zu Wort meldest, müssen wir davon ausgehen, dass dein freier Wille die Welt regiert. Wir wollen dich nicht zum Umdenken überreden. Es muss von dir selbst kommen. Wir haben in diesem Buch viel über die Kraft des Denkens gesprochen: Wie kann das Denken sowohl positive als auch negative Eigenschaften haben? Das ist keine Übertreibung, keine reine Erfindung. Versuchs, und du wirst sehen! Aber du musst konzentriert sein, sonst passiert nichts.

Ich, Jan, habe dir von Anfang an erzählt, was mit mir passiert ist, als ich nur ein kleiner Punkt kosmischer Energie war. Ich bitte dich nicht, mir zu glauben. Vielleicht hat jemand anderes auf eine Weise über das Leben auf dieser Seite geschrieben, die du bevorzugst. Nun, du siehst, ich sage es dir mit meinen Worten und meiner Wahrnehmung. Ein anderer Schriftsteller kann dir etwas ganz anderes erzählen, denn der Geist, der ihm Inspiration gibt, hat andere Dinge erlebt und findet andere Worte, um sie zu beschreiben. Kualli erwähnte, dass "meine Realität nicht deine ist", sie ist einzigartig und individuell. Dann weise ich darauf hin, dass du sicherlich innerlich zuhören solltest, auf deine Intuition, auf jene Stimme, die dir Warnungen und Ratschläge in deinem inneren Selbst gibt.

Denke daran, dass das Leben nicht nur das ist, was du jetzt auf der Erde lebst! Das Leben ist in noch höherem Maße das, was man auf der anderen Seite des Goldenen Portals trifft. Wenn es keine Massenmedien gäbe, würdest du vielleicht nicht glauben, dass es auf der Erde Länder mit exotischen Früchten, Hula- Hula-Tanz und so unterschiedlichen Kulturen gibt. Erst wenn du dorthin gereist wärst, würdest du zu deiner Überraschung andere Lebensweisen und andere Bräuche entdecken als die, die du kennst. Du liebst deinen Körper und willst dich nicht von ihm trennen, oder? Es ist nur der verwelkte, abgenutzte Teil, der beim Sterben abfällt. Alles andere ist noch da. Du bekommst einen neuen und bequemeren Körper, du hast Jugend und Kraft und eine gute Gesundheit, und du kannst genauso gut denken und fühlen wie vorher — nein, tatsächlich, besser! Du fliegst nicht auf Engelsflügeln herum und bläst auf einer Trompete, wenn du hier ankommst. Wir arbeiten hier, aber wir arbeiten mit Dingen, die uns Spaß machen. Außerdem bekommst du sowohl Hilfe als auch Anerkennung. Du brauchst nichts zu vermissen, am wenigsten Geld. Also, warum hast du Angst vor dem Tod?

Kein einziger Tag seit meiner Ankunft hier habe ich die Nacht verpasst. Nicht einen Moment lang wollte ich zurückkehren. Du kannst die zweifelhafte Freude haben, zur Erde zurückzukehren, um wiedergeboren zu werden — wenn du willst. Aber du kannst auch von hier aus mit deinen Nächsten und Lieben zusammenarbeiten, vorausgesetzt, du kontrollierst sie nicht, oder mischst dich in ihren eigenen Willen ein. Hier stehen dir Möglichkeiten zur Verfügung, von denen du nicht einmal träumen würdest!

Du nennst die Erde eine Schule. Es ist eine schwierige und problematische Schule, mit guten und schlechten Klassen. Manchmal sind die Schüler so viele, dass es kein Klassenzimmer gibt. Dann müssen die Schüler herumwandern. Dann werden sie von Krankheiten und Hunger heimgesucht. Es mag wie eine unfaire Schule erscheinen, aber der Große Geist ist nie unfair. Er ist die Liebe. Die Menschen vergessen das, wenn sie leiden, aber sie leiden, um zu lernen. Sie selbst haben sich entschieden, zur Erde hinunterzugehen und zu leiden. Jeder von euch hat selbst seine Zeit, seine Umgebung, seine Talente und sein Karma gewählt. Wenn du aufgibst, musst du es nur noch einmal tun. Aber so gut wie du die Fähigkeit hast, ein erbärmliches Leben zu erschaffen, kannst du auch ein gutes Leben erschaffen. Es hängt von dir selbst ab, von deinen Gedanken. Also beeile dich jetzt und führe deine Gedanken auf den richtigen Weg: zu Freude, Liebe, Freundschaft, Erfolg, Gemeinschaft... und vieles mehr.

Ich werde mich nicht verabschieden, ich sage "Au revoir!" und dann kannst du es so interpretieren, wie du willst. Vielleicht schreibe ich ein weiteres Buch oder ich stehe am Tor und winke mit der Hand, wenn du die Grenze überschritten hast. Ich mache mir keine Sorgen um die Zukunft, da sie nicht existiert. Die Zukunft ist die gleiche wie "Des Kaisers neue Kleider". Das Jetzt ist ewig und wunderbar. Jede Sekunde ist eine Blume, ein Strahl der Freude und Hoffnung. Stell dir vor, dass jeder Tag ein neues Wunder ist. Sieh die Sonne, auch wenn der Himmel grau ist! Sie ist dort hinter den Wolken, so sicher, wie man dort steht und zusieht.

Du stehst auf einer Erde, die mit dem glitzernden Licht der Sterne strahlt. Du schaust auf Sterne, die Reflexionen deines eigenen inneren Lichts sind. Du bist der verlängerte Arm des Großen Geistes auf Erden.

Du bist derjenige, der deinen Weg beschreitet, deinen Boden kultiviert und dich um deine kranke Mutter kümmerst. Dein Geschenk an die Erde bist du, du selbst. Du bist ein Teil davon, und deshalb musst du dich gut fühlen. Du fühlst dich wohl, wenn du glücklich und freudig sein willst — weil du das willst, nicht wahr? Andernfalls verschwindet die Sonne in den Wolken und die Sterne werden durch die Asche aus deiner Trauer schmutzig. Dann musst du das hier wissen: Die Erde gehört nicht dem Menschen. Es ist der Mensch, der zur Mutter Erde gehört.

Lieber Mensch, du trägst ein stolzes und brillantes Geheimnis: Du bist ein direkter Nachkomme des Volkes der Sonne und der Sterne!

Anhang

Die Kosmische Karte — Erklärung und Wegweiser

Die Kosmische Karte auf Seite 3 ruht auf dem Sternenhimmel. Dort befinden sich die Planeten unserer Galaxie sowie einige Konstellationen.

Der äußere Ring (1) auf der Karte heißt **"Universelle Welten"**. Er enthält mehrere verschiedene Reiche, aber wir haben beschlossen, nur zwei von ihnen mit ihrem Namen zu erwähnen: die **Reiche der Götter** und die **Reiche der Dunkelheit.** Die Götter, die seit Menschengedenken existieren und von Menschen unter vielen Namen verehrt wurden, haben ihre eigenen Welten. Das bedeutet, dass sie in ihrer eigenen Umgebung noch immer ohne den Einfluss des Menschen existieren. Wir wissen nicht viel über sie, außer dass ihre Namen in den Geschichtsbüchern zu finden sind. Dort wird jedoch nicht behauptet, dass diese Götter keine Erfindung des menschlichen Gehirns waren, sondern dass sie wirklich existierten und im Laufe der Jahrhunderte als Kräfte oder Energien in der menschlichen Welt erschienen sind. Einige der Götter wurden durch die Gedanken der Menschen erschaffen. Diese Götter bleiben immer noch im Reich der Götter, wie Schatten in der Ewigkeit. Die anderen, die Starken, die Bekannten, die, die auch heute noch ihre Anbeter haben, sind noch am Leben und arbeiten.

Wir möchten lieber nicht auf die Reiche der Dunkelheit eingehen. Wir haben genug von ihren Kräften auf der Erde. Es sind die Reiche, die Luzifer in seinem ersten Zorn gegen den Großen Geist erschaffen hat — etwas, das er später bitter bereute. Sie entzogen sich seiner Kontrolle und erreichten ein Ausmaß, mit dem er nicht umgehen konnte. Aber sie sind immer noch da und ihre Reiche müssen erwähnt werden.

Der nächste Kreis (2) enthält das **Niemandsland.** Es ist das

Übergangsreich für Seelen, in dem jeder nach der Überfahrt ankommt, ob er sofort vorbeikommt oder eine Weile dort bleibt. Wie du siehst, gibt es einige Tunnel von der Erde direkt in das Niemandsland. Hier wandern die Seelen herum, bis sie ihr Ziel gefunden haben. Sie sind nie allein. Sie haben Hilfe von Millionen von Engeln. Wenn sie fortfahren wollen, werden sie sofort weitergeführt. Diejenigen, die verwirrt sind und sich weigern zu glauben, dass sie tot sind, bleiben dort, bis sie aus eigenem Antrieb weitermachen wollen.

Was in der Bibel Fegefeuer und Hölle genannt wird, gehört zum gigantischen Bereich des Niemandslandes. Diese Zustände existieren in verschiedenen Formen, die alle darauf abzielen, den Seelen den Aufenthalt in der Umgebung zu ermöglichen, die sie selbst um sich herum schaffen, bis sie zur Möglichkeit der weiteren Entwicklung erwachen. Zum Beispiel können jene Seelen, die auf der Erde mit Geldtransaktionen infiltriert wurden, für immer mit solchen Aktivitäten fortfahren, bis sie eines Tages die Leere und Sinnlosigkeit in ihrem Tun entdecken. Kriminelle dürfen ihre Verbrechen einseitig fortsetzen, bis sie es satt haben und ihre Situation ändern wollen. Mörder erleben die Dunkelheit, bis sie die Sehnsucht nach Licht brüllen. Aber direkt entgegen den bedrohlichen Prophezeiungen der Bibel erhalten diese Diener der Finsternis immer wiederkehrende Konfrontationen mit den Engeln des Lichts. Wir respektieren wirklich die Engel, die die schwierige Aufgabe übernommen haben, diese Menschen zu verändern, die sich fest an ihrem alten, erbärmlichen Selbst festhalten. Sie alle haben die Chance, ins Licht zurückzukehren. Niemand ist zu schlecht, um Hilfe und positive Veränderungen zu verdienen.

Die Durchschnittsmenschen — also diejenigen, die weder glauben noch zweifeln und die sich zu ihren Lebzeiten selten eine Chance geben, über das Geheimnis des Lebens nachzudenken — nun, was passiert mit ihnen? Es variiert, abhängig von ihrem einzigartigen Selbst und ihren voluminösen Egos. Aber sie sind in der Regel Situationen ausgesetzt, die sie dazu bringen, zu reagieren und zu überlegen. Bald sind hilfreiche Engel zur Hand. Und die Vergebung ist immer näher, als man denkt!

Danach erreichen wir die **Astralwelt** (3). In diesem Buch

wurde bereits so viel über diese Welt erzählt, dass weitere Erklärungen wahrscheinlich nicht erforderlich sind. Hier gibt es Gesundheitsversorgung, Schulen, Wissenschaft und Forschung, Kinder und Tiere, Träume, Kunst und Musik, sowie die **akashischen Aufzeichnungen,** die die persönliche Entwicklung jedes Menschen während seines ganzen Lebens erzählen. Die Krankenhäuser kümmern sich um Menschen, die nicht verstehen, dass sie nach ihrem Tod von ihrer Krankheit befreit wurden. Das können sie nicht akzeptieren. Einige Seelen brauchen mentale Hilfe.

Neben der Astralwelt befindet sich die **Naturwelt** (4). Sie wird von allen Arten von Elementarwesen bewohnt, und sie wacht über die Natur auf der Erde. Zu den Wesen der Natur gehören die so genannten "legendären Wesen", die vor Jahrtausenden körperlich und greifbar gelebt haben und die immer noch in Märchen und Erzählungen der meisten alten Kulturen enthalten sind. Dort finden wir zum Beispiel Kobolde, Feen, Riesen, Trolle, Gnome, den Wassergeist, die Waldnymphe, Meerjungfrauen und andere kleine Menschen.

Derjenige, der in der Gegenwart den Weihnachtsmann gesehen hat, hat keinen Zweifel daran, dass das Märchen einen echten Hintergrund hat. Es gibt auch vertrauenswürdige Menschen, die in den nordischen Wäldern Feen, Riesen und Trolle gesehen haben. Der Autor hat viele von ihnen getroffen.

Parallelwelten und **Inkarnationswelten** (5) sind einen Schritt weiter in Richtung Kartenmitte. Auf sie kann nicht näher eingegangen werden, da sie unvorstellbar zahlreich und viel zu kompliziert sind, um auf einfache Weise erklärt werden zu können. Sie sind parallel zueinander und haben gleichzeitig viele Dimensionen. Sie sind in einem Muster miteinander verbunden, das für das menschliche Auge nicht sichtbar ist.

Die folgende **ätherische Welt** (6) wird in diesem Buch ausführlich beschrieben. Sie ist nur in zwei Reiche unterteilt: das Engelsreich und das **Reich der Meister,** die gigantische Konklaven in der enormen musikalischen Komposition des Großen Geistes sind. Diese Reiche sind die Orte der Ehre der Schönheit, Liebe und Weisheit, und der Mensch, der seine Reise dorthin direkt von seiner Kreuzung aus beginnen kann, kann sich glücklich schätzen.

Die **Welt der Elohim** (7) ist auch für uns unbegreiflich. Wir wissen nur, dass die Elohim in unserer Galaxie arbeiten und dass sie im Galaktischen Rat engagiert sind.

Die **Welt der Seraphim** (8) ist dem Großen Geist am nächsten. Seraphim sind eine Art Engelsvariante. Die Seraphen sind Meister der Musik. Ihre wunderbaren Klangströme umrahmen die Höchste Gottheit in unserer Galaxie. Die Seraphen bewegen sich rhythmisch in einem kosmischen Tanz, der nicht dem ähnelt, was wir mit dem Wort "Tanz" verbinden würden. Sie singen, aber auch die Engel. Gesang und Musik sind in den höheren Sphären ein alltäglicher Bestandteil des Lebens.

Das Licht, das von der innersten Gottheit, dem **Großen Geist,** ausgeht, ist ein Liebeslicht, und darin ist auch der Ton, der ursprüngliche Klang, derjenige, der für den Schöpfer geschaffen wurde. Der innerste Kern bedarf keiner Erklärung.

Die Kosmische Karte erhebt nicht den Anspruch, die einzig wahre zu sein — ganz im Gegenteil. Jede kosmische Idee hat ihre eigene Realität, und jeder Mensch nimmt auf, was er für richtig hält. Der Zweck der Kosmischen Karte ist es nur, ein einfacheres Bild zu erzeugen als in den "alten Büchern". Die Karte ist die Formation, die ich, Jan, in der Engelsschule gelernt habe und die ich gerne auf eine körperliche Ebene weitergeben möchte. Der Mensch hat seinen freien Willen und damit das Recht, sich Wissen anzueignen, das ihn anspricht, ohne sich von etwas indoktrinieren zu lassen, das er für falsch hält.

Die ursprüngliche Bedeutung der Farben

Es gibt sieben Grundfarben, die den Farben des Regenbogens entsprechen. Weiß kann in allen Bereichen eingesetzt werden, da alle Farben von Weiß abgeleitet sind.

Rot: regt die Durchblutung an und erhöht die Körpertemperatur. Es hilft bei Müdigkeit, kalten Schauern, Anämie und Erkältungen. Rot ist anregend und daher eine geeignete Farbe zur Verwendung bei Depressionen.

Orange: unterstützt die Verdauung und ist nützlich zur Stimulierung der Verteilungs- und Kreislaufprozesse im Körper. Gut bei Störungen der Milz. Es wird bei Nierenerkrankungen eingesetzt, lindert aber auch Bronchitis und andere Lungenerkrankungen. Orange liefert körperliche Energie und geistige Stimulation und wird zur Linderung von Hemmung und Unterdrückung eingesetzt.

Gelb: fördert den Verdauungsprozess, wirkt sekretierend auf Leber und Darm und reinigt das gesamte System. Aus Sicht der psychischen Gesundheit ist Gelb so anregend wie Sonnenschein. Die gelbe Farbe lindert abgenutzte Nerven (Stress), Hautprobleme, Verstopfung und Leberprobleme. Bei Diabetikern ist es von Vorteil, von Gelb umgeben zu sein.

Grün: hat eine konstruktive Wirkung. Kranke Zellen können neutralisiert und mit Grün wieder aufgebaut werden. Grün ist gut für die Normalisierung des Blutdrucks und hilft dem Herzen, richtig zu arbeiten. Es ist auch gut bei Kopfschmerzen und Erkältungen.

Blau: verlangsamt Infektionskrankheiten und wirkt antiseptisch. Psychologisch gibt diese Farbe Ruhe und beruhigt die Nerven. Blau lindert Halsprobleme und kann bei allen Kinderkrankheiten eingesetzt werden. Es ist auch gut bei Entzündungen, Krämpfen, Insektenstichen, Juckreiz, Kopfschmerzen, Schlaflosigkeit und Menstruationsschmerzen.

Indigo: (eine Kombination aus tiefblau und einem Hauch von rot) steuert die Zirbeldrüse und reinigt das Blut. Es wird bei allen Augenkrankheiten sowie bei Nasen- und Ohrenproblemen eingesetzt. Gut bei Lungenerkrankungen und Asthma. Indigo ist eine ausgezeichnete Ergänzung zu den anderen Farben.

Violett: entspannend und beruhigend für die Nerven. Lindert psychische Probleme, Rheuma, Zittern und Blasenerkrankungen.

Man sollte auch bedenken, dass die Farbe der Lebensmittel, die man isst, einen Einfluss auf die Gesundheit hat und Krankheiten beeinflussen kann. Zum Beispiel, wenn man nervös ist, ist es gut, ein gelbes Kleidungsstück zu tragen und gelbe Lebensmittel oder Früchte zu essen.

Liste der Krankheiten und Farben

Die Farben sind an sich keine Heilung, aber sie können Unannehmlichkeiten lindern, wenn sie zusammen mit geeigneten Naturheilmitteln verwendet werden.

Allergie	blau, gelb, violett
Anämie	rot, orange
Anorexie	blau, violett, orange
Appetitlosigkeit	rot, grün
Arteriosklerose	violett, grün, rot
Asthma	indigo, blau
Augen	indigo, blau
Blase	violett, gelb
Blutungen, extern	blau, indigo
Blutdruck, hoch	grün, blau
Blutdruck, tief	orange, indigo
Blähungen	blau, violett
Bronchitis	orange, indigo
Bulimie	blau, violett
Depressionen	rot, orange, violett
Diabetes	gelb
Durchblutung	rot, orange
Durchfall	blau, indigo
Eingeweide	orange, gelb
Epilepsie	gelb, blau, violett
Erkältung	blau, rot
Ermüdung	rot, orange
Fieber	blau
Fibromyalgie	blau, gelb, orange
Fußprobleme	blau, violett

Gallenblasenprobleme	gelb, blau
Gelbsucht	blau, grün, orange
Genitalbeschwerden	gelb, blau, indigo
Glaukom	indigo
Gicht	blau, violett, rot
Grippe	indigo
Halsprobleme	alle Blautöne
Hautkrankheiten	gelb
Herzprobleme	grün, rot
Hexenschuss	blau, indigo
Hirnerkrankungen	blau, violett
Hämorrhoiden	blau, grün
Hände	blau, gelb
Immunsystem	blau
Insektenstiche	alle Blautöne
Ischias	indigo, violett
Katarakt	indigo, grün
Kinderkrankheiten	alle Blautöne
Kolik	blau, indigo
Koryza	grün
Krampfadern	indigo, blau
Kropf	indigo, rot
Krämpfe	blau, violett
Leber	gelb
Lungen	violett
Lungenerkrankungen	orange, rot, gelb
Magenschmerzen	blau, gelb
Menstruationsschmerzen	blau, indigo
Muskelschmerzen	grün
Nase	indigo
Nasenbluten	indigo, grün

Nebenhöhlen	gelb, grün
Nervensystem	gelb, blau, violett
Nieren	orange, violett
Ohren	indigo, grün
Psoriasis	gelb, orange, indigo
Psychische Gesundheit	blau, violett
Qual, Depressiv	violett, indigo
Rheumatische Erkrankungen	violett, blau, rot
Schmerzen	alle Blautöne
Schwindligkeit	orange, blau
Stoffwechselstörungen	gelb, orange
Stress	gelb, violett
Verbrennungen	alle Blautöne
Verdauungsprobleme	gelb
Verstopfung	gelb
Wunden	grün, gelb
Zahnschmerzen	alle Blautöne
Zittern	violett

www.ingramcontent.com/pod-product-compliance
Lightning Source LLC
Chambersburg PA
CBHW071725120626

46550CB00002B/387